U0479642

通济渠（安徽段）考古调查、勘探报告

安徽省文物考古研究所　编著

科学出版社
北京

内 容 简 介

2013年3月隋唐大运河安徽段开始全线考古勘探工作，有的勘探项目延续至2015年度。此处考古勘探是安徽大运河考古综合规划的一项重要任务。主要勘探了濉溪县、宿州市、灵璧和泗县的运河流经区域，基本摸清了隋唐大运河安徽段的流经线路变化，探明了运河本体河道、河堤宽度以及地层堆积情况，为大运河文化带建设和大运河国家文化公园建设提供了基础资料。本书是对历次勘探工作的记录和总结，对于大运河考古研究具有重要意义。

本书适合于文物考古研究机构研究人员及高等院校考古、历史、历史地理等专业的师生阅读、参考。

图书在版编目（CIP）数据

通济渠（安徽段）考古调查、勘探报告 / 安徽省文物考古研究所编著. -- 北京 : 科学出版社, 2024. 6
ISBN 978-7-03-079003-3

Ⅰ. K878.45

中国国家版本馆CIP数据核字第2024QF3806号

责任编辑：雷　英 / 责任校对：韩　杨
责任印制：肖　兴 / 封面设计：金舵手世纪

科学出版社 出版
北京东黄城根北街16号
邮政编码：100717
http://www.sciencep.com
北京中科印刷有限公司印刷
科学出版社发行　各地新华书店经销

*

2024年6月第　一　版　开本：889 × 1194　1/16
2024年6月第一次印刷　印张：11 1/2　插页：8
字数：360 000

定价：298.00元

（如有印装质量问题，我社负责调换）

目　录

插 图 目 录

图版目录

第一章　自然地理环境

第一节　自 然 环 境

大运河的开凿，可追溯到春秋战国时期。当时吴王阖闾为了向西扩张势力范围，下令开凿自太湖直达长江的胥溪，在江苏扬州附近开凿了一条引长江水入淮的运河（称邗沟），此后在这一基础上不断向北向南发展、延长，尤其经隋、唐、宋和元朝多次大规模的扩展和整治，基本上完成了今日大运河的规模。

大运河安徽段即是通济渠东段的重要组成部分，位于黄淮平原的东南部（也称皖北淮北平原），西讫安徽省濉溪县与河南省永城市交界处，依次经过淮北市濉溪县及宿州市埇桥区（宿县）、灵璧县、泗县二市四县（区），东至安徽省泗县与江苏省泗洪县交界处，全长约180千米。宋金对峙时期，这一区域属金，分别归宿州、泗州管辖。元代时属河南江北行省，分别由归德府、淮安府管辖。明代属南直隶凤阳府。清代设立安徽省，属庐凤道。民国时改宿州为宿县，中华人民共和国成立后，析宿县西境置濉溪县。通济渠在宋室南迁遭废弃后，因黄河南泛而由北而南逐渐淤塞，但进入现安徽境内特别是灵璧以下的河道在之后各代尚在利用。金时迁都南京（开封），欲通漕粟，开长直沟穿万安湖于今安徽省灵璧县境，连通汴、泗。元代泰定年间黄河再次改道，主流由徐州入泗、入淮，汴河泗州入淮口遂废。明代白昂浚宿州古汴河，又疏其下流，以引黄河水进入泗水。清代乾隆时再次疏浚长直沟，泄灵璧之水入汴。灵璧以下至唐河一段，在中华人民共和国成立初期尚有河形，经历年平整土地，河床渐平。唐河以下至泗县城关的河道已经整改为一条灌溉水渠，城关内河床亦湮废，城东至水口魏庄一段河身尚存，由水口魏庄至泗洪县洪庄（马公店东）一段为新濉河所代。洪庄以下故道已成江苏省泗洪县内河。

安徽境内隋唐运河主要沿泗永公路（303省道）呈东西向走势，根据实地测量，安徽境内总长约180千米。其中濉溪境内41.5千米，宿县境内42千米，灵璧县境内47千米，泗县境内49.25千米。沿用至今的运河故道长46.7千米，集中在泗县境内。

通济渠自河南商丘市永城市流入安徽境内，途经淮北市和宿州市两个城市。西起淮北市濉溪县铁佛镇、柳孜集、百善镇、五铺、四铺镇、西三铺，后进入宿州市区、西二铺、三八乡、宿州市区、埇桥区、朱仙庄镇、埇桥区大店镇、灵璧县长集乡、娄庄镇、灵西乡、灵璧县县城、灵城镇、虞姬乡、泗县长沟镇、三湾乡、泗县县城、徐贺乡、曹苗镇、小梁乡，进入江苏省泗洪县境内。

皖北淮北平原位于华北（黄淮海）平原的南部，南以临水集、宋店、刘府、门台、旧县一线为界，东、北、西与苏、鲁、豫三省接壤。本区位于淮北平原中部，在大地构造单元上属中朝准地台区的淮北盆地—穹隆分区。丘陵地区基岩局部出露，岩性以寒武、奥陶、震旦纪白云质灰岩为主。含有部分页岩、砂岩、石英岩。由于受多次地壳运动的影响，岩石多支离破碎、裂隙溶洞发育，透水性强。第四系松散沉积物分布较广，岩性为黏性土、砾石及砂。区内构造有东西向构造带、新华夏构造带、弧形构造带、南北向构造带。自南向北有蚌埠、固镇、沛县三个东西向隆起，隆起之间为相对的凹陷区。埇桥北部的苗安、灰古至四铺一线，有东西向断层，此断层对淮北地区水文地质条件起着控制作用。断层以北的相对上升区，为基岩地下水强径流交替带，断层以南基岩地下水降径流滞缓，水质水量较北部有明显差异。下面简单介绍一下每个市县的自然环境。

一、淮　北　市

淮北市地处淮北平原中部，地势自西北向东南微倾，除东北部有少量低山地形分布外，其余为广阔平原。主要类型是山丘、平原、湖洼地、河流。山丘、山脉主要分布在北部及中部偏东，系泰山余脉。根据其展布方向及自然组合，可将其分为东部、中部、西部山脉三部分。

东部山脉，东支从萧县皇藏峪桥顶山开始到宿县符离止，为低山丘陵地貌，并向北延伸出境，山脉北高，向南降低，至符离集骤然消失。一般海拔200～300米，最高山峰老龙脊海拔362米。中部山脉，东从闸河西到巴河，北从青龙山南至诸阳山，为残丘地形，山脉走向近南北断续分布，或呈孤岛状。山势低矮，海拔60～90米，多由灰岩组成。西部山脉，北起萧县龙城镇东北祁村，南止于淮北市渠沟，自东北向西南延伸。主要山峰有义安山、苗山、程蒋山、相山等。境内最高山峰相山海拔342米。

平原，境内除北、东部有少量山脉分布外，余者皆为一望无际的平原。其海拔23～32米，面积2354平方千米，占全市总面积的85%。以横贯平原中部的古隋堤（今宿永公路）为界，北部为黄泛冲积平原区，南部为古老河湖沉积平原。黄泛冲积平原包括刘桥、相山、杜集、烈山、城关、马桥、百善、四铺、铁佛等地区，为黄泛冲积物覆盖，属冲积成因的堆积地形。古老河湖沉积平原包括双堆、南坪、孙疃、五沟、临涣等地区，为黄土性古河流沉积物覆盖，属剥蚀堆积地形。由于沉积较早，在漫长的成土过程中，沉积之初富含的碳酸钙被淋洗到底层，加上地下水的影响，形成不同形状的砂姜。该区地势较低，地下水位较高，土壤以砂姜黑土为主。

河流，淮北市境内水系发育，沟渠纵横，主干河道有14条，分属濉河水系、南沱河水系、新北沱河水系、澥河水系、北淝河水系5个水系。河道平直，水量受季节影响，变化较大，夏季河（沟）水骤涨、水流量大、水流急，冬季因降水少、河水变浅，水流缓慢。淮北地区年平均温度14℃[①]。

皖北地区古代有睢、蕲、淝、涡、淮诸水，历代是南北水运要冲，河网密布，也是自然河流与人工运河集中分布的区域。在隋大业元年利用汴、睢水上段和蕲水等鸿沟水系所开挖的通济渠，后来成为唐、宋王朝的经济生命线。黄河夺淮后，先湮汴水，继塞睢河上游，再淤汴河，终夺淮水并滞为洪泽湖。改流入淮的睢水也和涡河、浍河、沱河、淝河一样，河床淤浅，出口受阻，排水不畅，每至汛期，洪水横流，村舍田野遂成泽国，如遇干旱，赤地千里。通济渠濉溪段就夹在这些水系之中。皖境内自东向西的自然河流依次是濉河、沱河、浍河、颍河、沙河、北淝河、涡河等；人工运河有汳水、阴沟水、获水和新汴河等。20世纪50年代在303省道南不远人工开挖了一条新河名为“隋堤沟”，就是借用了隋唐大运河的河堤来命名的。

二、濉　溪　县

濉溪县境内以平原为主，属于黄泛区域，有少量的低山丘陵。低山残丘主要分布在马桥、四铺和刘桥区，面积为75.11 平方千米，占全县总面积的3.1%。马桥区蔡里乡平坦地带东侧的老龙脊、鹰山等9座山，系徐州云龙山余脉，山脊线与岩石走向主要构造线的方向一致。西侧的花鼓山等5座山丘，均为半掩埋岛状残丘，山坡大多平缓。青龙山至四铺区赵集的十里长山残丘，呈岛状突出于平原之上，相对高度20～30米，坡度小于35°，山坡基石裸露。全县山丘多为宜林地，适于林、副牧业的发展。山丘下延伸的开阔地带，即山间谷地，近似平原形态，面积159.35平方千米。

县境内河流多顺自然坡降平行贯穿，浍河等主要河道两侧分布有泛滥堆积地貌。主干河道有14条，其中行洪河道有新濉河、相西河、闸河、龙岱河、洪碱河、南沱河、王引河、包河、浍河、北淝河10条。另有大沟116 条，全县河、沟构成5个水系：濉河水系、南沱河水系、新北沱河水系、澥河水系、北淝河水系。河沟总长1283.45千米，水面面积25.2平方千米[②]。

三、宿　州　市

宿州市地势是北部和西北部较高，南部和东部较低，由西北往东南倾斜。北部和东北部分布着岛状低山残丘，属淮阳山脉余脉。全市共有大小山头387座，断续延伸75千米左右。宿县属于黄淮平原的一部分，境内山丘岗地，平原湖洼均有。地貌类型比较复杂，总的可分为山丘和平原两大地貌单元。在两大地貌单元里又分为多种类型：

低山残丘，面积为296.75平方千米。占全市土地总面积的10.87%，分布在东北部和北

① 安徽省淮北市地方志编纂委员会：《淮北市志》，方志出版社，1999年。

② 濉溪县地方志编纂委员会：《濉溪县志》，上海社会科学院出版社，1989年。

部。东北部以解集为中心的老汪湖以北地区，海拔一般只有100米，左右坡度也较小，一般在20°以下。符离以北，津浦路两侧的低山残丘，高度略高，一般在200米左右，最高的乾山海拔311米。

平原，河湖沉积平原，简称河间平原，面积为1174.44 平方千米，占全市土地总面积的40.02%。早期以河流沉积为主，由于近河地区沉积物质来源丰富，远河地区沉积物质来源较少，在西北向东南倾斜的地面趋势控制下，形成了一种临河较高、河间较低的河间平原。黄泛平原面积981.98平方千米，占土地总面积的35.97%。黄泛覆盖层的厚度为1～16米。根据地貌可分为黄泛高滩地、黄泛低滩地、黄泛缓倾斜坡地、黄泛洼地。黄泛高滩地，即古汴河，由于黄河分洪时淤塞而成的自然堤，位于宿灵、宿水公路两侧，在县境内长约30、宽0.2～0.5千米，高出两侧地面1～3米。土壤是沙土或两合土。黄泛低滩地，分布在浍河河谷中，奎河河谷也有一些。土壤为两合土或沙土。黄泛缓倾斜坡地，分布在北部，多离黄泛河道不远。黄泛洼地，分布在泛道间低洼之处，如老汪湖一带沉积物细而少的地方，土壤以淤土较多。

宿州市河流均属于淮河水系。流经宿县的大小河流有20多条，河道总长400多千米。自南而北依次有：澥河、浍河、浍澥新河、运粮河、沱河、小黄河、新汴河、新河、唐河、濉河、萧濉引河、股河、双庆河、方河、欧河、新霞河、韩河、奎河、阎河、孤河、灌沟河、郎溪河、拖尾河等。在诸河流中南部以浍河为主，浍河支流有运粮河。中部以濉河、新汴河为主，濉河支流有西唐河（新河上源）、股河、双庆河、萧濉引河；新汴河支流有沱河、小黄河、新河、唐河。北部以奎河为主，其支流有方河、欧河、新霞河、韩河、阎河、孤山河、灌沟河、郎溪河与拖尾河①。

四、灵　璧　县

灵璧县山地平均海拔低于200米，按照中国地貌分级属于低山丘陵和剥蚀残山。这些山丘属淮阳山系，山顶呈浑圆状的单面山。境内主要山峰54座。背部三支走向为：灵觉山，位于本县西北隅，南延到宿县青铜山、黑峰岭，走向北东，断续绵延8千米，面积约10平方千米；朝阳山，位于朝阳集—耳毛山一线，走向北东，断续延长12千米，面积约7平方千米；九顶山，位于九顶—尹集一线，走向北东，长22千米，面积37平方千米。南部五支走向为：二郎山，位于蒋圩—杨集一线，走向北北东，长5千米，面积4平方千米；茅山，位于大山集，走向北北东，长3千米，面积2平方千米；凤凰山，位于县城西北郊，走向北北东，长4千米，面积3平方千米；馍馍山，位于县城北郊，走向北北东，长8千米，面积5平方千米；三注山，位于县城东北8千米蒋庙，走向近南北，长2千米，面积1平方千米。

---

① 宿州市地方志编纂委员会：《宿州市志》，上海古籍出版社，1991年。

县境内河流分属4个水系，各水系干支流合计15条，总长度达388.9千米，流域面积达2052平方千米。安河水系为老濉河本干、潼河本干两条；濉河水系的干、支流有新濉河本干、拖尾河、新杨河、运料河、三渠沟和虹灵沟6条；新汴河水系为本干；漴潼河水系的干、支流有唐河、新河、阎河、岳洪河、北沱河和沱河6条。

五、泗　　县

泗县境内有自东北向西南走向的17 座山丘群，主要山丘是朱山、老山、屏山等。海拔最高的是朱山，高约157.2米。余海拔多在百米及以下。仍以平原为主。

泗县的河流属淮河流域下游，经治理、调整，根据排水出路和自然地形，分成5个水系，自北而南有11条主要河道（其中2条人工河），依次是安河水系，老濉河水系，新濉河水系，石梁河水系，唐、沱河水系。其中老濉河和唐、沱河水系与古汴河存在联系。

老濉河是泗县内独立水系，有老濉河、民利河、小黄河3条主河道和杨庄沟、小凄河2条支流。汇水面积599平方千米，流域耕地52.23万亩，大部在黄圩、大庄、黑塔3区内。老濉河，发源于河南省永城市北，自灵璧县板桥入境，东流至北石家集分股：一股由乌鸦岭入安河归洪泽湖，一股由谢家沟汇新濉河归洪泽湖。在县境内40千米。

唐、沱河水系主要有南沱河、北沱河、唐河3条河道，汇县西南部内水泄入沱湖，汇水面积384平方千米，流域耕地25.83万亩，跨流长沟区西部和草沟区、丁湖区大部。唐河上游是灵璧县蒿沟，在时集西入境，向南穿新汴河地下涵，又南至草沟入北沱河，长26.5千米。北沱河，源于宿县，在许圩子入境，向东南到草沟汇唐河折向南至樊集与南沱河汇流入沱湖，长19千米。南沱河，泗县、五河两县界河，从沈庄向东南至樊集汇北沱河入沱湖，长17千米。

泗县境内存在两条人工河，其中古汴河仍然存在，起到水利灌溉的作用。隋炀帝大业元年（605年）开挖，自汴梁（开封）东下，经宿县、灵璧，于虞姬墓入境，又东，经泗城至水口魏入新濉河，在县境故道长25千米。旧称唐河至泗城一段为西汴河，泗城至水口魏一段为东汴河。另外一条人工河是新汴河，为1966年开挖的排洪河，东西流向，于岳河口入泗境，贯穿泗境，东至徐岗入泗洪县，注入洪泽湖，在泗境37.4千米。泗县段河底宽115米，边坡1：2，河深4.2米，河床宽130米，堤距600米。

皖北区域气候温和，四季分明，属于温带半湿润性季风气候。冬季盛行偏北风，气候寒冷，雨雪较少。春季较短，北方冷高压势力衰退，副热带高压逐渐加强，气温回升快，雨水增多。由于冷暖空气活动频繁，天气多变，有时降水过多，形成春涝；有时降水过少，造成春旱。夏季太平洋副高压活动强盛，多偏东南风，天气炎热多雨，降雨集中于6～8月，暴雨天数虽不多，但强度较大，极易造成洪涝灾害。秋季太平洋副高压南撤东退，北方冷高压增强，气温逐渐降低，降水减少，易出现秋旱。有时太平洋副高压退而复进，也会造成秋雨连绵，出现秋涝。

第二节　人 文 环 境

一、淮　北　市

淮北市于1971年由之前的濉溪市更名而来，濉溪市成立于1960年。淮北原属于“相”，古称“相邑”“相城”。《诗·商颂》中描述“相土烈烈，海外有截”。诗中的“相土”就是商三祖之一，为商的祖先，是辅佐大禹治水的功臣。“相土”居于相城，相城即指淮北地区。《元和郡县图志》卷九有宿州符离县条的描述“故相城在县西北九十里，盖相土旧都也”[①]。所以在商周时期，这一地区就已经作为重要中心聚落经营管理了。

到了春秋战国时期，这一地区属于宋国，置铚邑，邑址在今临涣集。南朝顾野王撰《舆地志》云：“宋共公自睢阳徙相子城，又还睢阳。”[②]可见相城曾作为春秋时期宋国的国都。到秦嬴政统一中国后，该地区属于泗水郡，郡治设在相城，分管相县、铚县、蕲县、符离县四县。《水经注》曰：“相县，故宋地也。秦始皇二十三年，以为泗水郡，汉高帝四年，改为沛郡。”[③]

西汉初刘邦改泗水郡为沛郡，县治仍在相城，到了汉武帝时期，改为侯国，后又改为沛郡。《史记·高祖本纪》：“汉改泗水为沛郡，治相城，故注以沛为小沛也。”[④]《汉书》又载：“沛郡，故秦泗水郡。高帝更名，莽曰吾符。属豫州。户四十万九千七十九，口二百三万四百八十。县三十七：相，莽曰吾符亭。”[⑤]东汉时期刘秀改吾符郡为沛国。《汉书·列传第四一》：“薛广德字长卿，沛郡相人也。”表明东汉淮北仍属于沛郡。

魏晋时期，曹魏迁沛国治所至沛县（今江苏省沛县），本地分属汝阴郡。《三国志·魏书三》：“壬寅，分沛国萧、相、竹邑、符离、蕲、铚、龙亢、山桑、洨、虹。……十县为汝阴郡。”[⑥]西晋时期，“相”属于河南郡，《晋书·地理志》载：“相，沛汉高祖所起处。丰、竺邑，符离、杼秋、洨、虹、萧。”[⑦]

南朝宋永初元年（420年），本地属徐州沛郡之相、竺邑、符离和谯郡之铚、蕲5县；《魏书·地理志》中载：“沛郡故秦泗水郡，汉高帝更名，后汉为国，后改。领县三。萧、沛、相二

---

① （唐）李吉甫撰，贺次君点校：《元和郡县图志·河南道五》，中华书局，1983年，第229页。

② （南朝陈）顾野王著，顾恒一、顾德明、顾久雄辑注：《舆地志辑注》，上海古籍出版社，2011年。

③ （北魏）郦道元著，陈桥驿校证：《水经注校证》，中华书局，2007年。

④ （汉）司马迁撰，（南朝宋）裴骃集解，（唐）司马贞索隐，（唐）张守节正义：《史记》卷八《高祖本纪》，中华书局，1959年，第341页。

⑤ （汉）班固撰，（唐）颜师古注：《汉书》卷三八上《地理志》第八上，中华书局，1962年，第1572页。

⑥ （晋）陈寿撰，（宋）裴松之注：《三国志·魏书三》，中华书局，1959年，第112页。

⑦ （唐）房玄龄等：《晋书》卷一四《地理志》，中华书局，1974年，第422页。

汉、晋属。有厥城、相城、相山庙、罗山。”[①]梁武帝普通六年（525年）置临涣郡，治铚城，本地分属谯州之临涣郡、蕲城郡。东魏武定五年（547年），析临涣郡置白挣县和涣北县，白挣县治所在今百善南，涣北县治所在今柳孜集南秦古城村。《南齐书·地理志》载：“北徐州……沛郡。相、萧、沛。”[②]说明在南北朝时期本地分属沛郡相县、蕲城郡蕲城县、临涣郡白挣县和涣北县。

隋唐时期，本地属于徐州符离县、蕲县和亳州临涣县。《括地志辑校》载：“故相城在徐州符离县西北九十里。”[③]元和四年（809年），析徐州之符离县、蕲县和泗州虹县置宿州，本地分属宿州符离县、蕲县和亳州临涣县。九年，临涣县改属宿州，本地分属宿州之符离县、临涣县、蕲县。

据嘉靖《宿州志》载：“宋因之领符离、临涣、虹、祁四县，元丰间以虹县、灵璧镇为灵璧县属本州，靖康后属大金，元属河南路归德府，革符离、临涣、祁三县，拨虹县属泗州止，辖灵璧一县。”南宋时，长淮以北沦为金的辖区，本地分属金南京路宿州之符离县、临涣县、蕲县。

在元朝的至元二年（1265年）撤临涣、符离、蕲县三县，辖地并入宿州。

明、清本地无县建置，属宿州。

二、濉 溪 县

濉溪境内存在丰富的古遗址、古墓葬。如新石器时期的石山孜遗址，发现夹砂灰陶等，距今约7000年。还有化家湖、尖古堆、古城浍河头、霸王城、安郎寺等，地表散落各种陶片和器物残件，可以辨认的器形有正面三角形和侧面三角形的鼎足，还有鬲足、罐、壶、杯、盆等。泥质红陶较多，另有少量夹砂陶、黑陶等。陶片纹饰有绳纹、旋纹、方格纹、网纹、篮纹等。

临涣古城城址，位于临涣集，南临浍河（古涣水），东、西、北三面皆为平坦耕地。街道和村落大部集结于土城东南部的浍河北岸。岸边有3个突出高地，其中以观星台为最大。城址系夯土构筑，分为两次建成。第一次构筑基部为生土，上部为黄土拌砂姜，净无杂物，宽20～25米，高5～8米。第二次构筑加高5～7米，拓宽10～15米。底层为黄土和黑土，上层为五花杂土。两次构筑夯层均为10厘米左右。整个城垣近正方形，东西长1409米，南北宽1394米，周长5606米，总面积为196万平方米。城垣基部宽约40米，上宽5～8米，北部城垣最为完好。东西城垣上有烽火台遗址，西城垣存台6处，东城垣存台3处，台距约100米，台长35～50米，台宽15～30米。城有东西南北4门。城外曾挖有护城河，长4.2千米，宽10米，深4米。

在古城的地表和夯土中发现许多泥质红灰陶片和瓦片，其中可辨器形有大口、小口卷沿、

---

① （北齐）魏收：《魏书·地理志》，中华书局，1974年，第2539页。

② （梁）萧子显：《南齐书·地理志》，中华书局，1972年，第259页。

③ （唐）李泰等著，贺次君辑校：《括地志辑校》卷三，中华书局，1980年，第128页。

四耳的平底罐等。瓦颈有长有短，沿口有高有低。瓦面绳纹深浅不一，瓦里有布纹和方格纹两类。有绳纹通底连裆式的鬲足和云纹瓦当。陶片纹饰有浅绳纹、弦纹、方格纹、回纹、附加堆纹。推断该城为春秋时始建，汉代进行第二次覆盖构筑①。

蕲泽镇遗址，1984年8月中国唐史学会考察隋运河，在遗址内发现一条南北向宽约50米的街道遗迹，地表下密集分布残砖断瓦和陶瓷器碎片。1985年9月，濉溪县文物复查小组在遗址附近发现碑刻多处。第一处在四铺集周德严家门西旁，上刻“大明万历年岁次直隶凤阳府宿州……城西蕲泽乡街西居住……”等字样。此碑剥蚀严重，字迹模糊难辨。第二处在陈维平家门前，上有“大清国江南凤阳府宿州城西四十里铺……雍正十三年季春谷旦……”，此碑字迹清晰可认。第三处在四铺集西竹园村，刻有“大清国江南凤阳府宿州城西四十里蕲泽村……嘉庆八年……”，字迹清楚，笔法刚劲，较有功力②。

三、宿　州　市

先秦时期，宿县地区地处南北交通要冲，一向为兵家战略要地，是中原华夏文化东渐和东夷文化南下西渐的交汇地区，远古文化十分发达。商周时期属于宿国。春秋战国时期分别成为宋和楚的附庸。秦汉时期，分属沛郡。

三国时期，宿州分属9个县。据《元和郡县志》和《太平寰宇记》载，为保卫汴河航运，防止淮西藩镇叛乱，唐宪宗元和四年建置宿州，拨徐州的符离县、蕲县，亳州的临涣县和泗州的虹县来辖，属河南道，治埇桥。文宗大和三年（829年）废宿州，七年复置。州治仍定于埇桥。

五代时期，后梁太祖朱温把宿州、徐州统辖于武宁军，宿州仍辖原县。后唐、后晋、后汉、后周基本上沿袭未变。

宋改唐的道为路，下辖府（州、军、监）。宿州初属淮南路，后属淮南东路。太祖建隆元年（960年），宿州升为上州，设防御使。开宝五年（972年）。设保靖军节度使，总揽宿、泗等州军事。神宗熙宁五年（1072年）又改为州，辖符离、蕲、临涣三县，仍属淮南东路。哲宗元祐七年（1092年），以虹县的灵璧镇置灵璧县，归宿州辖。高宗建炎二年（1128年），宿州为金兵所占。绍兴九年（1139年）金人按议和条约归还黄河以南宋地。次年五月，金人毁约，复占宿州。金宣宗贞祐三年（1215年），金人在宿州置保靖军节度使。

元初，宿州属河南归德府（今商丘市），辖临涣、符离、灵璧、蕲四县，元世祖至元二年（1265年），临涣、符离、蕲撤县制并入州，灵璧改属泗州。至元十七年，灵璧复归宿州所辖。

明太祖洪武二年（1369年），宿州改属江南临壕府，下辖灵璧县。次年临壕府改成中立府。洪武七年（1374年），中立府改称凤阳府，宿州仍属之。

---

① 张宏明：《临涣古城小考》，《安徽史学》1993年第2期。

② 中国唐史学会唐宋运河考察队：《唐宋运河考察记》，陕西省社会科学院出版发行室，1985年；唐宋运河考察队：《运河访古》，上海人民出版社，1986年。

清朝承明制。初，宿州上下隶属关系同于明末。康熙六年（1667年）设安徽省，宿州仍属凤阳府。其所辖灵璧县改为凤阳府直辖，此后宿州不再辖县。

民国元年废府、州，宿州改为宿县，属安徽省。汪伪时期，宿县属安徽省维新政府（省府驻蚌埠），后属苏淮特别行政区。抗日战争胜利后，宿县属安徽省。

宿县境内有新石器时代的小山口、小店子、桃山集、腰庄、芦城孜、白陈、鹁鸭城、吴城孜、禅堂、骑路谷堆遗址，商周时期的五柳遗址，周代的西上航遗址、夏疃遗址、离山铺遗址，春秋时期的鲁吴会盟遗址，秦代的陈胜、吴广起义旧址，蕲县的古城址，符离具城址，汉代的甾丘县城址、安阳县城址，南北朝时的斛城县城址、辛丰县城址、曹村青瓷窑址，汉代的黄土桥铸铁遗址，唐代的白居易东林草堂遗址、百战道遗址等26处。

宿州州衙古建筑群位于宿州市埇桥区政府院内，环城北路南侧。其建筑构成分为宿州古城墙、扶疏亭、惠义堂三部分。宿州古城始筑于唐元和四年（809年），时为土城。至明洪武十年（1377年），垒石为基，用大砖筑墙，周长1115丈（约3716米），共有垛蝶2230个，连垛蝶高三丈三尺（11米），厚二丈五尺（约8.3米）。城墙辟有四门，东门名“望准”、西门名“连汴”、南门名“阜财”、北门名“拱辰”。每方城门上建一戌楼，作打更守城之用。城外筑月城用以巩固城防，城下挖有城壕，周长约8里。扶疏亭坐落在古城墙上，始建于宋，中间几经毁建。20世纪80年代重修，已建成殿堂五间。惠义堂原为清代宿州衙署办公场所之一，坐落于埇桥区政府院内东北角，古城墙的东端。为传统明三暗五的古建筑。

扶疏亭碑刻，在宿县人民政府院内的北城墙上，建于宋代。据明《宿州志》记载：“东坡守徐时，遗墨竹一本于宿守，好事者刻诸石，购亭贮之，名曰扶疏，元季毁于兵。明弘治间知州曾显追寻旧刻，得残碑两刻，构亭以复其旧。”现存碑刻，长约1米，高约0.7米，镌刻着竹子和东坡五言诗四句，诗曰：“寄卧虚寂堂，月明浸疏竹。泠然洗我心，欲饮不可掬。”下款署东坡居士，没有年月，没有署款。

四、灵　璧　县

灵璧县境内有新石器时代的三山蒋庙遗址、玉石山遗址、双龙埂遗址，秦时期的垓下古战场，霸王城、古城城址，隋唐时期的火神庙遗址，宋代下街遗址、张氏园亭遗址，老营湖古战场遗址，元代的解台子，明代的孟山窑址等48处。

张氏园遗址位于现灵璧县西关糖业烟酒公司宿舍处。张氏园又称兰皋园，始建于宋天圣年间（1023～1032年），之后历经“五十余年”之久的建设，蔚为大观。张氏园引汴河水入园，其建筑继承了我国古代园林的“借景手法”，融山河之美于一园，为典型的园林建筑风格。今虽已夷为丘墟，但从苏轼《灵璧张氏园亭记》和《墨庄漫录》等史籍的记载里，仍能想象得到昔日的风采。盛景不在，但苏轼笔下留名的一块历史遗石仍在，它成为园亭昔日风采的见证，这块被称作“丑石”的大型园林磬石重约6吨，由于历史的原因，历经种种磨难和创伤。2002

年以前，石体的大部分曾埋入土中，几乎被世人遗忘，直至该遗址被批准为文保单位后，在灵城张氏后裔的大力援助下，才将“丑石”掘出，砌台放置，供游人观赏。

苏轼是和灵璧张氏兰皋园结缘最深的名人了。相传张氏园亭有著名对联，苏轼遗文：“园林春阳鸠唤雨，亭台日暖蝶翻风。”一次在园中观赏灵璧石时，苏轼于张氏园中砌台下见到一块灵璧石状如麋鹿宛颈，被深深吸引，当场作《丑石风竹图》，主人欣喜万分，就把这块石头相赠。苏轼还作了一篇《灵璧张氏园亭记》。原文如下：

> 道京师而东，水浮浊流，陆走黄尘，陂田苍莽，行者倦厌。凡八百里，始得灵壁张氏之园于汴之阳。其外修竹森然以高，乔木蓊然以深，其中因汴之余浸，以为陂池；取山之怪石，以为岩阜。蒲苇莲芡，有江湖之思；椅桐桧柏，有山林之气；奇花美草，有京洛之态；华堂厦屋，有吴蜀之巧。其深可以隐，其富可以养。果蔬可以饱邻里，鱼鳖笋茹可以馈四方之宾客。余自彭城移守吴兴，由宋登舟，三宿而至其下。肩舆叩门，见张氏之子硕，硕求余文以记之。
>
> 维张氏世有显人，自其伯父殿中君，与其先人通判府君，始家灵壁，而为此园，作兰皋之亭以养其亲。其后出仕于朝，名闻一时。推其余力，日增治之，于今五十余年矣。其木皆十围，岸谷隐然。凡园之百物，无一不可人意者，信其用力之多且久也。
>
> 古之君子，不必仕，不必不仕。必仕则忘其身，必不仕则忘其君。譬之饮食，适于饥饱而已。然士罕能蹈其义、赴其节。处者安于故而难出，出者狃于利而忘返。于是有违亲绝俗之讥，怀禄苟安之弊。今张氏之先君，所以为其子孙之计虑者远且周，是故筑室艺园于汴、泗之间，舟车冠盖之冲。凡朝夕之奉，燕游之乐，不求而足。使其子孙开门而出仕，则跬步市朝之上；闭门而归隐，则俯仰山林之下。于以养生治性，行义求志，无适而不可。故其子孙仕者皆有循吏良能之称，处者皆有节士廉退之行。盖其先君子之泽也。
>
> 余为彭城二年，乐其土风。将去不忍，而彭城之父老亦莫余厌也，将买田于泗水之上而老焉。南望灵壁，鸡犬之声相闻，幅巾杖屦，岁时往来于张氏之园，以与其子孙游，将必有日矣。
>
> 元丰二年三月二十七日记①。

园名兰皋，兰皋原指水畔有兰草的高地。水边多曲折的高地为皋，兰喜高而富水分的地方，故水边高地多有兰。兰皋园在古汴河岸边，取名兰皋再适合不过了。兰皋园的取名还有另一层深意——兰皋园典出屈原《离骚》：“步余马于兰皋兮，驰椒丘且焉止息；进不入以离尤兮，退将复修吾初服。”屈原的诗抒发了进取不成则远离世俗的矛盾情怀，身处仕途的园亭主

---

① （宋）苏轼：《灵璧张氏园亭记》，《苏轼全集》卷十一，上海古籍出版社，2000年，第594页。

人希望借此园作为自己和子孙后人心灵栖息的退身理想归宿。

清朝文人贾之坊则表达了自幼即对苏轼此文“玄赏”的心情，作有《访张氏园亭有感》：

> 少时玄赏在苏文，何意园亭种白云。张氏裔孙我季冉，汴河古岸尔榆口。
> 画中凤竹疑成韵，记上池台总不闻。数百年来回地轴，平章事业问诸君。

虞姬墓，位于虞姬乡虞姬村，解放路南侧，是项羽爱姬虞姬安葬之地。虞姬墓塚有高7米的封土，基宽17.6米，长19米，周长73.2米，墓前有清代、民国时期碑刻各一通。现虞姬墓园已扩建，扩建后的“虞姬墓园”为“虞姬文化园”，占地300亩，为4A级旅游景点。1986年评为第二批安徽省重点文物保护单位。

霸王城遗址，据《安徽通志》称为“项羽屯兵之处”，位于灵璧县尹集镇西北，古濉水之滨，当年为项王楚军驻地。该遗址曾出土大量秦汉时期的绳纹筒瓦、绳纹陶片及楚国蚁鼻钱、铜箭镞等文物，暴露的断面有2米多厚的文化层，可见陶片、瓦片堆积层。现在城垣遗址依然要高出地面近1米，东、西、北三面均有城墙遗址，城垣和城门轮廓仍然依稀可见，南面被新濉河隔断，遗址东西长约1100米，南北宽约1350米，面积1.4平方千米。在当地历来有霸王城“九里十八步”的说法。2017年被公布为宿州市文物保护单位。

花石纲遗址，位于灵璧县娄庄镇蒋圩村，原303省道北侧，余桥至王赵沟一带。遗址东西长700～1100米，南北宽约40米。遗址在20世纪末期出土大量北宋宣和年间巨石。该遗址证明通济渠宿州段在北宋晚期仍发挥着重要的水路运输作用。宣和年间，朱勔的花石纲船队行至灵璧蒋圩，与淮南转运使粮草兵船相遇，当时汴河连年失修，河床淤积，河槽水窄浅，两只船队难以同时通行，兵船不得行，引起官兵哗变，淮南转运使陈遘下令捕系朱勔，所运花石纲被哗变官兵掀翻于沿河坡岸，遂形成花石纲遗址。《宋史·陈遘传》记载：“朝廷方督纲饷，运渠壅涩，遘使决吕城、陈公两塘达于渠。漕路甫通，而朱勔花石纲塞道，官舟不得行。遘捕系其人，而上章自劾。帝为黥勔人，进遘徽猷阁待制。”①

五、泗　县

泗县境内有新石器时代晚期的余家台遗址、扬台遗址，秦汉时期的西圩遗址，汉至清代的高低李遗址、贡庄遗址、陆庄遗址、虹城城址等14处。

余家台遗址，位于唐河北岸，东距县城20千米，北去汴河0.5千米，面积约13200平方米。1953年安徽省考古队文物普查时发现。遗址四周平坦，中突而平，呈台状。唐河经西南切断台面，暴露出文化层。文化层厚约5米，内涵丰富；底部有许多鹿角和其他动物化石，中有灰层

① （元）脱脱等撰：《宋史·陈遘传》，中华书局，1977年，第13181页。

并夹杂许多陶器碎片。台面上散落大量饰绳纹、麦纹等不同纹饰的陶器碎片和鬲足等文物遗存。遗址还出土有石斧、削刮器、骨针之类的器物。经安徽省考古队鉴定，余家台为新石器时代晚期遗址。1956年，安徽省人民政府公布其为省级重点文物保护单位。

泗县霸王城遗址，在县城东南10余千米，石梁河东岸。楚汉相争时，霸王项羽驻兵于此，垒土成城，故名。残存城墙最高约6米，最低约1米。城墙周围有护城河环绕。城的东、南、西部，距平地有六七米高的城墙保存完好，城墙上长满了杂树、蒿草，中间还有一条人行小道。护城河尚断续有水，踪迹依稀可辨。城墙处处可见陶器碎片和秦砖汉瓦。

泗县隋唐运河遗址为通济渠的一段。古汴河由灵璧县虞姬墓入泗县，泗县境内全长44.8千米，东经长直沟、周庄、彭铺，沿泗宿公路北侧穿城东注。当地人称城东一段为东汴河，城西至唐河一段为西汴河。东汴河与谢家沟（老濉河）水汇合，东流洪泽湖。另一支流由泗城西关外绕城至天井湖由潆潼河入淮，今通称为石梁河。

西水关遗址，位于原西城门附近，现环保局西侧。所谓“水关”，即为盘查收税的关卡，明清时期运河自西向东贯穿县城，官府于城东西两侧各设一关卡。现今东水关早已被毁，仅西水关尚存一门洞。距史料记载，明清时西水关与东水关之间有5座桥，分别为彭善桥、太平桥、三思桥、文渊桥、旌德桥。县城原有东南西北4个城门，分别为永济门、永泰门、永丰门、迎恩门。现在的西城河桥正对面即为西城门原址，中华人民共和国成立后城门与城墙都在城市的现代化进程中逐渐被毁。运河经西水关后一分为二，一直由护城河折向南经石梁河、石龙湖最后注入淮河；另一支经护城河向东至水口魏。

西关古槐，位于现西护城河桥北侧的朱桥南边巷子内50米处，此树被誉为“千里隋堤第一槐”。树围约有4米，枝繁叶茂，古槐树下有一口古井，年代现已不可考，当地人称刘家园井。朱桥北桥头亦有两棵宋代古榆，即为当年米芾在《虹县帖》中所描述的古榆。文献曾记载“……渠广四十步，渠旁皆筑御道，树以柳……”目前为止，无论是运河沿线的考古发掘还是传世古木皆未见有“隋堤柳”的相关遗迹，而此地的千年唐槐和宋代古榆表明当时运河两岸绿树成荫，不仅有柳树，还存在槐树、榆树等。

八里桥，位于泗县开发区曹苗村崔庄西，东西向坐落于汴河支流上，且紧邻汴河。据当地居民介绍，此桥因当时距县城衙门整八里的路程而得名，相传为唐代南京丹阳大户出资捐建，原为三拱石桥，现仅存两拱。当地人说在桥两头各有两对石狮子，调查人员在桥西菜地里发现一石狮残件（镇桥神兽），青石质地，刻工精细。现存桥体经多次修缮已失去原貌，故桥的具体修建年代已不可考。

文庙大成殿，文庙坐落于城内正中偏北，原有大成坊、木灵星门、泮池、戟门、东西厢房、大成殿、明伦堂、尊经阁等建筑。现仅存大成殿。大成殿长21米，宽12米，面积252平方米。砖木结构。殿内房由8根廊柱顶起，殿壁内嵌20根廊柱。正檐斗拱，壮观挺秀。据大成殿“脊梁书”及《泗虹合志》载，此殿初建于清雍正四年（1726年），复经嘉庆九年（1804年）和咸丰三年（1853年）两度重修，现除局部毁坏，整体建筑仍较完好。1981年4月，泗县革命委员会公布其为县重点文物保护单位。

第二章　工作概况

第一节　调查、勘探背景

大运河安徽段位于皖北淮北平原中部。淮北平原横跨豫、皖、苏、鲁四省，具有自然和社会的多重过渡性特征，是我国传统农业区，在中华文明的形成和发展过程中具有独特地位。埇桥区曹村镇小山口遗址，距今约8000年，是安徽省最早的新石器时代早期文化遗址；濉溪县小山口新石器时代遗址，距今约7000年。两汉隋唐北宋时期，淮北地区经济文化极为发达。金元以来，在黄河泛滥频仍、王朝更替、战事多发等自然、社会、政治、经济诸多因素的共同作用下，皖北区域社会经济发展水平逐渐衰落下来。

黄河夺淮的发生使淮北平原区面貌发生巨大变化，遗迹大多被摧毁，残存部分被深埋于泥沙之下，不易被发现，以往涉及大运河沿线的考古工作不是很多。安徽段大运河调查起源于1984年中国唐史学会组织的唐宋运河考察。考察队沿浙江、江苏、安徽、河南四省的宁波、余姚、上虞、绍兴、萧山、杭州、嘉兴、苏州、无锡、常州、镇江、仪征、扬州、高邮、宝应、淮安、淮阴、盱眙、泗县、灵璧、宿县、永城、商丘、杞县、开封、郑州等地进行实地考察，主要考察古运河遗迹设施和沿途的地理形势、文物古迹等，发现了大量沿汴文物及汴河在安徽境内留下的河堤遗存。

为大力保护中国大运河沿线丰富的文物古迹，充分发掘其深厚的历史文化内涵，2006年12月，国家文物局将大运河列入重新编定的《中国世界文化遗产预备名单》，确定了大运河遗产保护工作的基本要求和近期方向。2007年大运河保护和申报世界文化遗产工作协调会在北京召开，会上决定将“京杭大运河”更名为“中国大运河”，把隋唐大运河扩充进来，增加了安徽及河南部分地段。

隋唐时期，大运河以京都长安和东都洛阳为中心，北至涿郡，南到余杭。其中北支从洛阳以上为永济渠，南支通济渠又分为东西两段：西段自洛阳西引谷水、洛水，循阳渠故道由洛水入黄河，东段由板渚引黄河水行汴水故道，至开封别汴折而东南流，经杞县、睢县、宁陵至商丘东南蕲水故道，又经夏邑、永城、濉溪、宿州、灵璧、泗县、泗洪至盱眙对岸的古泗州（沉没于今洪泽湖）注入淮河，并在河堤筑御道，形成漕陆两条运道，成为贯通黄河与淮河长江水系、加强中原与东南地区联系的重要通道。通济渠在沟通政治军事中心京都和经济中心江淮中起着重要的作用，它在维系隋唐王朝的统一和获取江淮物资以及促进运河沿岸社会经济的发展中起着巨大的积极作用，是巩固和发展隋唐王朝的生命线，并且为唐宋王朝的繁荣昌盛发挥了极大的作用。北宋亡后十余年，由于战乱频仍、黄河泛滥、疏于维护等原因，通济渠（汴河）河床日渐抬高（自北宋中期已变成地上河，随河床淤积，堤岸逐年加宽培高），河道渐湮。1194年黄河夺淮后，汴河终废。后虽有局部河段偶加疏浚，但水运功能和经济地位与当年鼎盛时期已无法相比。通济渠废弃后，原有的河道逐渐被河沙泥土掩盖，或为农田，或为车道，但作为沟通东西的陆路交通要道，在南宋及金以后各时代的历史上继续发挥着重要作用。

大运河在安徽境内留下数量众多的文化遗产。首当其冲的即通济渠遗址，虽然灵璧以上河道久淤，被深埋于泥沙之下，但行迹尚存，依稀可辨。除运河河道遗址以外，还有因运河而兴起的商业城址，如柳孜运河遗址、宿州宋代码头遗址、埇桥遗址等，沿汴发现的船体、遗物和诸多的文化遗迹，如在汴河河道多次发现并保管于沿线两市文物部门的文化遗物，花石纲遗迹、张氏园亭遗迹等，以及大量的历史文化传说，均见证了大运河的兴衰。

安徽段大运河分布现状：自豫皖交界处至泗县城关，河道走线基本与原303省道（也称泗永公路）重合，河堤遗迹仍清晰可辨，较南北两侧地面高出1～2米，部分残存河堤高出约3米；自泗县城东脱离原303省道，随东汴河向东北折至水口魏进入新濉河。河道本体多埋于地下，保存比较完整，包含历史信息丰富。但随着社会经济的发展，城镇化步伐不断加速，安徽境内的大运河保护工作面临的形势愈加严峻。据《宿县地区公路志》记载，303省道最初分为宿（县）永（城）公路和宿（县）泗（洪）公路两段建设。宿永公路始修于1933年，沿古运河堤在睢阳古道的基础上，修建路基宽8米；1956年路基加宽至12米，1969年再拓至15～20米，并铺筑3.5米宽的砂姜路面；1977年全段改为渣油路面；1989年路基宽15～20米，渣油路面宽7米。宿泗公路始修于1922年，在原宿泗古道的基础上沿古汴河堤走向铺设，路基宽5～6米；1955年始修建泥结碎石路面，路基宽12～16米；1972年建成渣油路面，路基宽5.5米；1989年底拓宽至15～20米。大运河沿线分布有宿州、灵璧、泗县3座城关，铁佛、百善、四铺、西二铺、朱仙庄、大店、娄庄、虞姬、长沟、曹苗10处乡镇及小刘庄、店孜、水口魏等145个村庄，以及2处煤矿。另有穿越大运河河道的河流、沟塘44条，公路16条，铁路5条。在相当长的时间内，现代化建设的快速发展成为大运河保护的主要影响因素。

为探明安徽境内大运河的地下埋藏情况，加速大运河安徽段的科学研究和保护工作，推进中国大运河申报世界文化遗产准备工作，2012年2月至2013年上半年，对柳孜遗址进行了第二次发掘，同时对安徽境内的大运河实施了全线调查和勘探。

第二节　以往工作回顾

通济渠安徽段文物考古调查始于20世纪70年代，截至2016年，泗县原303省道拓宽工程勘探的近40年里，通济渠安徽段经历了多次考古调查和大型的考古发掘工作。下面分别简述一下：

宿县文物工作组（今宿州市文物管理所）1979～1981年在社会调查中于宿县东二铺、三铺、四铺、大店镇等窑厂、集镇和村庄征集了一批唐宋时期的珍贵陶瓷器。1983年宿县文物工作组又一次对运河进行考察，调查的结果是考察点大致在一条沿线上，基本是沿着泗永公路北侧向东西延伸[①]。1984年，中国唐史学会组织了一个由历史、文物、地理、水利等多学科专家组成的“隋唐大运河综合科研考察团”开展隋唐大运河学术考察，重点是宿州、濉溪地区。考察结束后，出版了《唐宋运河考察记》和《运河访古》论文集[②]。这两本书中详细介绍了当时通济渠安徽段的保存状况和沿线的风土人情，同时也对安徽段的运河做了初步研究，摸清了通济渠的走向。1985年，宿州市拓宽南北向的淮海路，在大隅口南面的大河南街南侧路面下出土了一批金代钧瓷碗，其中有一件完整的白釉褐彩四系“风花雪月”瓷瓶。该瓷器被证明是运河两岸出土的遗物[③]。1987年宿州市工商银行宿州支行在大隅口淮海路西侧建办公大楼，动土时在大河南街北侧与中山街南侧相对两处距地表2米深处碰到大量凿制规整、错缝叠砌的长方形条石构筑遗存，应该是埇桥遗址。发掘地基坑出土古蕲县界碑半截，该碑帽和座均失，正面碑铭为“彭城郡蕲县□□□……”，背面“蕲县县境东西一百□□□……南北□□□……”，东面“西去东京九百六十里，西去陈□□□……西去睢阳郡三百四十里，西北去□□□……”，西面“南去寿春郡二百十□□□……东南去广陵郡七百□□□……”。铭文所反映的历史行政区划名称与唐代行政区划称谓较一致[④]。据《元和郡县图志》载：“宿州本徐州苻离县也，元和四年，以其地南临汴河，有埇桥为舳舻之会，运漕所历，防虞是资。”[⑤]唐宪宗时，淮西藩镇叛乱，曾在埇桥驻军。

灵璧县花石纲遗址位于灵璧县内娄庄镇蒋圩村，原303省道北侧，余桥西至王赵沟一带，东西长700～1100米。遗址南北宽约40米，整体地形为带状隆起，高出地表约1米。据载：“盛章守苏州，及归，作开封尹，亦主进奉，然朱勔之纲为最。四年以后，东南郡守，二广市舶，率有应奉，多主蔡攸，至是则又有不待旨者。但进物至，计会诸阉人，阉人亦争取以献焉，天下乃大骚然矣。大率太湖，灵壁、慈谿、武康诸石。”[⑥]朱勔是否在灵璧取过石头不得而知，但如果他要运送贡品走水路到开封，则必然要经过灵璧。在灵璧县发现了一处宋代运河上的拱桥遗址[⑦]可作参考。

1972年在泗县长沟镇邓村境内（鹿鸣山）西北1千米处，发掘出一只木船，长约10米，前

---

① 政协淮北市委员会：《通济渠遗址宿州段考古收获》，《永远的大运河——沿河城市征文集》，安徽人民出版社，2009年。

② 中国唐史学会唐宋运河考察队：《唐宋运河考察记》，陕西省社会科学院出版发行室，1985年；唐宋运河考察队：《运河访古》，上海人民出版社，1986年。

③ 目前收藏于宿州市文物管理所。

④ 目前收藏于宿州市文物管理所。

⑤ （唐）李吉甫撰，贺次君点校：《元和郡县图志·河南道五》，中华书局，1983年，第228页。

⑥ （清）毕沅：《续资治通鉴》卷九十二，中华书局，1957年，第2389页。

⑦ 安徽省第三次全国文物普查领导小组办公室：《记忆安徽：安徽省第三次全国文物普查新发现选编》，黄山书社，2012年。

后两舱，其部分船板现藏于泗县文物管理所，鉴定为唐代木船。2003年在发掘虹都大厦地基时，古汴河遗址中出土了唐三彩、邢窑、定窑、钧窑、建窑、景德镇窑、磁州窑等数十个窑口的残瓷片数百斤[①]。

1985年安徽省社会科学院朱玉龙先生描述："淮北市兴修水利，曾于百善、柳孜、四铺挖了三条南北大沟，穿汴堤而过，可以清楚地看到汴河断面情况。河槽口宽40米，底宽15米。堤为夯土结构，坡度较小，河床内为淤泥沙土，从地表向下7米未见原始土层。"[②]

1999年濉溪县百善镇柳孜村隋唐柳孜码头遗址的发掘开辟了安徽隋唐运河新篇章，此次发掘面积共900余平方米，取得了丰硕的成果。发现了一处石构建筑遗存、8艘沉船、木构建筑，出土了大量唐宋时期全国20余座窑口的陶瓷器文物。该次发掘解决了通济渠流经地点和线路的问题。出土的大量文物和沉船可以证明在唐宋时期柳孜地区是一处重要的集镇，可以了解当时人们的社会生活[③]。此次发掘被评为1999年度全国考古十大新发现之一。

在柳孜当地发现了一块砖塔碑刻，上面记载了当时柳孜镇捐钱建塔的人员和过程。铭文描述："维大宋国保静军临涣县柳子镇天王院谨募在镇内外信心共修大圣砖塔一座七级高八十尺……"另外也发现了一些清代石碑，上面记载了柳孜地区的区划和历史。

为配合埇桥西关大街建设，2006年对埇桥宋代码头遗址进行了考古发掘。该遗址位于埇桥区环城河老城区内，八一路与中山街、大河南街交汇点的东侧。发掘面积600平方米，文化层从晚到早共分为9层，基本上反映了河道的开凿、使用和废弃年代。宋代码头保存相对完整，南北对称，石板错缝顺砌、灰浆粘缝。同时揭露出完整的宋代疏浚河道、加固河坡。码头基础做法为砌筑在夯土上，夯土中夹木桩，分层夯筑。码头周侧有木排，上下叠压两层，北坡有26根原木，最大直径32厘米，有木桩固定。上下层间夹夯土。在南堤上还发现唐代建筑基址的成排柱洞和夯筑的路面。此次发掘完整揭示出大运河断面，考古发掘得知古运河的岸线宽为32.65米，河底宽近20米，深5米。出土遗物共1500余件。主要有瓷器、陶器、铜器、铁器、骨器、石器、琉璃器、玉器及动物骨骼等。其中瓷器所占比重最大，约占出土文物的85%，不乏珍品，特别是发现前所未见的定窑、钧窑、磁州窑精品。涉及窑口较多，是研究古运河和古陶瓷重要的实物资料。出土船锚碇45个、礌石30多个[④]。

2007年，安徽省文物考古研究所和宿州市文物管理所联合组织对宿州市区"埇上嘉苑"工程通济渠木牌坊遗址进行考古发掘，发现宋代石建筑码头、沉船木块和涉及10多个窑口的1800余件瓷器，涉及磁州窑、龙泉窑、吉州窑、定窑、钧窑以及河南境内相关窑口10多处。其中石建筑码头是宿州境内首次发现。在码头边沿岸的堤坡上发现有成排的木桩。在南堤上还发现唐

---

① 中国人民政治协商会议泗县委员会：《皖北乡土影像——泗洲游韵》，2010年。

② 朱玉龙：《汴河对安徽淮北地区的影响》，《安徽史学》1985年第2期。

③ 安徽省文物考古研究所、安徽省淮北市博物馆：《淮北柳孜——运河遗址发掘报告》，科学出版社，2002年。

④ 高雷、贾庆元：《安徽宿州隋唐大运河遗址首次考古发掘取得重要成果》，《中国文物报》2006年12月8日第5版。

代建筑基址的成排柱洞和夯筑路面[①]。

2009年3月，中国文化遗产研究院、安徽省文物考古研究所和宿州市文物管理所联合组织大运河安徽段考古调研队，通过现场踏查、布点考古钻探、走访等方法确定了沿线运河的情况，为明确界定古运河提供了翔实的基础资料[②]。

泗县境内目前存有一段隋唐时期的“活运河”，目前运河故道仍在使用，仍发挥灌溉、分洪作用。西起泗县长沟镇唐河交叉点，东至濉河，全程28千米，是安徽境内运河走向的重要参考。从唐河到西城河，汴河上口宽30、深6米，坡比1：2。目前对该段运河实施了保护性规划，使这段运河能长久地保留下来。

濉溪县文物管理所对濉溪县百善镇百善老街遗址进行发掘，探沟勘探了运河一段，有完整的运河形成、使用、废弃的断面，并且出土了一些唐宋时期的瓷器，有瓷碗、盘、壶等。

2010年，安徽省文物考古研究所联合濉溪县文物管理所在泗徐高速工程项目中对四铺镇颜道口村处的运河遗址进行了抢救发掘，解剖了一段河道和北河堤，出土了一批瓷器，有碗、盆、壶等[③]。

在2011年3～4月和2012年3～5月在泗县刘圩运河遗址进行过两次考古发掘，合计面积1600平方米。第一次发掘仅揭露了运河北堤，在河堤上发现了一些汉代灰坑和遗物，以灰红陶为主，还有云纹瓦当，且在河堤上发现宋代踩踏面，证明北河堤也是行人往来的道路，遗物以瓷器碎片为主[④]。第二次发掘主要是解剖了部分南堤、河道和北堤，也发现了大量汉代遗迹。河道堆积内被扰动较大，底部出土较多汉代陶瓦片。刘圩遗址汉代遗存分布面积达32万平方米，地表陶片密度较高，发掘区内遗存丰富，且发现多处水井，说明此处是一个汉代聚落遗存[⑤]。

2012年为支持大运河申遗工作、配合现存古运河清淤工程，在安徽泗县段选择四处地点进行考古发掘，揭示出了较多的唐宋时期遗迹和遗物，邓庄遗址即为其中之一。邓庄遗址发掘证实了隋唐大运河在泗县境内的大致走向、路线，掌握了古运河南北对应原河口、河床、北河堤等断面结构的基本信息（早期河道上口宽42、下底宽26米、深4.5米），并在原河坡及北河堤外发现较多人为活动的痕迹，推测或与隋唐古运河的开凿、疏浚、修筑等有关[⑥]。

2015年宿州市政府为了配合宿州城区大运河遗址保护规划和大运河遗址沿线城市规划的具体实施，决定对宿州城区段大运河遗址进行考古勘探，确定城区内大运河走向以及宽度，给下

---

① 王俊：《揭密安徽隋唐大运河》，《江淮文史》2007年第5期。

② 王晶：《隋唐大运河线性文化遗产特点及保护方式初探——以安徽段大运河为例》，《东南文化》2010年第1期。

③ 安徽省文物考古研究所内部资料。

④ 安徽省文物考古研究所、泗县文物保护管理所：《安徽泗县刘圩汴河故道遗址发掘简报》，《东南文化》2011年第5期。

⑤ 安徽省文物考古研究所、泗县文物局：《安徽泗县刘圩汴河故道遗址的第二次发掘》，《中国国家博物馆馆刊》2014年第12期。

⑥ 安徽省文物考古研究所：《隋唐大运河安徽泗县段邓庄遗址发掘简报》，《南方文物》2013年第3期。

一步大运河遗址保护和城市规划提供基础依据。考古勘探范围西起京台高速，东至京沪铁路，后因勘探需要东部延伸至港口路。沿线穿越拂晓大道、磬云路、人民路、西昌路、淮海中路、环城东路、怀远路、工人路及京沪铁路，可分西、中、东三段。西段位于宿永路、西关大街两侧；中段位于大河南街、中山街两侧；东段位于东关大街、道东大街两侧①。

2015年发掘灵璧小田庄运河遗址，面积1600平方米，解剖了一段河道，发现河道、两岸河堤、水井1眼、灰沟5条、灰坑4个、柱洞11个、脚窝19个及数道车辙印痕。通过地层堆积发现南岸堤坡堆积较厚，导致南高北低，可看出靠近南岸河道淤积要快于北岸。北岸河堤上发现的车辙、脚窝和柱洞，可看出当时民众在北岸河堤上活动较为频繁，这种现象在柳孜运河遗址北岸也出现过，出土了较多的遗物，其中以瓷器为主②。

2016年发掘灵璧二墩子运河遗址，面积300平方米，解剖了一段河道，发现河道和南岸河堤。隋代中心河道（水面）宽约17.5米，南北壁陡直，加工痕迹明显。北宋早中期泥沙沉积与隋代河堤顶部几乎在同一水平线上，说明到北宋前期通济渠历经唐晚期和五代，运河泥沙沉积加快，对运河河道的清淤和大堤的加固越来越频繁，也越来越重要。根据地层关系及地层中出土的瓷器，并结合出土铜钱，可将遗址年代分为隋唐五代、北宋、南宋—金三期③。

2016年，泗县原303省道拓宽工程进行勘探，勘探范围西为灵璧与泗县交界处，东到泗县西二环路，途经长沟镇、泗城镇，全长约20千米，拓宽范围主要是在原303省道的北侧，局部范围在南侧，疑似涉及隋唐大运河泗县城西段，并于同年选择在位于泗县泗城镇三湾社区陆李运河遗址进行考古发掘，揭露出一段唐宋时期的河堤与河道，并发现了河堤上的踩踏面和大量遗物。

此外，还有泗县朱桥运河遗址、朝阳路运河遗址、曹苗运河遗址等，多数是配合基建对运河河堤进行的解剖式发掘，情况基本与前述相关运河遗址类似。总体而言，大运河安徽段遗址考古工作属于系统的考古规划课题，涵盖了各个河段，对河流走向、历史变迁都掌握了翔实的考古资料。

上述多处遗址的考古调查、勘探及发掘工作是近年来有关大运河故道的主要成果，确认了大运河运道的存在及线路，出土了大量反映唐宋时期物质文化资料的遗物，如数量众多、制作精美的陶瓷器。出土的约10艘沉船是重要考古发现。发现了宋代汴河码头、“木岸狭河”等运河水工水运遗址，填补了安徽省运河考古的多项空白，对于研究大运河安徽段的历史变迁具有重要价值。目前，部分考古资料的整理工作已经结束并相继出版，相关研究工作正在进行。安徽段大运河考古工作正在由原来的抢救性发掘向主动性发掘过渡，从零散的研究方式向系统的综合性研究发展。

---

① 安徽省文物考古研究所内部资料。

② 安徽省文物考古研究所、泗县文物局、灵璧县文物管理所：《泗县、灵璧段运河考古发掘报告》，科学出版社，2018年。

③ 安徽省文物考古研究所、泗县文物局、灵璧县文物管理所：《泗县、灵璧段运河考古发掘报告》，科学出版社，2018年。

第三节 学术目的及意义

从上述内容可知，早期对通济渠安徽段做过沿线调查或是零星的勘探工作，对运河走向基本了解，并且也发现了一些文物点和断面。如果想清楚地了解通济渠安徽段运河的地层堆积和线路变化的话，这些资料依然不充足，仍有进一步做工作的必要。上述调查或勘探存在的不足之处：一是仅限于沿线的文物点调查，有的地方仅做过零星勘探，对沿线运河的地层结构依然不太清楚；二是对运河的历史变化不太清楚。基于上述不足才有了本次调查和勘探的成果。

此次调查和勘探，第一要准确了解通济渠安徽段的具体流经地点和走势，第二是要准确了解通济渠安徽段的地层堆积和历史变化情况，第三是要了解运河上的重要节点和相关运河设施，第四是要了解目前通济渠安徽段的保存情况和破坏情况，第五是为沿线大运河文化带建设提供基础资料。

大运河安徽段180多千米，涉及市县有濉溪县、宿州市、灵璧县、泗县，沿线有多处全国重点文物保护单位、省级文物保护单位、市级文物保护单位。2014年6月22日在卡塔尔首都多哈举办的第38届世界遗产大会上中国大运河成果入选《世界遗产名录》，其中安徽为“一点一段”，即淮北柳孜运河遗址、通济渠泗县段两个遗产点。基于“国保”单位和世界文化遗产的双重身份，通济渠安徽段的调查和勘探工作有着特殊的学术意义和现实价值。通济渠作为隋唐大运河的一部分本身就承载着重要的历史价值，自隋炀帝开凿通济渠至金代通济渠消亡大约600年的历史，其治理、淤塞、疏通河道、变迁、防洪、供给水源等一系列的事件如何被呈现出来，是值得思考和研究的。详细的调查、勘探以及发掘为我们提供了翔实的第一手研究资料。

通济渠的治理是一项关乎当时政治经济的重要行为，淳化二年（991年）宋太宗亲自督塞汴渠浚仪决口后不胜感慨地说：“东京养甲兵数十万，居人百万家，天下转漕，仰给在此一渠水，联安得不顾？”[①]从隋代开凿大运河开始，唐宋金三个朝代均对通济渠做过系统的治理和维护，这些行为都会通过运河沿线的遗存保留下来。这就需要通过考古调查、勘探、发掘并结合文献记载梳理通济渠治理和维护的方法。

通济渠的考古调查和勘探不仅有助于运河本体的保护，还有助于推动当地政府对历史文化遗产的保护，提升历史文化建设的软实力；同时为文化遗产公园建设提供可参考的遗址和遗物资料，造福一方百姓。

① （元）脱脱等撰：《宋史》卷九三《河渠志》，中华书局，1977年，2317页。

第四节　调查、勘探思路及方法

1. 方针与原则

根据《中华人民共和国文物保护法》《安徽省实施〈中华人民共和国文物保护法〉办法》《安徽省建设工程文物保护规定》等相关法律、法规，本着“既有利文物保护，又利于基本建设”的两利方针开展调查和勘探工作。

首先是本着科学的态度了解通济渠安徽段的走势和地层堆积情况，同时希望在沿线找到与运河相关的河工设施或节点，丰富通济渠考古的研究领域。

其次是为大运河综合保护、城市规划、建设单位施工及考古研究部门的发掘工作提供科学依据。

最后是了解通济渠安徽段的保存状况，摸清地面上与运河相关物质或非物质的文化遗产分布情况。

2. 方法

调查、勘探的方法采用原始的踏查和洛阳铲钻探，具体步骤和方法如下。

（1）在开展工作之前，我们查阅了前几次的调查资料，掌握基本的情况。

（2）调用了1∶10000的行政区划图和卫星地图，对沿线地形地貌充分掌握，如果遇到可疑的节点会标注在地图上。

（3）通济渠属于线性历史文化遗产，具有自身的遗存特点，线路长，宽度不大，并且沿线多被公路或是城镇占据，勘探难度较大。

（4）调查主要是边踏查边走访，询问居住在运河沿线的村民，了解他们眼中的通济渠。踏查时发现运河断面，及时进行了清理，并拍照、绘图，判断剖面所在运河主体的位置，并标注了地理位置。

（5）钻探时按照每1000米一排探孔的原则前行摸底，如果遇到建筑则进行相应的调整。严格按照国家文物局颁发的《田野考古工作规程》相关规定进行，以放线、布孔、普探、复查、定位、断代为工作流程。

第五节　报告编写体例及说明

本报告所反映的主体属于线性遗产，沿线较长，历史跨度较大。为了综合且全面地反映通济渠安徽段的情况，本报告按照以下体例进行编写。

第一章是自然地理环境。包括自然环境和人文环境，通济渠沿线涉及濉溪、宿州、灵璧和泗县，地形地貌存在差异，人文环境也存在不同，运河孕育着不同的地方历史文化。

第二章是工作概况。具体报告历年的调查情况，总结前人的经验和成果，为此次调查、勘探做好前期准备；同时分析此次调查、勘探的目的和学术意义，论述调查、勘探的思路和方法。

第三章是调查、勘探成果。具体报告濉溪、宿州、灵璧和泗县的调查、勘探成果。

第四章是通济渠沿岸相关遗迹介绍。主要论述运河与遗址点的关系，还有一些沿岸存在的物质文化遗产。

第五章是通济渠与沿岸城镇的发展。选取宿州和柳孜这两个典型的城市和村镇，主要论述通济渠与它们的历史关系。

第六章是通济渠（安徽段）的历史变迁。论述汉代至南北朝的初期发展，隋唐至宋金通济渠的利用、管理及废弃情况，元明清通济渠废弃之后的情况。

第七章是结语。

第三章　调查、勘探成果

通济渠大部分被原303省道占压，柏油路下未钻探，导致钻探剖面不连续；另外河堤与河道地层堆积存在差异，所以在报告勘探结果时将位于河堤与河道部分的地层位置分别编号，以便于理解和研究。在北堤编号前统一加N，南堤编号前统一加S，河道直接编号。全线180千米，跨越了濉溪县、宿州埇桥区、灵璧、泗县四个行政区域，下面分别进行报道。

第一节　隋唐大运河遗址濉溪段考古勘探

濉溪县段的勘探数相对比较少，一共有26个钻探排（图3-1-1）。

（一）SXZ1（永城和濉溪交界处的张庄）

第1排钻探，共布11个探孔，全长65米（图3-1-2；图版一，1、2）。

1. 北堤

第N1层：耕土层，浅褐色。距地表0～0.3、厚0～0.3米。土质杂乱，较为疏松，内含近现代砖瓦片及较多植物根系。

第N2层：浅黄色粉沙土，主要分布于原303省道的北侧，南侧有少量分布。距地表0.7～2、厚0～1.7米。土质较为纯净，自然堆积而成，土质较为疏松，未发现包含物。

第N3层：黄色沙土，主要分布于探排的北部。距地表1.9～5.2、厚0～3米。土质较纯净，疏松，为河道黄沙堆积。距地表3米处发现有泥质灰陶罐残片，应该是河道位置。

第N4层：深灰色土，主要分布于探排北侧河堤北面。距地表1.6～2.9、厚0～0.6米。土质致密，与第4层之间有少量灰烬及烧土颗粒。应该是通济渠原始河堤堆土，是河堤外围。

第N5层：青灰色土，主要分布于探排偏北部分。距地表2.7～3.2、厚0～2.2米。土质致密，黏性斑土，人为堆积痕迹明显，未发现包含物，属于北堤。

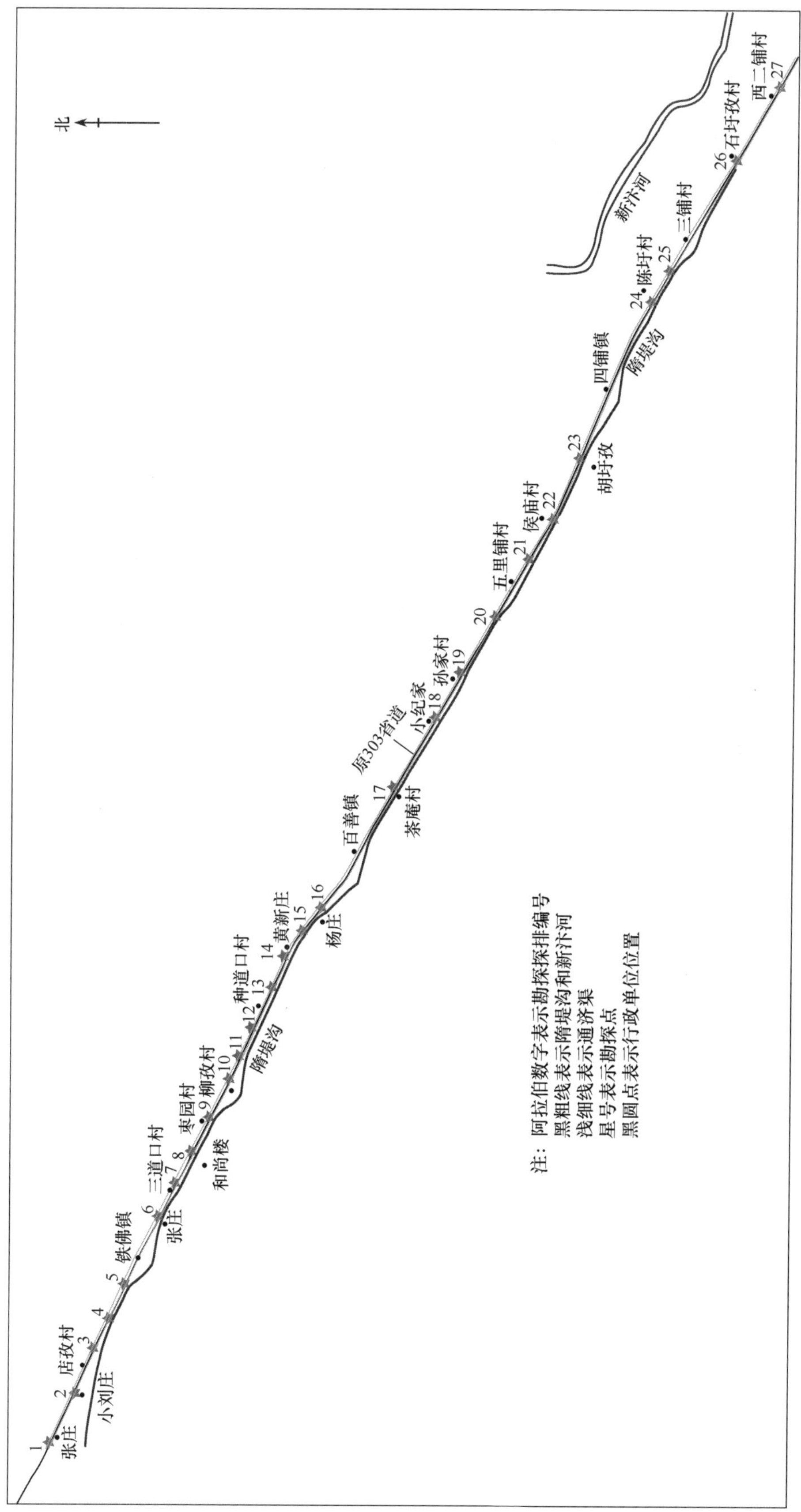

图3-1-1 隋唐大运河濉溪段沿线勘探点位置示意图

2. 河道

第1层：耕土层，浅褐色。距地表0～0.3、厚0～0.3米。土质杂乱，较为疏松，内含近现代砖瓦片及较多植物根系。

第2层：黄褐色扰土，主要分布于原303省道下面。距地表0.3～1.7、厚0～1.7米。土质疏松，含近现代砖瓦片，为公路底部垫土层。

第3层：浅黄色粉沙土，主要分布于原303省道的北侧，南侧少量分布。距地表0.7～2、厚0.5～1.8米。土质较为纯净，较疏松，未发现包含物。

第4层：黄色沙土，主要分布于探排的中部。距地表1.9～5.2、厚0～3米。土质较纯净，疏松，为河道黄沙堆积。距地表3米处发现有泥质灰陶罐残片，应该是河道位置。

第5层：浅黄色沙土，主要分为探排中部。距地表3.3～4.9、厚0～0.6米。土质疏松，含泥质成分，沙粒逐渐变大，是河道位置。

第6层：青灰色淤积层，主要分布于探排中部。距地表2.5～6.2、厚0～1.3米。土质较致密，纯净，向下颗粒逐渐变大。为河道内淤积土，是河道位置。

3. 南堤

第S1层：耕土层，浅褐色。距地表0～0.3、厚0～0.3米。土质杂乱，较为疏松，内含近现代砖瓦片及较多植物根系。

第S2层：黄褐色扰土，主要分布于原303省道下面。距地表1.2～1.3、厚0～0.7米。土质疏松，含近现代砖瓦片，为公路底部垫土层。

第S3层：浅黄色粉沙土，主要分布于原303省道的北侧，南侧有少量分布。距地表1～2、厚0～0.9米。较为纯净，自然堆积而成，土质较为疏松，未发现包含物。

第S4层：青灰色黏土，分布于探排最南部。距地表1.3～2.5、厚0.2～0.5米。土质较致密，含少量灰烬，属于南堤。

第S5层：黄褐色五花土，分布于探排最南部分。距地表1.4～3.4、厚0.2～0.4米。土质较致密，含少量灰烬及料姜石，属于南堤。

第S6层：深褐色黏土，分布于探排最南部分。距地表2～4、厚0.5～0.6米。土质较致密，含少量灰烬，属于南堤。

以下为生土。

总结：从该探排剖面可知，北堤是N5层，堤顶宽8米，堤底宽12米，高2.2米。河堤外有黄沙土，并且分布范围比较大，很可能是黄河泛滥的残余，也或者是汴河清淤翻倒上来的。南堤被现代沟渠破坏了，具体宽度不清楚，但从靠近南端的地层可以判断属于河堤堆积，整个现代沟位于南堤之上，从现代沟两端的土质黏性可以判断河堤宽至少在12米，高3.4米。部分河道被原303省道占压，给勘探造成很大难度。仅勘探出河道的北半部分，即第4、5、6层。从两边河堤的堆积土推测河口宽度在30米左右，深4.5米，堆积内基本都是黄沙土堆。在两岸河堤的底层并未发现与河道相关的地层堆积，可以推测出在隋至南宋时期，河道并未存在过多的变化或位移，且河道的宽度仅30米或低于30米。

（二）SXZ2（铁佛镇小刘庄东北大运河剖面）

第2排钻探，共布12个探孔，全长60米（图3-1-3）。

1. 北堤

第N1层：耕土层，分布于探排南半部。距地表0～0.3、厚0～0.3米。土质杂乱，较疏松，含大量植物根系。

第N2层：黄褐色扰土。距地表0.6～1.4、厚0.8～1.1米。土质杂乱，疏松，含灰烬及少量砖瓦碎片，是近现代的垫土。

第N3层：浅黄色沙土。距地表1.7～1.8、厚0.4～0.7米。细沙较疏松，纯净，可能是运河冲击堆积形成。

第N4层：深褐色黏土。距地表2.7～3.6、厚0.9～1.5米。土质较致密，含零星灰烬及少量烧土颗粒，为人工堆积，为北堤垫土。

第N5层：青灰色黏土。距地表3.1～4.2、厚0.4～0.5米。土质致密、纯净，无包含物。为北堤垫土。以下为黄褐色生土。

2. 河道

第1层：与第N1层是同一层，此处地势稍微抬高。

第2层：黄褐色垫土，分布于探排中部。距地表0.4～1.7、厚0～1.7米。土质疏松，含少量瓦碎片和少量植物根系。

第3层：黄褐色扰土，与第N2层是同一层。在河道中地势略有变化。距地表1.1～2.7、厚0.8～1.8米。

第4层：浅黄色沙土，与第N3层是同一层。在河道中堆积较厚。距地表2.1～4.9、厚1～3米。土质疏松，未见包含物。

第5层：黄沙土。距地表3.2～5.7、厚0～1.3米。土质较致密，层状结构，内含淤泥块。

第6层：青褐色淤泥。距地表5.2～6.2、厚0.6～1米。土质致密，含零星灰烬，底部土泛青灰色。其下为黄褐色生土。

3. 南堤

南堤被现代沟渠破坏，沟渠北侧是原303省道外坡，南侧为农田，沟渠内的堆积层不算在

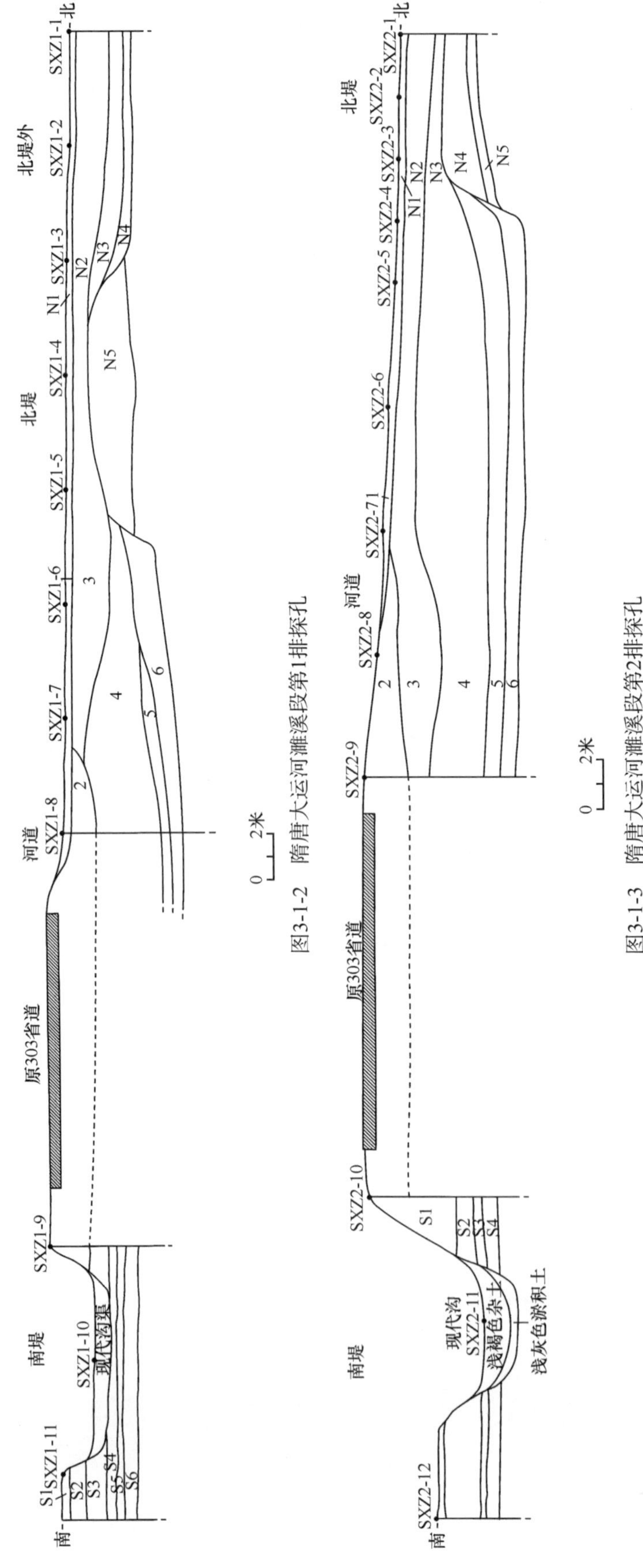

图3-1-2　隋唐大运河濉溪段第1排探孔

图3-1-3　隋唐大运河濉溪段第2排探孔

河堤堆积地层内。

第S1层：耕土层，与河道第1层是同一层。

第S2层：黄沙土，地势较平缓。距地表2.8～4.2、厚0.7～1.5米。土质较疏松，未见包含物。可能是汴河翻倒上来的沙土。

第S3层，深褐色黏土，地势较平缓。距地表2～4.5、厚0.3～0.4米。土质较致密，含零星灰烬。

第S4层，青灰色黏土，地势较平缓。距地表2.5～5.1、厚0.6～0.7米。土质较致密，纯净，结构较均匀，为次生土层。其下为黄褐色生土。

总结：北堤未探完整，第N4、N5层为北堤堆积，河堤内坡较陡，约60°。残宽6、高2米。河道内第4～6层为河道堆积，残长24、深3.1米。南堤第S3、S4层是河堤堆积，残长12、高1.7米。其中被现代沟渠破坏一部分。北堤高于南堤，且都存在不同程度的破坏。

（三）SXZ3（铁佛镇东店孜村东南）

第3排探孔，共布16个探孔，共75米（图3-1-4；图版一，3）。

1. 北堤

第N1层：浅褐色土。距地表0～0.3、厚0～0.3米。土质疏松，比较杂乱，含大量植物根系。

第N2层：黄褐色垫土。距地表0.5～1.8、厚0.3～1.5米。土质疏松，结构比较杂乱，包含近现代瓦碎片。

第N3层：灰褐色黏土，分布于北堤外。距地表1～2.5、厚0.7～1米。土质较致密，结构纯净，包含灰烬。该层存在踩踏面，推测为后期垫土层，是破坏河堤土而形成的。

第N4层：青褐色五花土。距地表2.3～3、厚1.5～1.7米。土质较为致密，含少量灰烬，存在踩踏面。为北堤堆积。

2. 河道

第1层：黄褐色土，为原303省道垫土层。

第2层：浅黄褐色土，为原303省道垫土层。与第N2层是同一层。

第3层：浅黄色粉沙土。距地表0.6～3.7、厚0～1.7米。土质疏松，未见包含物。

第4层：黄沙土。距地表1.6～5.3、厚0～2.4米。土质较为疏松，可见宋代瓷片，层状结构。

第5层：黑褐色淤土。距地表4～6.8、厚1.3～1.7米。土质致密，内含灰烬，在5米下方见到木料。

第6层：青灰色淤土。距地表6～7.7、厚0.9～1.5米。土质致密，层状结构，较纯净。有料姜石。其下为浅黄色生土。

3. 南堤

第S1层：耕土层，分布于最南端，仅一小部分，长2米。距地表0～0.4、厚0～0.4米。包含植物根系。

第S2层：黄褐色土，分布于省道南端一侧，为原303省道垫土层。

第S3层：黄褐色垫土，分布于探排南端。距地表0～1.7、厚0～1.3米。土质致密，包含近现代砖瓦片。

第S4层：黄褐色垫土，与河道第2层是同一层。距地表1.3～1.6、厚1～1.6米。

第S5层：浅黄色粉沙土，与河道第3层是同一层。距地表1.6～2.7、厚0～1.3米。土质疏松，包含物纯净。

第S6层：灰褐色黏土。距地表2.5～3、厚0.4～0.5米。土质致密，表面见踩踏面。

第S7层：青褐色五花土。距地表3～3.5、厚0.6～1.5米。土质致密，较纯净，存在料姜石。为南堤堆积。

总结：北堤仅探出一层，即第N4层，河堤内坡较陡，约60°。宽12.5、高2.1米。该探排探明河道的完整宽度，其堆积是第4～6层，宽36、深4.5米。南堤上后期杂土较多，对河堤本体造成一定破坏。第S7层为南堤堆积，宽15、高1.5米。仍然是北堤高于南堤。

（四）SXZ4（铁佛镇东店孜村向东900米）

第4排探孔，共布17个探孔，全长75米（图3-1-5；图版一，4）。

1. 北堤

第N1层：浅褐色农耕层。距地表0.25～0.3、厚0.25～0.3米。土质松散，包含植物根系。

第N2层：浅褐色填土。距地表0.9～1、厚0.6～0.7米。土质疏松，为1977年平整土地铺垫而成。

第N3层：浅黄色粉沙土，仅分布在探排北端1.5米。距地表2～2.4、厚1～1.4米。土质疏松，淤积形成。

第N4层：灰褐色黏土，分布在探排北端1米。距地表2.9～3、厚0.6～0.7米。土质致密，表面见踩踏面。

第N5层：青褐色五花土。距地表3～3.25、厚1.3～2.1米。土质致密，含零星灰烬。为北堤本体堆积。

2. 河道

第1层：耕土层，与第N1层是同一层。

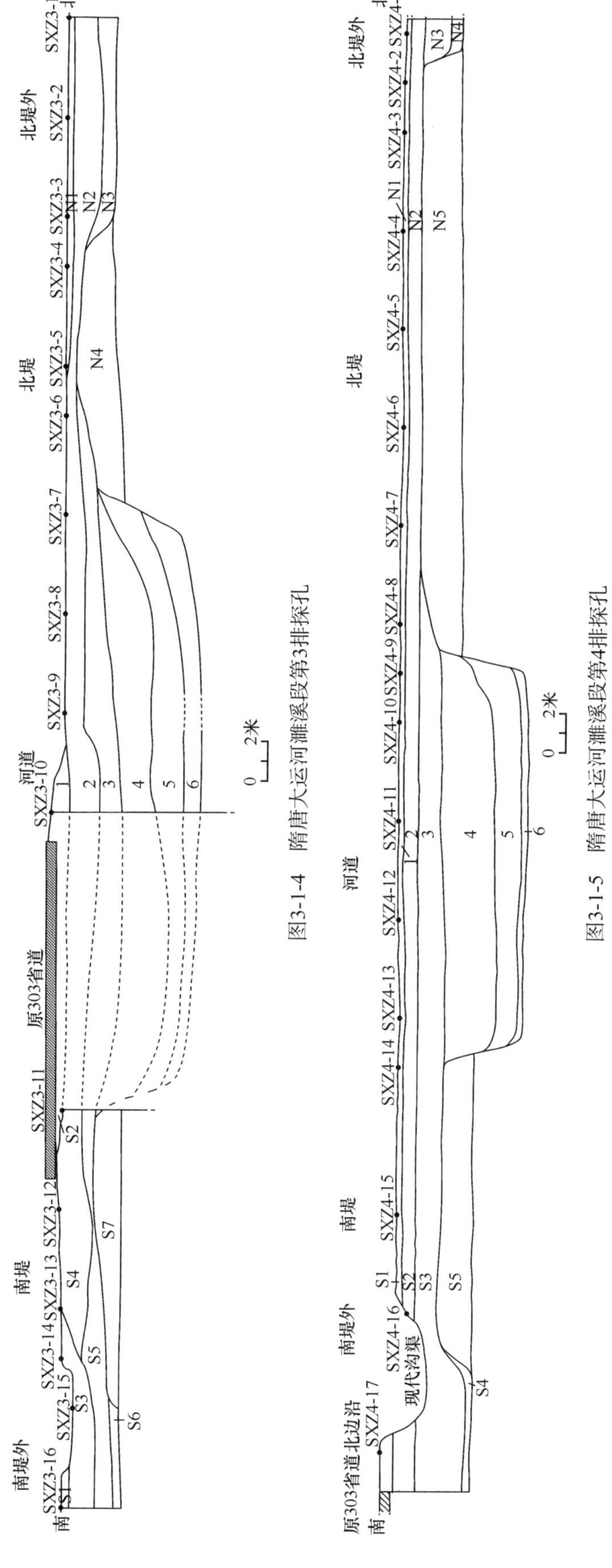

图3-1-4　隋唐大运河濉溪段第3排探孔

图3-1-5　隋唐大运河濉溪段第4排探孔

第2层：黄褐色扰土，与第N2层是同一层。

第3层：浅黄色粉沙土。距地表2.1～2.5、厚1.1～1.5米。土质疏松，内含宋代青白瓷片。

第4层：黄沙。距地表3.2～5、厚2.5～2.9米。土质致密，较纯净，层状结构。

第5层：黑褐色淤泥。距地表5.8～6.4、厚1～1.4米。土质致密，为河底淤积层。

第6层：青灰色淤泥。距地表6.4～6.8、厚0.2～0.5米。土质致密，包含料姜石。其下为浅黄色生土。

3. 南堤

部分被现代沟渠破坏。

第S1层：耕土层，与第N1层是同一层。

第S2层：浅褐色垫土，与第N2层是同一层。

第S3层：浅黄色粉沙土，与河道内第3层是同一层。距地表2.4～4.3、厚1.1～2.5米。

第S4层：灰褐色黏土。距地表1.2～4.6、厚0～0.4米。土质致密，含灰烬，表面有踩踏面。

第S5层：青褐色五花土。距地表4、厚1.6～1.9米。土质致密，含料姜石。为南堤本体堆积。其下是浅黄色生土。

总结：该排探孔均位于原303省道以北、原303省道偏移原汴河的位置。所探结果是北堤较宽，为第N5层堆积，河堤内坡陡直，约75°，宽约30、高2.2米。这么宽的河堤应该不是一次性堆筑形成的，应该是隋至南宋时期不断增筑形成。河道较完整，河底较平，其堆积是第4～6层，宽约21、深4米。这个宽度相当于北宋时期汴河的宽度，那么该段河道变窄很可能是增筑北堤造成。南堤第S5层堆积河堤内坡陡直，约75°，宽14.5、高约2米。北堤与南堤高度基本一致。

（五）SXZ5（铁佛镇西侧）

第5排探孔，共布18个探孔，全长78米（图3-1-6）。

1. 北堤

第N1层：耕土层。距地表0.3～0.4、厚0.3～0.4米。土质疏松，花杂，包含近现代砖瓦片。

第N2层：浅黄色粉沙土。距地表1.5～1.6、厚1.2～1.3米。土质疏松，包含泥土较多。

第N3层：红褐色土。距地表1.5～2.1、厚0～0.6米。土质致密，纯净，多为淤泥，应该是淤泥层，很可能是清淤翻倒上来的土。

第N4层：灰褐色黏土。距地表2.5米、厚0.3～0.9米。土质致密，内含灰烬，且存在疑似踩踏面。

第N5层：青褐色五花土。距地表2.4～2.5、厚0.5～2.1米。土质致密，结构略花杂，未见包含物。为北堤本体堆积。其下是浅褐色生土。

2. 河道

第1层：与第N1层是同一层。

第2层：浅黄色粉沙土。距地表1～2.7、厚0.5～2.5米。土质疏松，含少量灰烬，为河道自然淤积而成。

第3层：红褐色淤泥。距地表1.2～3.2、厚0.1～0.7米。土质致密，纯净，未见包含物。

第4层：黄沙土。距地表2.9～4.8、厚0.7～2.5米。土质致密，见层状结构，含少量料姜石颗粒。

第5层：黑褐色淤泥。距地表2.6～4.9、厚0.8～1.4米。土质致密，含少量灰烬及料姜石颗粒。

第6层：青灰色淤积。距地表4.8～5.9、厚0.2～0.8米。土质致密，泥状结构，含灰白色姜石。其下是浅褐色生土。

3. 南堤

第S1层：与第N1层是同一层位。

第S2层：浅黄色土。距地表0.9～2.5、厚0～1.5米。土质致密，为原303省道路基垫土。

第S3层：黑褐色黏土。距地表3米、厚0.5～0.8米。土质致密，五花土，包含零星灰烬及少量料姜石颗粒。其下为浅褐色生土。

总结：该探排位于原303省道北侧。汴河剖面较为完整。北堤仅第N5层是河堤堆积，宽12、高2.2米。河道宽34、深5米。河堤外堆积有黄沙层和淤泥层，说明是清淤造成的或是河水泛滥造成的结果。河道内淤积较厚。南堤破坏较为严重。仅第S3层为河堤土，且较薄。残宽10、残高0.5米。仍然是南堤高于北堤。该剖面未见河道变迁的迹象。

（六）SXZ6（铁佛镇张庄村东北部）

第6排探孔，共布14个探孔，全长67.5米（图3-1-7）。

1. 北堤

第N1层：耕土层。距地表0.2～0.3、厚0.2～0.3米。土质疏松，包含较多植物根系。

第N2层：黄褐色土。距地表0.7～1.5、厚0.4～1.3米。土质疏松，含少量青灰砖瓦片，包含物比较杂乱。

第N3层：浅黄色沙土。距地表2.5～2.6、厚1～1.1米。土质疏松，包含少量料姜石颗粒。

第N4层：深褐色黏土。距地表3.3、厚0.7米。土质致密，包含少量灰烬，有踩踏面。

第N5层：黑褐色黏土。距地表3.2～3.5、厚1.8～2.6米。土质致密，为五花土，层状结

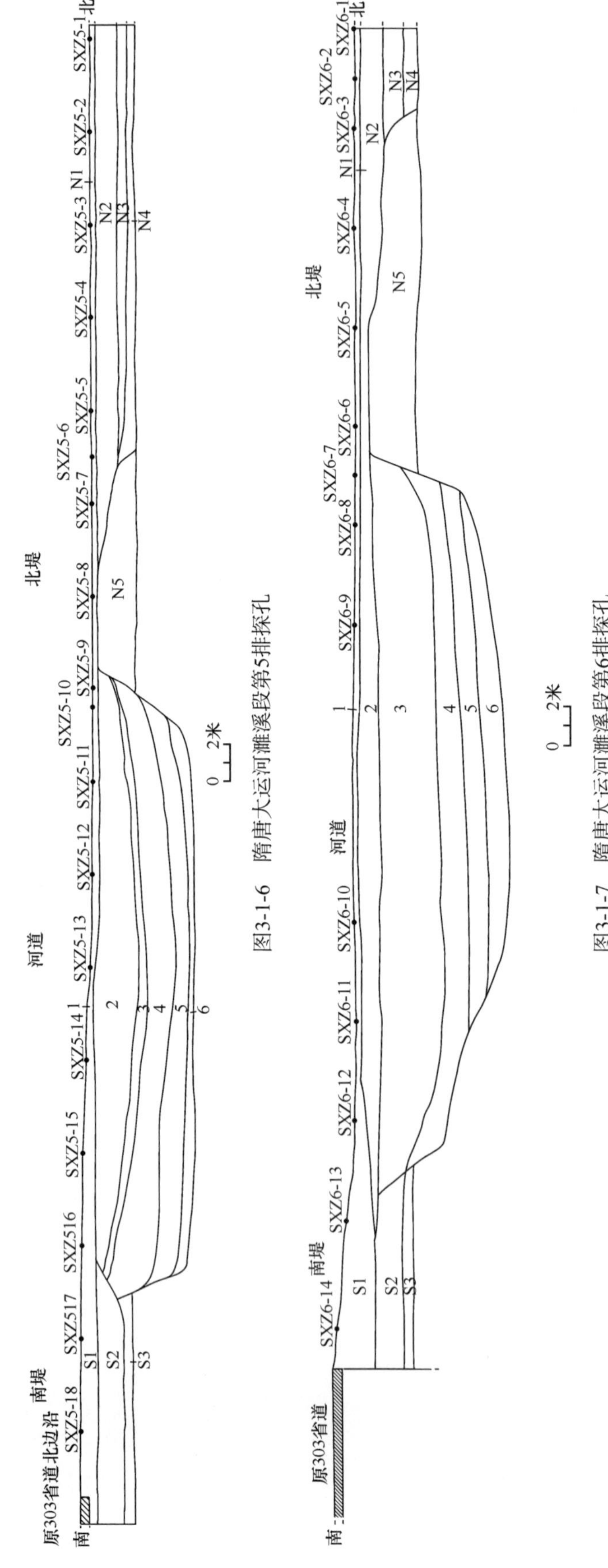

图3-1-6　隋唐大运河濉溪段第5排探孔

图3-1-7　隋唐大运河濉溪段第6排探孔

构，为北堤堆积。其下是黄褐色生土。

2. 河道

第1层：与第N1层是同一层位。

第2层：与第N2层是同一层位。

第3层：浅黄色沙土。距地表2.6～4.6、厚1.4～3.4米。土质疏松，层状结构，含少量料姜石及零星灰烬。

第4层：深褐色淤土。距地表4.3～6、厚1～1.4米。土质致密，包含零星灰烬和蚌壳片。

第5层：青灰色沙土。距地表5.4～7、厚1～1.2米。土质致密，层状结构，含少量料姜石。

第6层：青灰色淤泥。距地表6～8.1、厚0.6～1.2米。土质致密，含零星灰烬及料姜石。其下为黄褐色生土。

3. 南堤

第S1层：与第N1层是同一层。

第S2层：黑褐色黏土。距地表2.7～3.5、厚1.4～1.5米。土质致密，含少量灰烬及碎砖块。

第S3层：灰褐色黏土。距地表3.2～4.2、厚0.5～0.6米。土质致密，含少量料姜石颗粒和灰烬，见踩踏面。其下是黄褐色生土。

总结：该探排位于原303省道北侧，汴河剖面比较完整。北堤本体堆积是第N5层，河内坡处较陡直，约70°。河堤顶宽约15、高2.6米。河道内淤积较厚，淤塞较严重。第3～6层为河道堆积。河口宽37.5、深6.7米。靠近南堤处的河底有稍高的慢坡。南堤因原303省道阻挡，勘探不完整，南堤内坡较北堤略缓，约50°。第S2、S3层是河堤本体堆积。残宽约9、高2米。南堤略高于北堤。

（七）SXZ7（铁佛镇三道口村东部苗圃内）

第7排探孔，共布12个探孔，全长50米（图3-1-8）。

1. 北堤

第N1层：耕土层。距地表0.3～0.4、厚0.3～0.4米。土质疏松，包含植物根系。

第N2层：黄褐色粉沙土。距地表1～2、厚0.7～1.7米。土质疏松，含有少量灰烬及红色烧土颗粒，并有一些料姜石颗粒。

第N3层：灰褐色黏土。距地表2.5、厚0.5米。土质致密，含少量灰烬，并且有踩踏面痕迹。

第N4层：黑褐色黏土。距地表2.4～2.5、厚1.4～1.5米。土质致密，含零星灰烬，夹杂红烧土块。其下是黄褐色生土。

2. 河道

第1层：与第N1层是同一层。

第2层：与第N2层是同一层。距地表0.8～1.5、厚0.4～1.6米。土质疏松，含少量青灰色砖瓦块和零星灰烬。

第3层：黄沙。距地表1.8～2.1、厚0.5～1米。土质致密，层状结构，包含料姜石和蚌壳。

第4层：青褐色淤泥。距地表2～2.4、厚0.1～0.3米。土质致密，包含零星灰烬。

第5层：浅黄沙土。距地表4.4～6.2、厚1.7～2.7米。土质致密，层状结构，含少量料姜石颗粒和蚌壳。

第6层：橙黄色沙土。距地表4.4～8.2、厚0～2米。土质致密，层状结构，含少量料姜石及灰星，还有一些蚌壳。

第7层：青灰色沙土。距地表8～9.2、厚1～3米。土质致密，水分较多，有青褐色泥块，含灰烬及陶器残片，夹杂料姜石颗粒。

第8层：灰褐色淤积层。距地表9.5～10.7、厚1.5米。土质致密，含少量灰烬和料姜石颗粒。其下为黄褐色生土。

总结：该探排位于原303省道北侧，勘探不完整。从剖面可以看出河道压在原303省道下面，南堤并未暴露出来，说明汴河方向略有变化。北堤仅第N4层是河堤本体堆积，呈梯形，河内坡有二层慢坡台。河内坡略陡，约50°。上宽11、下宽14、高1.5米。河道被现代沟渠破坏一部分，河道内地层堆积较多，第3～8层为河道堆积，多为黄沙堆积，残宽34、深8.5米。南堤未探明。

（八）SXZ8（柳孜村和尚楼东北部）

第8排探孔，共布16个探孔，全长93.6米（图3-1-9；图版二，1）。

1. 北堤

第N1层：耕土层。距地表0.2～0.4、厚0.2～0.4米。土质疏松，包含植物根系。

第N2层：浅黄色沙土。距地表0.5～2、厚0.2～1.7米。土质疏松，含少量灰烬和料姜石颗粒。

第N3层：浅灰色沙土。距地表1.5～3.1、厚0～1.2米。土质疏松，含少量料姜石和蚌壳。

第N4层：灰褐色黏土。距地表2.7～3.5、厚0～0.4米。土质致密，存在不太明显的踩踏面痕迹。

第N5层：黑褐色黏土。距地表3～3.4、厚0.8～2.5米。土质致密，五花土，包含少量料姜

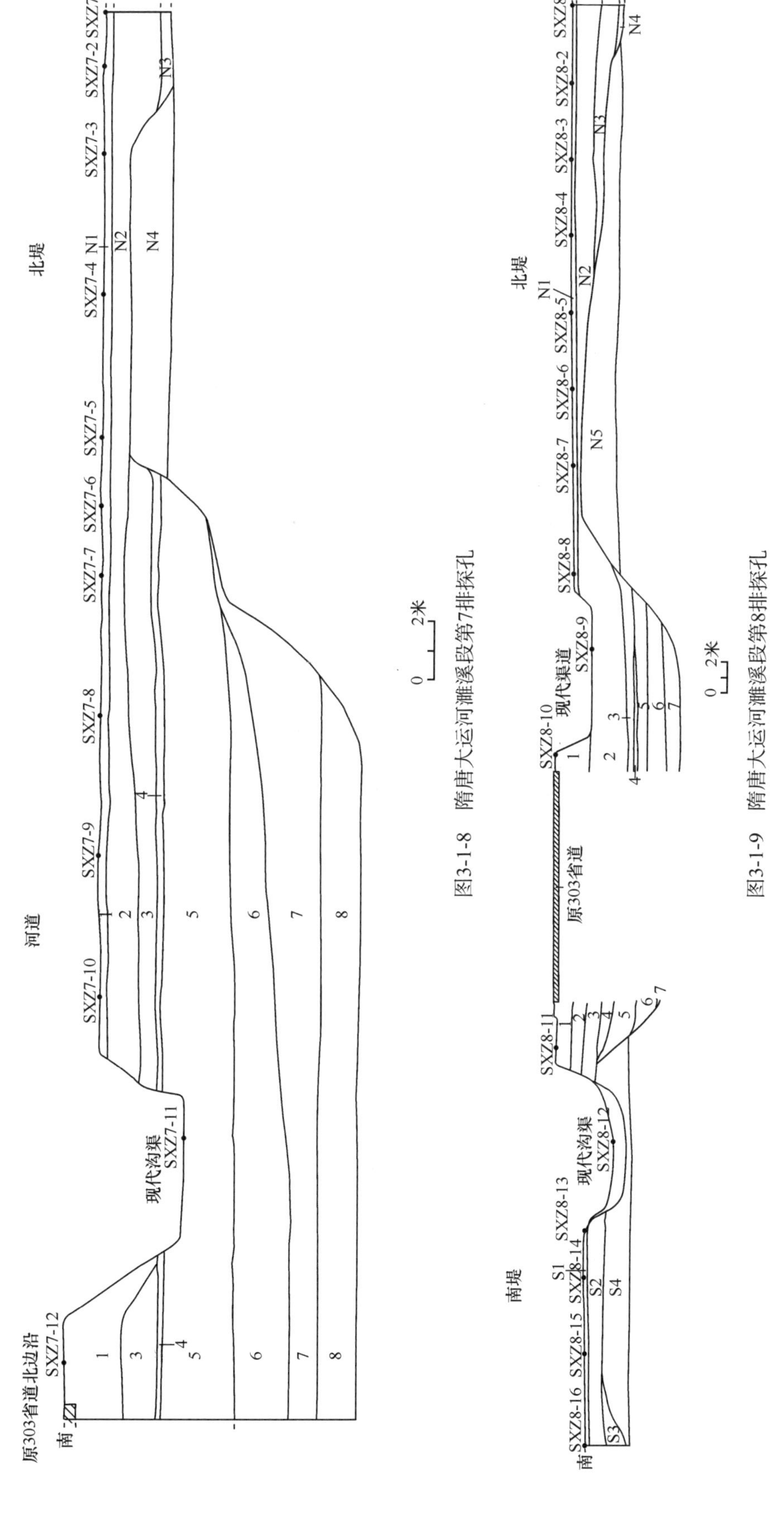

图3-1-8　隋唐大运河濉溪段第7排探孔

图3-1-9　隋唐大运河濉溪段第8排探孔

石颗粒和陶片。为河堤本体堆积。

2. 河道

第1层：与第N1层是同一层。

第2层：与第N2层是同一层。距地表3.1～4.9、厚2.6～2.7米。土质疏松，含零星灰烬和料姜石颗粒。

第3层：浅灰色沙土。距地表4～5.3、厚0.4～0.9米。土质疏松，含灰烬和蚌壳。

第4层：黑褐色淤土。距地表4.2～5.5、厚0～0.3米。土质致密，纯净，未见包含物。

第5层：灰白色黏土。距地表5～6.3、厚0.7～1米。土质致密，含大量料姜石颗粒。

第6层：青灰色沙土。距地表6～7.6、厚1～1.3米。土质致密，夹杂青褐色淤泥，含零星灰烬和蚌壳。

第7层：青灰色淤泥。距地表6.8～8.5、厚0.8～1.1米。土质致密，水分大，夹杂灰星和青灰色陶片，还包含料姜石。其下是黄褐色生土。

3. 南堤

第S1层：与第N1层是同一层。

第S2层：浅黄色沙土，与第N2层是同一层。

第S3层：灰褐色淤泥。距地表1.1～2.8、厚0～1.3米。土质疏松，含少量灰星及料姜石颗粒。

第S4层：黑褐色黏土。距地表2.3～3.2、厚1.8～2.2米。土质致密，五花土，较纯净。为河堤本体堆积。

总结：该探排位于原303省道两侧，导致部分河道未探。北堤较长，第N5层是本体堆积，大致呈梯形，河内坡较缓，约35°。上宽约30、下宽约34.5、高2.5米。北堤的北半部分逐渐变薄，很可能是河堤倒塌或被摊平导致的。原河堤的宽度应该小于30米。河道部分被现代沟渠所破坏，其本体堆积是第3～7层。宽约32、深约5.5米。南堤部分被现代沟渠破坏，第S4层是本体堆积，大致呈梯形，内坡较北堤内坡较陡，约50°。上宽约21、下宽27.5、高约2米。南堤低于北堤。

（九）SXZ9（百善镇柳孜枣园村）

第9排探孔，共布14个探孔，全长86米（图3-1-10）。

1. 北堤

第N1层：耕土层。距地表0.6～1.4、厚0.6～1.4米。土质疏松，包含植物根系。

第N2层：深黄色土。距地表1～2.5、厚0～1.5米。土质疏松，无包含物。

第N3层：黑褐色黏土。距地表1.1～1.7、厚0～0.9米。土质致密，包含少量料姜石颗粒。

第N4层：黄沙。距地表2.2～3.2、厚0.7～1.7米。土质疏松，无包含物。

第N5层：黑褐色黏土。距地表2.5～3.2、厚0～0.3米。土质致密，含料姜石颗粒。

第N6层：青灰沙。距地表3.7～4、厚0～1.5米。土质疏松，细沙内包含很多淤泥。

第N7层：青褐色淤土。距地表4～4.5、厚0～0.6米。土质致密，包含少量料姜石颗粒。

2. 河道

第1层：耕土层，与第N1层是同一层。

第2层：与第N4层是同一层。距地表2.2～3.8、厚1.2～3米。土质疏松，无包含物。被两个现代扰坑打破。

第3层：深褐色淤泥，与第N7层是同一层。距地表4.5～6、厚0.5～2米。土质较疏松，包含少量细沙。

第4层：浅黄色淤泥。距地表8～8.2、厚2～3米。土质疏松，有少量蚌壳。

第5层：青沙。距地表8.5～9.1、厚0.5～1米。土质疏松，有少量料姜石颗粒。

第6层：青褐色淤泥。距地表9.2～9.6、厚0.4～0.6米。土质致密，含水量大，少量料姜石。其下是浅黄色生土。

3. 南堤

第S1层：与第N1层是同一层。

第S2层：深褐色黏土。距地表2～2.5、厚0.5～1.4米。土质致密，含料姜石。

第S3层：青褐色黏土。距地表3、厚0.5～1米。土质致密，含料姜石。应该是河堤本体堆积。其下是浅黄色生土。

总结：该探排因原303省道的阻挡，部分河道未勘探。北堤扰乱比较大，并且第N7层与河道第3层是同一层，说明北堤早期遭到很大的破坏。如果把第N2～N7层作为北堤的话，其宽25.3、高3.5米，河内坡略缓，约40°。河道虽然遭到一定的盗扰，有两处扰坑破坏了河道地层，但影响不大。属于河道本体的堆积是第3～6层，其宽35、深5.5米左右。南堤保存完好，第S3层是南堤本体堆积。河内坡略陡，约55°。宽约24、高约1米。

（十）SXZ10（百善镇柳孜村东）

第10排探孔，共布11个探孔，全长71米（图3-1-11）。

1. 北堤

第N1层：耕土层。距地表1～1.2、厚1～1.2米。土质疏松，包含植物根系。

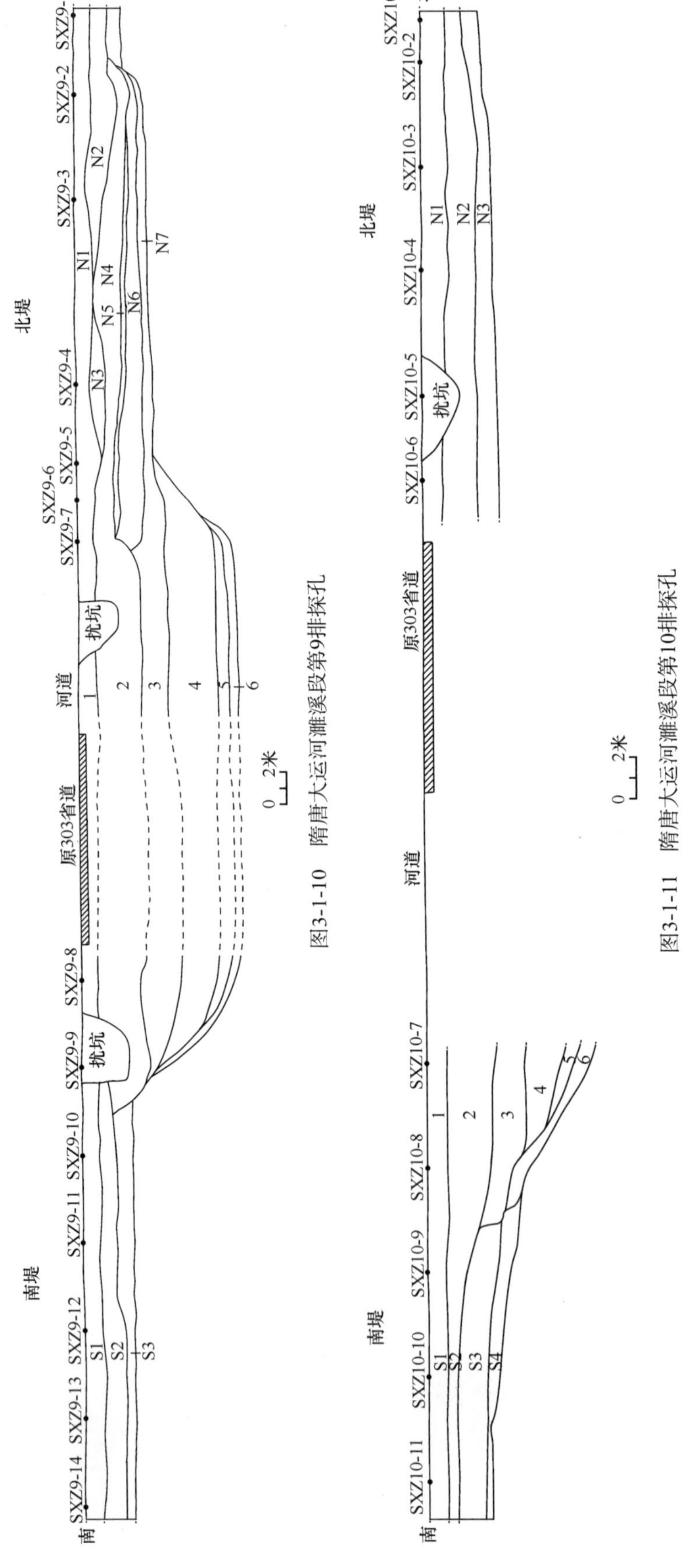

图3-1-10　隋唐大运河濉溪段第9排探孔

图3-1-11　隋唐大运河濉溪段第10排探孔

第N2层：黄褐色黏土。距地表2～2.7、厚1～1.5米。土质致密，包含少量料姜石。

第N3层：黑褐色黏土。距地表3～3.5、厚0.9～1.1米。土质致密，包含料姜石。以下是黄褐色生土。

2. 河道

第1层：与第N1层是同一层。

第2层：黄沙。距地表3～3.5、厚1.5～2.5米。土质疏松，无包含物。

第3层：黄褐色淤土。距地表4.2～4.8、厚1～1.5米。土质致密，含有少量料姜石。

第4层：深褐色淤土。距地表6～6.5、厚1.1～1.7米。土质致密，含有一定量的细沙。

第5层：青灰色沙土。距地表6.5～7.5、厚0～1米。土质疏松，含少量料姜石。

第6层：青褐色淤土。距地表5～8.3、厚0.4～0.7米。土质致密，含有少量料姜石。以下是黄褐色生土。

3. 南堤

第S1层：与第N1层是同一层。

第S2层：与河道第2层是同一层。距地表1.5～2、厚0.5～0.8米。

第S3层：黄褐色黏土。距地表3～3.8、厚1.2～1.6米。土质致密，包含料姜石。

第S4层：青褐色黏土。距地表3.2～4.5、厚0.2～0.8米。土质致密，包含料姜石。

总结：该探排因原303省道阻挡，部分河道未勘探。北堤未探出两边的堤坡，所以具体宽度不是太清楚，第N2、N3层是河堤本体堆积。推测残宽24、高约2.5米。河道仅勘探了南半部分，第3～6层是河道本体堆积。宽约33、深5.5米。南堤的外坡未勘探出。第S3、S4层是南堤本体堆积，河内坡上半部较陡直，约85°，下半部较平缓，约15°。推测河堤宽至少13米左右，高2.5米。两岸河堤高度相差不多。

（十一）SXZ11（柳孜集东部，铁路偏东位置）

第11排探孔，共布14个探孔，全长100米（图3-1-12；图版二，2）。

1. 北堤

主要位于原303省道北部。

第N1层：浅褐色农耕层。距地表深0.25～0.35、厚0.25～0.35米。土质杂乱，较为疏松，内含大量植物根系。

第N2层：浅灰色粉沙土。距地表0.7～2.1、厚0.4～1.8米。土质较为疏松，含少量灰烬及料姜石颗粒，较纯净，未发现包含物。

第N3层：灰褐色黏土。距地表2.2～2、厚0.3～0.4米。土质较致密，含少量灰烬及料姜石颗粒，为自然堆积土层，表面见踩踏层面，以下为黄褐色生土层。

第N4层：黄褐色生土。距地表2.9～3、厚0.4～0.8米。土质致密，含硬料姜石颗粒。

第N5层：黑褐色黏土。距地表1.2～2.2、厚0.3～0.55米。土质较致密，含少量灰烬。

第N6层：深褐色黏土。距地表2～2.6、厚0.45～0.8米。土质致密，含蚌壳，未见包含物。

第N7层：黄褐色五花土，泛青色。距地表3～3.8、厚0.33～1.1米。含料姜石颗粒。以下为黄褐色生土。

2. 河道

主要位于原303省道之下及其南侧。

第1层：浅褐色农耕层。距地表0.15～0.45、厚0.15～0.45米。土质松散，为现代农耕层。

第2层：浅黄色粉沙土。距地表1.4～2、厚1.2～1.7米。土质较疏松，含零星灰烬。

第3层：浅黄色沙土。距地表1.7～2.4、厚0.2～0.4米。较为纯净，土质较为疏松，含蚌壳，未发现包含遗物。

第4层：黑褐色五花黏土。距地表3.6～6.4、厚1.9～2.6米。土质较致密，结构杂乱，有扰乱痕迹，含零星灰烬及料姜石颗粒。

第5层：青褐色淤土。距地表4.1～6.8、厚0.3～1.3米。土质较致密，结构杂乱，含灰烬及料姜石颗粒。

第6层：青灰色淤积土。距地表4.9～7.3、厚0.52～0.71米。土质致密，含蚌壳及少量料姜石颗粒。

第7层：黑褐色淤积土。距地表4.9～7.9、厚0～1.1米。土质致密，层状结构，含灰烬及较多料姜石颗粒。以下为黄褐色生土。

3. 南堤

主要分布于探排南部。

第S1层：浅褐色农耕层。距地表0.2～0.39、厚0.2～0.39米。土质松散，为近现代农耕层。

第S2层：浅黄色粉沙土。距地表1.1～2.15、厚0.8～1.2米。土质较疏松，含少量灰烬及料姜石颗粒。

第S3层：黑褐色五花黏土。距地表2.4～2.72、厚0～1.3米。土质致密，少量料姜石颗粒。

第S4层：灰褐色泛青黏土。距地表2.6～3、厚0.11～0.25米。土质致密，含灰烬及料姜石颗粒。以下为黄褐色生土。

总结：该探排因原303省道阻挡，部分河道未勘探。北堤的内坡因被现代沟破坏而未探明，第N5～N7层是北堤本体堆积。推测河堤顶残宽15、高1.3～2.5米。河道北半部分被压在原303省道下面，勘探出南半部分，第4～7层是河道本体堆积。勘探出的河道宽约33、距地表最深7.2米。南堤勘探比较完整。第S2～S4层是南堤本体堆积，河堤内坡较陡，约65°。河堤顶宽约16.8、高1.4米。南堤略高于北堤。

（十二）SXZ12（百善镇种道口村西）

第12排探孔，共布11个探孔，全长86米（图3-1-13；图版二，3）。

1. 北堤

主要位于原303省道北侧。

第N1层：浅褐色农耕层。距地表1～1.15、厚1～1.15米。土质疏松，含植物根系。

第N2层：深褐色黏土。距地表2～2.6、厚1～1.65米。土质致密，含料姜石颗粒。

第N3层：青褐色黏土。距地表2～3.1、厚0～0.72米。土质致密。

第N4层：黄褐色土。距地表2.5～2.55、厚1.5米。土质致密，含料姜石颗粒。以下为黄褐色生土。

2. 河道

主要位于原303省道以下及其南侧。

第1层：浅褐色农耕层。距地表0.9～1、厚0.9～1米。土质疏松，含植物根系。

第2层：浅黄褐色沙土。距地表2.2～3.1、厚1.2～2.1米。土质较疏松。

第3层：黄色沙土。距地表1.6～5.7、厚0.6～3.6米。土质疏松。

第4层：黄褐色淤土。距地表1～7.1、厚0.7～2.2米。土质致密，含零星灰烬。

第5层：青褐色淤土。距地表2.4～8.2、厚0.5～1.15米。土质致密，含零星灰烬。以下为黄褐色土，土质致密，含料姜石颗粒。

3. 南堤

主要分布于探排的南部。

第S1层：浅褐色农耕层。距地表0.9～1.5、厚0.9～1.5米。土质疏松，含植物根系。

第S2层：深褐色土。距地表2.3～2.5、厚1.2～1.5米。土质较疏松。以下为黄褐色生土。

总结：该探排因被原303省道阻挡，部分河道未勘探。北堤的内坡未勘探出，第N2、N3层是河堤本体堆积。推测河堤顶残宽33、高约2米。河道北半部分被压在原303省道下面，勘探出南半部分，第3～5层是河道本体堆积。勘探出的河道宽约19、距地表最深8.1米。南堤外坡未勘探出。第S2层是南堤本体堆积，河内坡略陡，约50°。勘探出河堤顶宽约7.5、高1.5米。北堤略高于南堤。

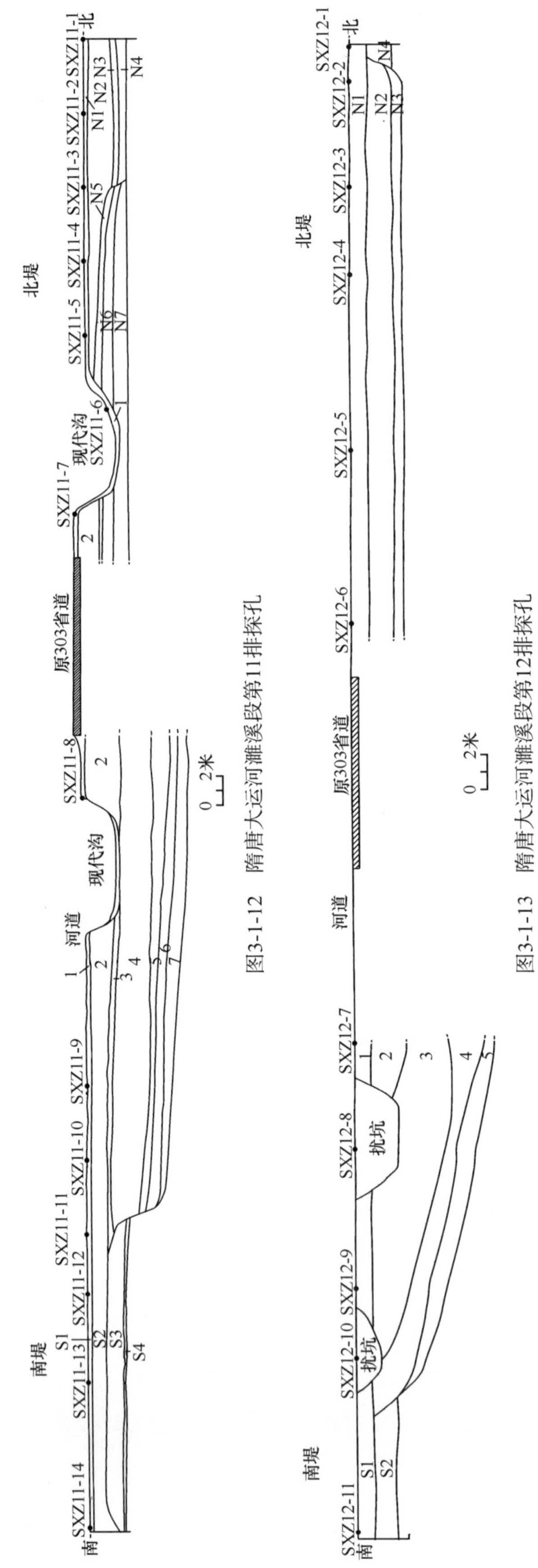

图3-1-12　隋唐大运河濉溪段第11排探孔

图3-1-13　隋唐大运河濉溪段第12排探孔

（十三）SXZ13（百善镇种道口村东）

第13排探孔，共布12个探孔，全长76米（图3-1-14）。

1. 北堤

主要分布于原303省道以北位置。

第N1层：浅黄色土。距地表0.4～1、厚0.4～1米。土质疏松，含有植物根系。

第N2层：黑褐色黏土。距地表1～2.4、厚0～1.8米。土质疏松，含有料姜石颗粒。

第N3层：青褐色黏土。距地表2.1～2.8、厚0～0.46米。土质致密，含有灰烬星。

第N4层：深黄褐色。距地表2.1～2.15、厚1.1～1.15米。土质疏松。以下为黄褐色生土，土质较致密，含料姜石颗粒。

2. 河道

主要分布于原303省道之下及以南位置。

第1层：浅黄色土。距地表1～1.1、厚1～1.1米。土质疏松，含有植物根系。

第2层：黄沙。距地表1～5.3、厚0～3.8米。土质疏松。

第3层：深褐色淤土。距地表1.2～6.5、厚0～1.7米。较为纯净，土质较致密，含料姜石颗粒。

第4层：黄褐色淤土。距地表3.6～8、厚0～1.6米。土质较致密，含料姜石颗粒。

第5层：青沙。距地表4.7～8.5、厚0～0.65米。土质疏松。

第6层：青褐色淤土。距地表5.7～9.2、厚0～1.2米。土质较致密，含有零星灰烬。以下为黄褐色生土，土质致密，含料姜石颗粒。

3. 南堤

主要分布于探排的南部。

第S1层：浅黄色土。距地表0.9～1、厚0.9～1米。土质疏松，含有植物根系。

第S2层：青褐色黏土。距地表1～2.5、厚0～1.5米。土质致密，含有料姜石颗粒。

第S3层：黑褐色黏土。距地表2.1～3.2、厚0～0.8米。土质致密，含有料姜石颗粒。

第S4层：深黄色土。距地表2.3～2.5、厚0～1.5米。土质疏松。以下是黄褐色生土，土质致密，含有料姜石颗粒。

总结：该探排因被原303省道阻挡，部分河道及部分北堤未勘探。北堤内坡因原303省道占压而未勘探出，第N2、N3层是河堤本体堆积。宽约14.5、高约2.2米。河道有一小部分压在原303省道之下，多半位于其南侧，第2～6层是河道本体堆积。勘探出的宽度约24.5、距地表最深9米。南堤比较完整。南堤第S2、S3层是河堤本体堆积，河堤内坡较陡直，约80°。南堤宽约

18.5、高约2.2米。北堤略高于南堤。

（十四）SXZ14（黄新庄西部）

第14排钻探，共布12个探孔，全长86米（图3-1-15；图版二，4）。

1.北堤

分布于探排的北部。

第N1层：浅褐色农耕层。距地表0～0.4、厚0～0.4米。土质松散，含近现代砖瓦块。

第N2层：浅黄色粉沙土。距地表1.3～1.9、厚0.9～1.65米。土质较疏松，含零星灰烬。

第N3层：黄褐色黏土。距地表1.3～2.7、厚0～1.25米。土质较疏松，结构花杂，含零星灰烬，判断为后期垫土层。

第N4层：黑褐色黏土。距地表2.7～3.2、厚0～1.4米。土质致密，未见包含遗物。

第N5层：灰褐色黏土。距地表3～3.4、厚0.15～0.35米。土质致密，表面见一层灰烬。以下为黄褐色生土，土质致密，含料姜石颗粒。

2. 河道

分布于原303省道之下及其北侧。

第1层：浅褐色农耕层。距地表0～0.4、厚0～0.4米。土质松散。

第2层：浅黄色粉沙土。距地表1.3～1.9、厚0.9～1.65米。土质较松散，含少量料姜石颗粒。

第3层：黄沙。距地表1.7～4.7、厚0～3.7米。土质较疏松，层状淤积，含料姜石颗粒。

第4层：灰褐色淤泥。距地表3.7～4、厚0～0.2米。土质较致密，含零星灰烬。

第5层：黄沙。距地表3.4～5.1、厚0～1.1米。土质疏松，含少量料姜石颗粒。

第6层：青灰色淤土。距地表6.5～8、厚0.7～2米。土质致密，含蚌壳及少量灰烬。

第7层：黄褐色泛青淤土。距地表7.1～8.5、厚0.45～0.85米。土质致密，含蚌壳及灰白色料姜石颗粒。

第8层：青褐色淤土。距地表7.4～9.4、厚0.4～0.9米。土质致密，少量灰烬。以下为黄褐色生土。

3. 南堤

仅小部分压在原303省道以下，大部分分布于原303省道以南位置。

第S1层：浅褐色农耕层。距地表0.15～0.32、厚0.15～0.32米。土质松散，含植物根系。

第S2层：黄褐色扰土。距地表1～1.9、厚0.6～1.55米。土质较疏松，含少量灰烬及砖瓦渣。

第S3层：浅黄色粉沙土。距地表1.5～2.3、厚0.5～1米。土质较致密，含蚌壳及料姜石颗粒。

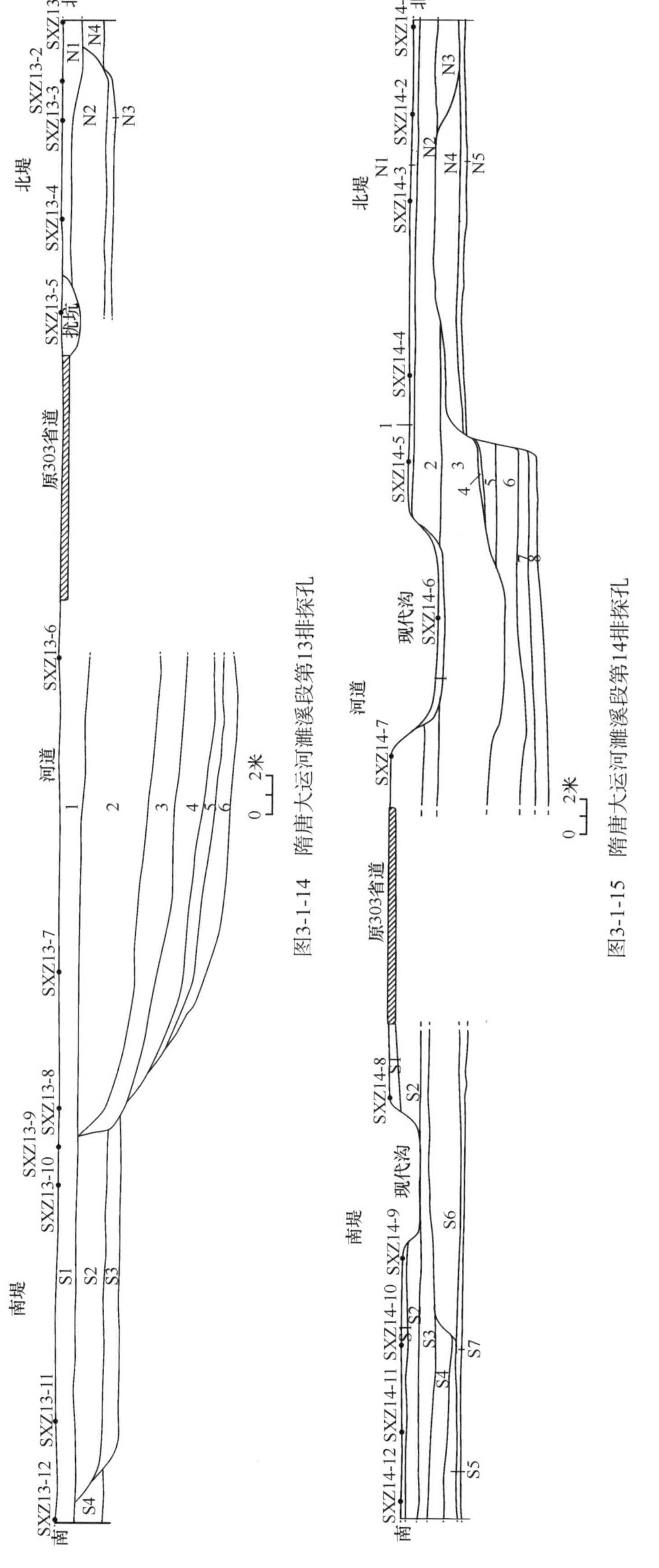

图3-1-14　隋唐大运河濉溪段第13排探孔

图3-1-15　隋唐大运河濉溪段第14排探孔

第S4层：深褐色黏土。距地表1.9～2.5、厚0～1米。土质致密，结构复杂，含灰烬，为人为垫土层。

第S5层：黄色沙土。距地表3～3.4、厚0～0.8米。土质致密，层状淤积，含料姜石颗粒。

第S6层：黑褐色五花黏土。距地表3.2～4.15、厚0～1.9米。土质致密，较纯净，含料姜石颗粒，并未见其他遗物。

第S7层：青灰色黏土。距地表3.5～4.6、厚0.15～0.45米。土质致密，含零星灰烬，表面见踩踏层面。以下为黄褐色生土。

总结：该探排因原303省道阻挡，部分河道及部分南堤未勘探。北堤勘探完整，第N4、N5层是河堤本体堆积，内坡较陡直，约80°。河堤顶宽约16、高1.1～1.7米。河道南侧小部分压在原303省道之下，多半位于其北侧，第3～8层是河道本体堆积。勘探出的宽度约22、距地表最深9.4米。南堤的内坡因压在原303省道之下，具体位置未勘探出。南堤第S6、S7层是河堤本体堆积。勘探出的河堤顶宽约17、高1.7～2.3米。南、北两岸河堤高度相当。

（十五）SXZ15（柳孜集东、黄新庄小学东约650米）

第15排钻探，共布14个探孔，全长105米（图3-1-16；图版三，1）。

1. 北堤

第N1层：浅褐色农耕层。距地表0.2～0.3、厚0.2～0.3米。土质松散，内含大量植物根系。

第N2层：浅黄色粉沙土。距地表0.6～1、厚0.4～0.7米。土质疏松，内含少量料姜石颗粒。

第N3层：浅灰色沙土。距地表1～1.2、厚0.2～0.4米。土质较疏松，含少量灰烬及料姜石颗粒。

第N4层：黄褐色黏土，主要分布于探排的最北端。距地表1.3～2.5、厚0～1.3米。土质致密，含结构花杂，含料姜石颗粒。

第N5层：黑褐色黏土，主要分布于现代沟的北侧。距地表1.7～2.3、厚0～0.8米。土质较致密，含少量料姜石。

第N6层：黑褐色黏土，主要分布于现代沟的北侧。距地表1.8～1.9、厚0～0.25米。土质致密，含少量料姜石。

第N7层：黑褐色黏土，泛青色，主要分布于现代沟的北侧。距地表2.7～3.3、厚0.7～1.3米。土质致密，五花土，含少量料姜石颗粒，内包含少量砖瓦碎片、灰陶、红陶片。

第N8层：灰白色黏土，泛青色，主要分布于现代沟的北侧。距地表3.2～3.35、厚0～0.6米。土质致密，含少量料姜石颗粒。以下为生土。

2. 河道

第1层：浅褐色农耕层。距地表0.2～0.3、厚0.2～0.3米。土质松散，为现代农耕层。

第2层：浅黄色粉沙土。距地表0.5～0.7、厚0.2～0.4米。土质较疏松，含料姜石。

第3层：浅灰色沙土。距地表1.2～1.6、厚0.7～1米。土质较疏松，含少量灰烬。

第4层：浅黄色泛白沙土，主要分布于原303省道北侧。距地表1.7～2.3、厚0～0.9米。土质较疏松，含料姜石颗粒。

第5层：橙黄色沙土，主要分布于原303省道北侧。距地表1.5～3.7、厚0～1.7米。土质较致密，含灰烬及料姜石颗粒。

第6层：红褐色淤土，主要分布于原303省道北侧。距地表1～3.1、厚0.～0.9米。土质致密，相对纯净，含零星灰烬。

第7层：黑褐色淤土，主要分布于原303省道北侧。距地表2～4.2、厚0～0.9米。土质致密，含灰烬。

第8层：青灰色淤土，主要分布于原303省道北侧。距地表4.5～4.7、厚0.4～0.7米。土质致密，含料姜石颗粒和红陶片。

第9层：灰白色淤土，主要分布于原303省道北侧。距地表6.6～7.2、厚2～2.5米。土质致密，含料姜石颗粒和灰烬。

第10层：黑褐色淤土，主要分布于原303省道北侧。距地表6.6～7.7、厚0～0.6米。土质致密，含蚌壳和灰烬。以下为黄褐色生土。

3. 南堤

第S1层：浅褐色农耕层，主要分布于探排的南部。距地表0.15～0.3、厚0.15～0.3米。土质松散，为近现代农耕层。

第S2层：黄褐色扰土，主要分布于探排的南部。距地表1～2.2、厚0.5～1.7米。土质较疏松，含少量现代砖瓦颗粒。

第S3层：灰白色黏土，主要分布于探排的最南端。距地表1.4～3.1、厚0～1.3米。土质致密，五花土，为后期垫土。

第S4层：浅黄色泛白土，主要分布于探排的南部。距地表1.2～2.8、厚0～0.8米。土质疏松，含料姜石颗粒。

第S5层：灰白色黏土，主要分布于探排的南部。距地表2～3.6、厚0.5～0.8米。土质致密，含零星灰烬和料姜石颗粒。

第S6层：黑褐色黏土，主要分布于探排的南部。距地表3.3～4.3、厚0.7～1.2米。土质致密，含瓦片。

总结：该探排因原303省道阻挡，部分河道及部分南堤未勘探。北堤勘探完整，第N5～N8层是河堤本体堆积，河堤内坡较缓，往下略陡，在20°～50°。宽23～25、高2.1～2.3米。河道有一小部分压在原303省道之下，多半位于其北侧，第4～10层是河道本体堆积。宽约35、距地表最深7.7米。南堤的内坡因压在原303省道之下，具体位置未勘探出。南堤第S4～S6层是河堤本体堆积，河堤宽约27、高1.5～2.2米。北堤略高于南堤。

（十六）SXZ16（百善镇西北杨庄村）

第16排钻探，共布10个探孔，全长69米（图3-1-17）。

1. 北堤

主要分布于探排的北部。

第N1层：浅褐色农耕层。距地表0.9～1、厚0.9～1米。土质疏松，内含大量植物根系。

第N2层：深褐色黏土。距地表1～2.5、厚0～1.5米。土质致密，内含料姜石颗粒。

第N3层：黑褐色黏土。距地表1.7～3.15、厚0～0.7米。土质较致密，含少量零星灰烬。

第N4层：深黄色土。距地表2.6～2.7、厚0～1.7米。土质疏松。以下为黄褐色生土，土质致密，内含料姜石颗粒。

2. 河道

主要分布于原303省道之下及其北侧。

第1层：浅褐色农耕层。距地表1～1.3、厚1～1.3米。土质疏松，含植物根系。

第2层：黄沙土。距地表1～4.5、厚0～3.5米。土质较疏松。

第3层：青褐色土。距地表3.6～6.4、厚0.35～1米。土质致密，较为纯净，含零星灰烬。

第4层：深褐色淤泥。距地表6～7、厚0～1.5米。土质较致密。

第5层：黑褐色淤泥。距地表6～7.6、厚0～0.6米。土质较致密。以下为黄褐色生土，土质致密，含料姜石颗粒。

3. 南堤

主要分布于原303省道以南位置。

第S1层：浅褐色农耕层。距地表0.9～1、厚0.9～1米。土质疏松，含植物根系。

第S2层：深褐色黏土。距地表1～2.5、厚0～1.5米。土质致密，含有料姜石颗粒。

第S3层：青褐色黏土。距地表2.4～2.72、厚0～0.5米。土质致密，含零星灰烬。

第S4层：深黄色土。距地表2.5～2.55、厚0～1.5米。土质致密，含有料姜石颗粒。以下为黄褐色生土，土质致密，含有料姜石颗粒。

总结：北堤勘探完整。北堤第N2、N3层是河堤本体堆积，上河口略陡，约50°，河坡下半部分极缓，约15°。勘探出的河堤宽约12、高2.2米。该探排因原303省道阻挡，部分河道及部分南堤未勘探。河道有一小部分压在原303省道之下，多半位于其北侧，第2～5层是河道本体堆积。勘探出的宽度约24、距地表最深7.5米。南堤内坡因压在原303省道之下，具体位置未勘探出。第S2、S3层是河堤本体堆积。宽约10、高约2米。南、北两岸河堤高度相差无几。

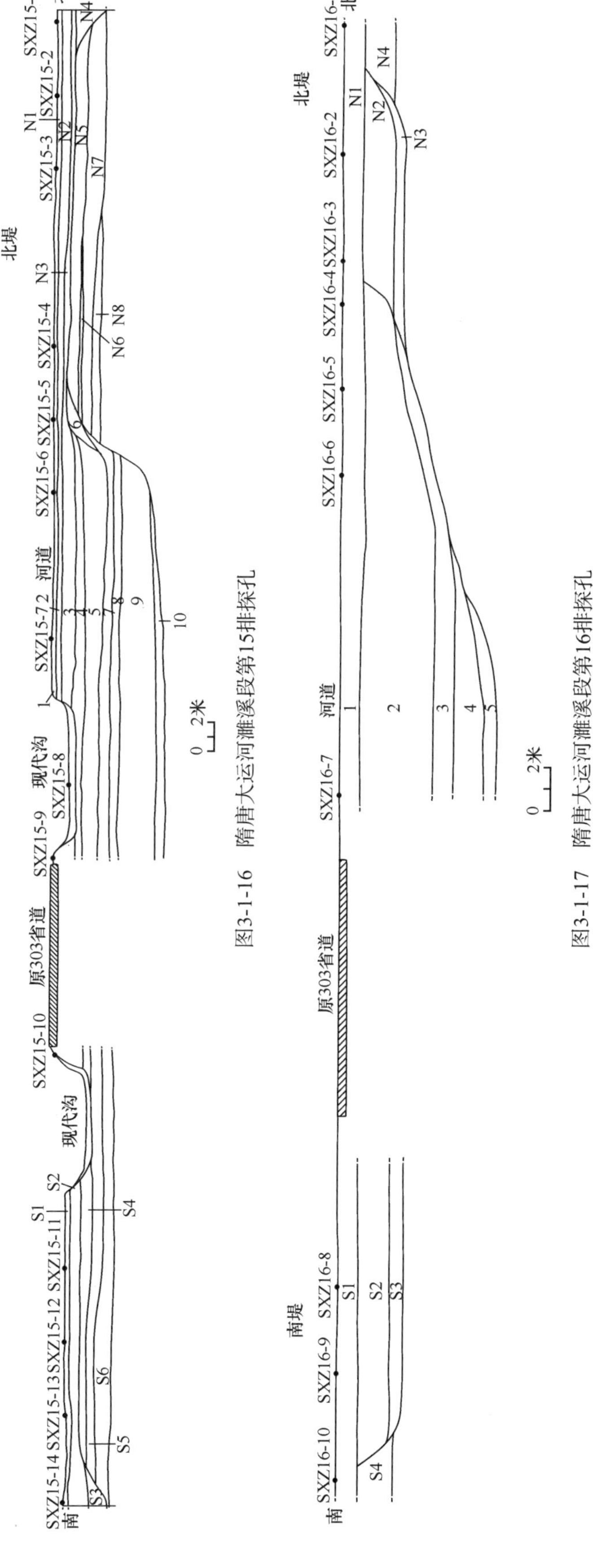

图3-1-16　隋唐大运河濉溪段第15排探孔

图3-1-17　隋唐大运河濉溪段第16排探孔

（十七）SXZ17（百善镇茶庵村东）

第17排钻探，共布12个探孔，全长65米（图3-1-18；图版三，2）。

1. 北堤

分布于原303省道北侧。

第N1层：浅黄色农耕层。距地表0.9～1、厚0.9～1米。土质疏松，内含植物根系。

第N2层：黄褐色黏土。距地表1～2.1、厚0～1.1米。土质致密，内含料姜石颗粒。

第N3层：黑褐色土。距地表1.3～3.5、厚0～1.5米。土质较致密，含零星灰烬。

第N4层：深褐色土，主要分布于探排的最北部。距地表2.1～2.2、厚1.2～1.15米。土质较疏松。以下为黄褐色生土，内含料姜石颗粒。

2. 河道

位于原303省道及其两侧。

第1层：浅黄色农耕层。距地表0.9～2、厚0.9～2米。土质疏松，含植物根系。

第2层：黄沙。距地表1～3.5、厚0～3.5米。土质疏松。

第3层：黄褐色淤土。距地表1.3～6、厚0～2.5米。土质较致密，含料姜石颗粒。

第4层：青沙。距地表1.4～7.2、厚0～1.5米。土质疏松。

第5层：青褐色淤土。距地表3.2～8.1、厚0～1.3米。土质较致密，含有零星灰烬。以下为黄褐色生土，土质致密，含料姜石颗粒。

3. 南堤

主要分布于探排的南部。

第S1层：浅黄色农耕层。距地表0.8～0.9、厚0.8～0.9米。土质疏松，含植物根系。

第S2层：黑褐色黏土。距地表0.8～2、厚0～1.3米。土质致密，含有料姜石颗粒。

第S3层：深黄色黏土。距地表1.4～3.2、厚0～1.3米。土质致密。

第S4层：深褐色土。距地表2.45～2.5、厚1.65～1.7米。土质疏松。以下为黄褐色生土。土质致密，含有料姜石颗粒。

总结：该探排因原303省道阻挡，部分河道未勘探。北堤第N2～N4层是河堤本体堆积。上河口河坡略缓，约35°，河坡下半部分略陡，约55°。残宽18.5、高2.2～2.5米。河道分布于原303省道及其两侧，仅勘探了原303省道两侧部分，第2～5层是河道本体堆积。宽约16米，距地表最深8.1米。南堤的外坡未勘探出。南堤第S2～S4层是河堤本体堆积，河坡较陡，约67°。南堤宽至少约14.5、高2.3米。两岸河堤高度相差不多。

（十八）SXZ18（百善镇小纪家东）

第18排钻探，共布10个探孔，全长85米（图3-1-19；图版三，3）。

1. 北堤

分布于探排最北部。

第N1层：浅褐色农耕层。距地表0.2～0.3、厚0.2～0.3米。土质松散，内含大量植物根系。

第N2层：浅黄色粉沙土。距地表0.9～1.5、厚0.6～1.2米。土质较致密，有扰乱迹象，内含少量料姜石颗粒。

第N3层：黄褐色淤土。距地表1～2.2、厚0～0.7米。土质较致密，层状结构，为运河废弃后淤积形成。

第N4层：浅灰色淤土。距地表1.7～3.25、厚0～1.1米。土质致密，内含少量灰烬及料姜石颗粒。

第N5层：黑褐色黏土。距地表2.5～3、厚0～1.9米。土质致密，结构花杂，有不明显的层状夯打迹象，含零星灰烬。以下为黄褐色生土。土质致密，内含较多料姜石颗粒。

2. 河道

主要分布于原303省道北侧，部分被压在原303省道下面。

第1层：浅褐色农耕层。距地表0.2～1、厚0.2～1米。土质松散，含植物根系。

第2层：黄褐色粉沙土。距地表0.3～0.8、厚0～0.55米。土质较疏松，杂乱，含料姜石颗粒及灰烬。

第3层：浅褐色泛黄土。距地表0.3～2.8、厚0～2.3米。土质较疏松，花杂，含零星灰烬，有扰动迹象。

第4层：灰白色黏土。距地表2.4～4、厚0～1.2米。土质较致密，含大量料姜石颗粒，扰乱过。

第5层：浅黄色粉沙土。距地表1.8～3.5、厚0～2.5米。土质较致密，结构散乱，有扰动迹象。

第6层：黑褐色土。距地表2.3～3.8、厚0～0.4米。土质较疏松，结构散乱，有扰乱迹象，含灰烬星。

第7层：黄褐色黏土。距地表3～5、厚0～1.2米。土质较致密，结构杂乱，有扰动迹象，含料姜石颗粒。

第8层：浅黄色粉沙土。距地表5.1～7.5、厚1.4～2.5米。土质较致密，较纯净，为河道淤积形成，含料姜石颗粒。

第9层：黄沙。距地表5.8～8.1、厚0.5～1米。土质较致密，层状结构，纯净，未见包含物。

第10层：青灰淤土。距地表6.5～7.1、厚0～0.7米。土质致密，含零星灰烬及蚌壳末，河底淤积形成。

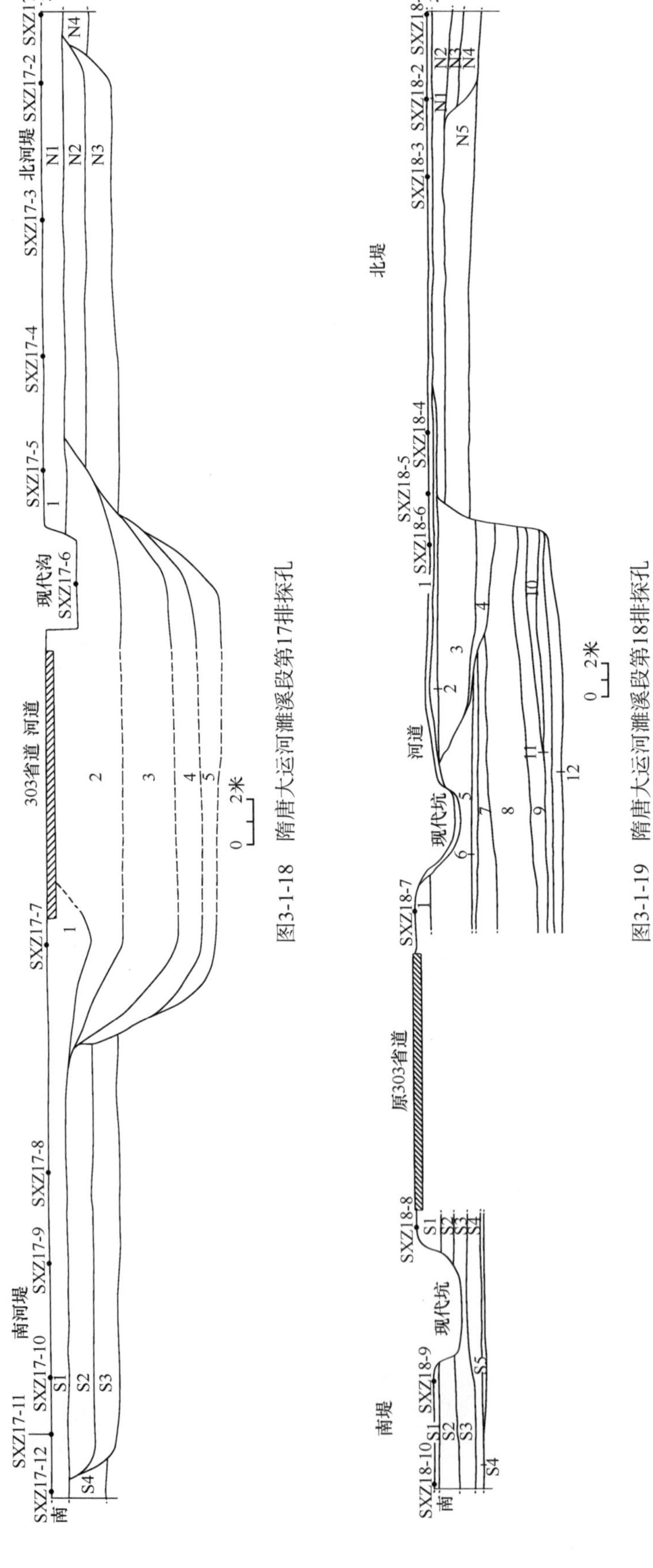

图3-1-18　隋唐大运河濉溪段第17排探孔

图3-1-19　隋唐大运河濉溪段第18排探孔

第11层：黄沙。距地表6.9～8.5、厚0.3～0.65米。土质致密，纯净，未见包含物。

第12层：浅青色淤泥。距地表6.9～9、厚0～0.6米。土质较致密，含零星灰烬。以下为黄褐色生土。土质致密，含料姜石颗粒。

3. 南堤

位于原303省道南侧，且部分被压在原303省道下。

第S1层：浅褐色农耕层。距地表0.3～1.5、厚0.3～1.5米。土质松散，含大量植物根系。

第S2层：浅黄色沙土。距地表1.3～2.3、厚0.8～1.7米。土质较疏松，含有灰烬及少量料姜石颗粒。

第S3层：黄沙。距地表2.5～3.1、厚0.7～1.2米。土质较疏松，含红褐色淤泥块。

第S4层：黑褐色黏土。距地表2.9～3.9、厚0.4～0.9米。土质致密，较纯净，未见包含遗物。

第S5层：灰褐色黏土。距地表3.2～4.1、厚0.2～0.3米。土质致密，含零星灰烬。以下为黄褐色生土，含有料姜石颗粒。

总结：该探排因原303省道阻挡，部分河道未勘探。北堤勘探得比较完整，仅第N5层是河堤本体堆积。河内坡较陡直，约80°。宽22、高1.5～2米。河道主要分布于原303省道北侧，第7～12层是河道本体堆积。宽约23、距地表最深9米。南堤的外坡未勘探出。南堤宽度未探明，第S3、S4层是河堤本体堆积，河堤宽已探出16、高1.5～1.7米。两岸河堤高度相差不多，北堤略低。

（十九）SXZ19（百善镇鲁甸村孙家村东南）

第19排钻探，共布11个探孔，全长105米（图3-1-20）。

1. 北堤

位于探排的北部。

第N1层：浅褐色农耕层。距地表0.3～0.35、厚0.3～0.35米。土质疏松，含近代砖瓦及植物根系。

第N2层：浅黄色沙土。距地表1.7～2、厚0～1.7米。土质疏松，含零星灰烬及少量料姜石颗粒，为运河废弃后自然淤积形成。

第N3层：黑褐色黏土。距地表2.3～3.4、厚0.3～1.6米。土质致密，为河堤垫土。以下为黄褐色生土，土质致密，均含料姜石颗粒。

2. 河道

位于原303省道北侧，且紧邻原303省道。

第1层：浅褐色农耕层。距地表0.2～0.4、厚0.2～0.4米。土质松散，含植物根系。

第2层：深褐色垫土。距地表0.35～2、厚0～0.8米。土质较致密，结构花杂，为公路基础第2层垫土。

第3层：浅黄色粉沙土。距地表1.8～3、厚0～2米。土质较疏松，含零星灰烬及料姜石颗粒。

第4层：黄沙。距地表1.8～5.3、厚0～3.4米。土质较疏松，见淤积夹层，层状结构，含灰烬及料姜石颗粒。

第5层：黄褐色淤泥。距地表3.7～5、厚0～1.9米。含砂，土质疏松，含零星灰烬。

第6层：浅灰色沙土。距地表3.7～7.3、厚0～1.3米。土质较疏松，层状结构，含零星灰烬。

第7层：青灰色淤泥。距地表4.2～5.8、厚0～0.5米。含沙，土质致密，含零星灰烬，相对较纯净。

第8层：灰白色黏土。距地表4～7.4、厚0～3米。土质较致密，含较多料姜石颗粒。

第9层：青灰色淤土。距地表4.5～8.8、厚0.5～1.5米。土质致密，含零星灰烬，相对较纯净。

第10层：灰褐色淤土。距地表4.5～9.3、厚0～0.6米。土质致密，含料姜石颗粒及草木灰。以下为黄褐色生土，土质致密，含料姜石颗粒。

3. 南堤

位于原303省道下面及南侧。

第S1层：浅褐色农耕层。距地表深0.3～1.5、厚0.3～1.5米。土质松散，含大量植物根系。

第S2层：浅黄色沙土。距地表2.1～2.7、厚1.1～2.1米。土质较疏松，含零星灰烬。

第S3层：黄褐色泛青黏土。距地表2～2.6、厚0～0.2米，土质致密，含灰烬，表面见踩踏层。

第S4层：黑褐色五花黏土。距地表2.5～3.6、厚0～1.1米。土质致密，含零星灰烬及料姜石颗粒，为河堤垫土。以下为黄褐色生土层，主要分布于探排的南部。

总结：该探排因原303省道阻挡，南堤部分未勘探。北堤外坡未勘探出，仅第N3层是河堤本体堆积，河坡略陡，约60°。宽23、高0.5～1.6米。河道主要分布于原303省道北侧，比较完整。第4～10层是河道本体堆积。宽约52米，距地表最深9.3米。南堤的外坡未勘探出。南堤宽度未探明，第S4层是河堤本体堆积，河坡略缓，约35°。河堤宽推测为20、高1.1米。两岸河堤高度相差不多，北堤略低。

（二十）SXZ20（四铺镇五铺村西）

第20排钻探，共布13个探孔，全长88米（图3-1-21）。

1. 北堤

位于原303省道北部。

第N1层：浅黄色农耕层，主要分布于探排的北部。距地表1、厚1米。土质松散，为近现代农耕层。

第N2层：深黄色土，主要分布于探排的北部。距地表1～2.7、厚0～1.7米。土质较致密，含料姜石颗粒。

第N3层：黑褐色黏土，主要分布于探排的北部。距地表1～3.5、厚0～0.9米。土质致密，含零星灰烬。

第N4层：深黄色土，主要分布于探排的最北端。距地表2.4～2.5、厚1.4～1.5米。土质疏松。

第N5层：黄褐色土，主要分布于探排的最北端。距地表3.3～3.6、厚0.9～1.1米。土质致密，含零星灰烬和料姜石颗粒。以下是生土。

2. 河道

第1层：浅黄色农耕层。距地表1～1.1、厚1～1.1米。土质松散，为近现代农耕层。

第2层：浅黄色粉沙土。距地表1～4.9、厚0～3.9米。土质较疏松。

第3层：黄褐色淤土。距地表4～7、厚0～2.1米。土质较疏松。

第4层：青沙，主要分布于原303省道北侧。距地表4.8～8.2、厚0～1.2米。土质较疏松。

第5层：青褐色淤土，主要分布于303省道北侧。距地表3.5～9、厚0.8～2.2米。土质较疏松。其下为生土。

3. 南堤

第S1层：浅黄色农耕层。距地表0.5～0.6、厚0.5～0.6米。土质松散，内含大量植物根系。

第S2层：深褐色土。距地表2.2～2.5、厚1.2～1.5米。土质致密，内含少量料姜石颗粒。

第S3层：浅褐色黏土。距地表2.3～3、厚0～0.5米。土质致密，含少量灰烬星。以下为生土。

总结：北堤位于探排北部，第N2、N3层为河堤堆积，河坡陡，约45°。宽约22、高2.5米左右。河道堆积在原303省道以北位置，勘探范围较小。第2～5层为河道堆积，具体宽度不明，河道最深处距地表约9米。南堤位于原303省道南部，第S2、S3两层是河堤堆积，河内坡未勘探出来。宽约23、高1.8～2米。

（二十一）SXZ21（四铺镇五里铺村东）

第21排钻探，共布11个探孔，全长69米（图3-1-22）。

1. 北堤

第N1层：浅黄色农耕层。距地表1、厚1米。土质松散，内含大量植物根系。

第N2层：浅黄色粉沙土。距地表2～2.2、厚1～1.2米，土质致密，内含少量料姜石颗粒。

第N3层：浅灰色沙土。距地表2.4～2.7、厚0.4～0.8米。土质致密，含少量灰烬。以下为生土。

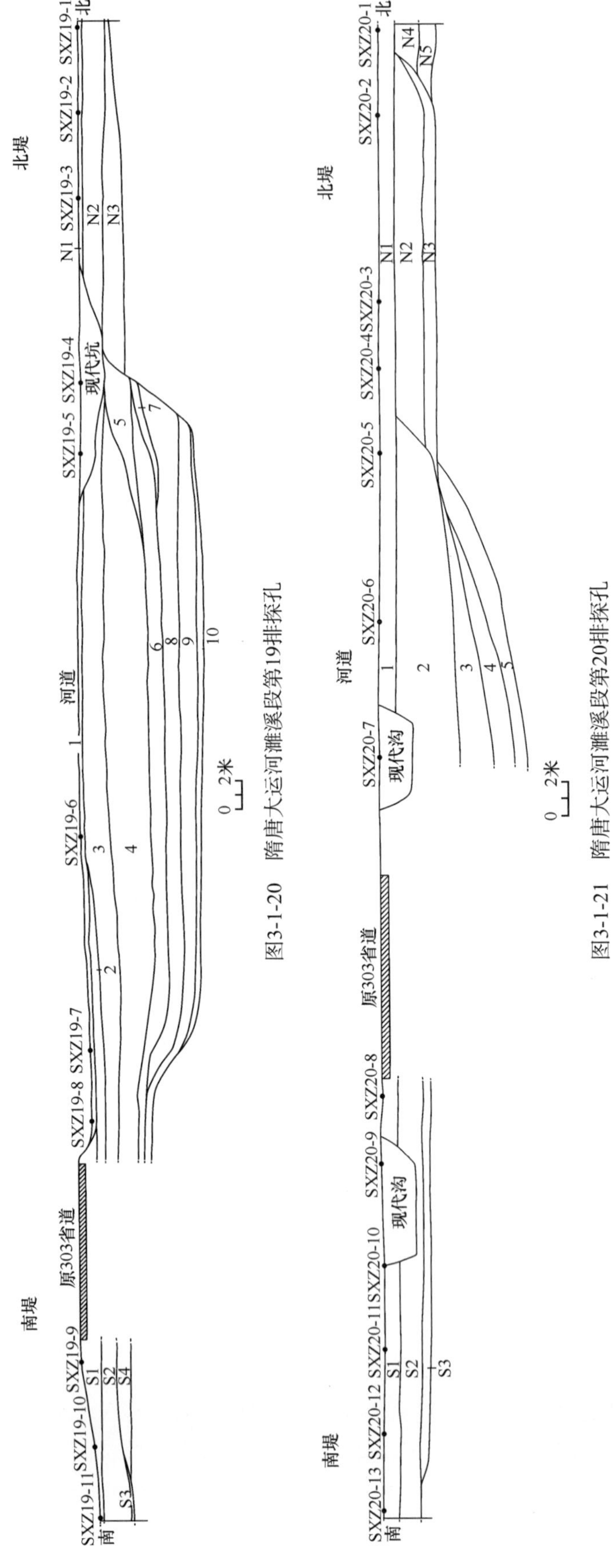

图3-1-20　隋唐大运河濉溪段第19排探孔

图3-1-21　隋唐大运河濉溪段第20排探孔

2. 河道

主要分布于303省道及其两侧。

第1层：浅黄色农耕层。距地表1、厚1米。土质松散，为近现代农耕层。

第2层：浅沙土。距地表1～4.3、厚0～3.3米。土质较疏松，含黄沙。

第3层：黄褐色淤土。距地表2.7～6、厚0～1.8米。土质较致密，含少量贝壳。

第4层：黑褐色淤土。距地表2.4～7.2、厚0.8～1.2米。土质较疏松，含少量灰烬。

第5层：青褐色淤土。距地表4.5～8、厚0～0.7米。土质较致密，含零星灰烬。以下为黄褐色生土，含料姜石颗粒。

3. 南堤

主要分布于原303省道以南位置。

第S1层：浅褐色农耕层。距地表1、厚1米。土质松散，为近现代农耕层。

第S2层：黄褐色黏土。距地表2、厚1米。土质较致密，含料姜石颗粒。

第S3层：黑褐色黏土。距地表2～2.8、厚0～0.8米。土质致密，含料姜石颗粒。以下为黄褐色生土，含料姜石颗粒。

总结：北堤位于原303省道北部，第N2、N3两层是河堤堆积，河内坡略缓，约30°。宽约21、高1.4～1.8米。河道堆积在原303省道及其两侧位置，勘探范围较小。第2～5层为河道堆积，宽约25、河道最深处距地表约8米。南堤位于原303省道南部，第S2、S3层为河堤堆积，河内坡陡，40°～50°。宽约22、高1～1.8米。

（二十二）SXZ22（四铺镇四铺村侯庙村东南部）

第22排钻探，共布12个探孔，全长84米（图3-1-23；图版三，4）。

1. 北堤

主要分布于探排北部。

第N1层：浅褐色农耕层。距地表0.2～0.4、厚0.2～0.4米。土质松散，内含大量植物根系。

第N2层：黄褐色扰土。距地表0.7～1.8、厚0.4～1.5米。土质疏松，结构花杂，近现代砖瓦块。

第N3层：黄沙土。距地表0.9～2.3、厚0～1.1米。土质较疏松，含零星灰烬。

第N4层：黑褐色黏土。距地表1.7～4.7、厚0～1.3米。土质较致密，含灰烬。

第N5层：黑褐色黏土。距地表2.5～3.3、厚0～2.3米。土质致密，结构花杂，含少量蚌壳和红陶碎片。以下为黄褐色生土，土质致密，含料姜石。

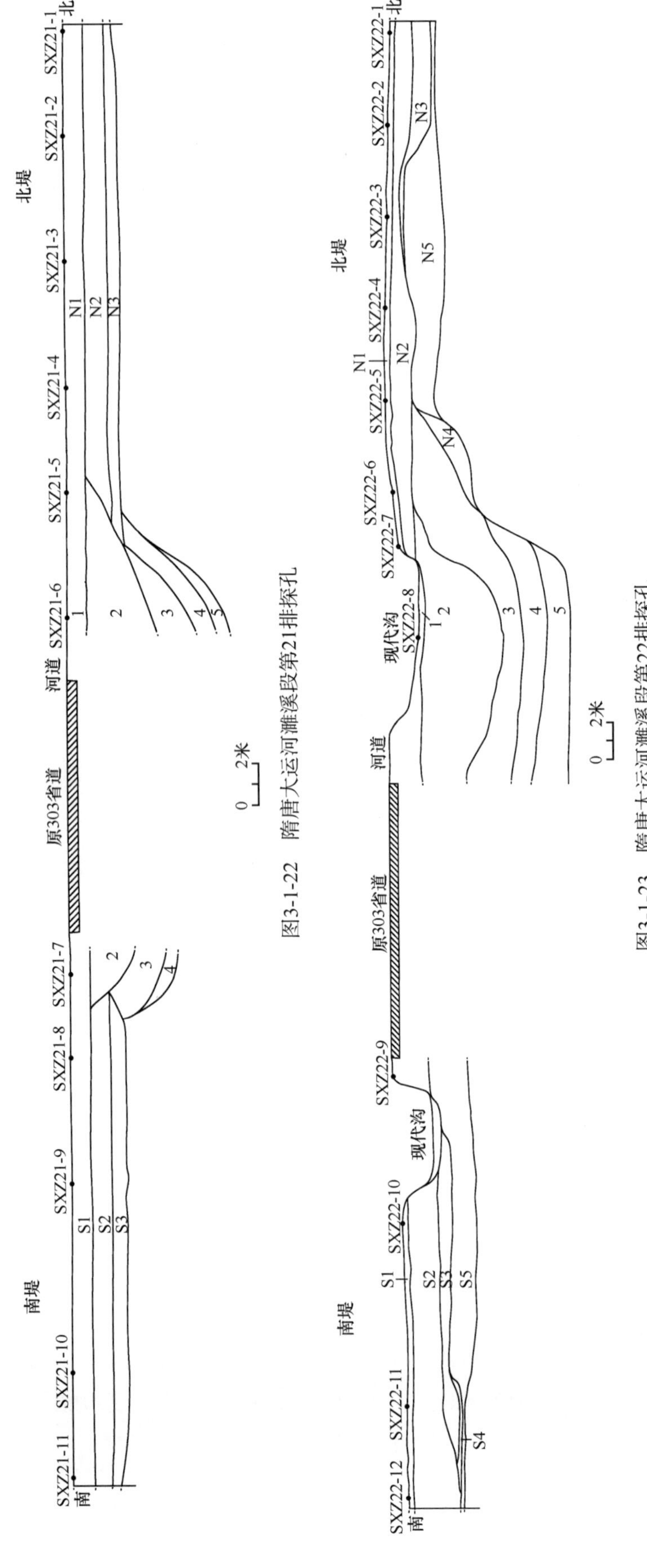

图3-1-22　隋唐大运河濉溪段第21排探孔

图3-1-23　隋唐大运河濉溪段第22排探孔

2. 河道

主要分布于原303省道及其以北位置。

第1层：浅褐色农耕层。距地表0.3～1.7、厚0.3～1.7米。土质松散，为现代农耕层。

第2层：浅黄色沙土。距地表0.5～4.7、厚0.7～4.5米。土质较疏松，纯净。

第3层：青褐色淤土。距地表1.6～6.8、厚0～4米。土质较致密，纯净，含少量蚌壳。

第4层：灰白色淤土。距地表5～8、厚0～1.7米。土质较致密，含料姜石颗粒。

第5层：浅灰色淤土。距地表7.3～10.1、厚0～2.1米。土质较致密，夹杂料姜石颗粒。以下为黄褐色生土，夹杂料姜石。

3. 南堤

主要分布于原303省道以南位置。

第S1层：浅褐色农耕层，主要分布于探排的南部。距地表0.3～1.2、厚0.3～1.2米。土质松散，为近现代农耕层。

第S2层：浅黄色沙土。距地表2～3、厚0.8～2.6米。土质较疏松，含零星灰烬。

第S3层：橙黄色沙土。距地表0.5～2.9、厚0～1米，土质致密，层状淤积，含料姜石颗粒。

第S4层：橙红色淤土。距地表2.5～3、厚0～0.2米。土质致密，较纯净，为一次性淤积。

第S5层：黑褐色黏土。距地表3.2～4.2、厚0.2～1.5米。土质致密，含红色土颗粒。以下为黄褐色生土。

总结：北堤位于原303省道北部，第N3～N5是河堤堆积，河内坡略缓，约35°。宽约14、高1.3～2.3米。河道堆积在原303省道及其两侧位置，部分未勘探出。第2～5层为河道堆积，已探明的宽度为21米，河道最深处距地表约10米。南堤位于原303省道南部，第S3～S5层为河堤堆积，河内坡未明确探出。宽约19、高1.2～2.2米。

（二十三）SXZ23（四铺镇四铺村胡圩孜村）

第23排钻探，共布11个探孔，全长89米（图3-1-24；图版四，1）。

1. 北堤

主要分布于探排的最北端。

第N1层：浅褐色农耕层。距地表0.2～0.3、厚0.2～0.3米。土质松散，内含大量植物根系。

第N2层：黄褐色粉沙土。距地表0.7～1.2、厚0.4～0.9米。土质疏松，内含少量灰烬及近现代砖瓦块。

第N3层：浅黄色沙土。距地表1.2～2.6、厚0.5～1.4米。土质较疏松，含少量灰烬及料石颗粒。

第N4层：浅灰色黏土。距地表2.6～2.7、厚0.1～1.3米。土质致密，结构花杂，含较多灰烬。

第N5层：浅灰色五花黏土。距地表0.9～1.6、厚0.2～0.6米。土质较致密，含灰烬星及料姜石。

第N6层：黑褐色黏土。距地表2.1～2.8、厚0.9～1.3米。土质致密，结构五花，含灰星，未发现包含其他遗物。

第N7层：浅褐色黏土。距地表2.7～3.3、厚0.5～0.7米。土质致密，含料姜石颗粒和蚌壳。以下为黄褐色生土，含料姜石。

2. 河道

主要分布于原303省道及其北侧。

第1层：浅褐色农耕层。距地表0.2～0.3、厚0.2～0.3米。土质松散，为现代农耕层。

第2层：黄褐色粉沙土。距地表1.1～1.2、厚0.8～1米。土质较疏松，含料姜石及灰星。

第3层：浅黄色沙土。距地表1.2～3.5、厚0～2.6米。土质较为疏松，较纯净，含少量灰烬。

第4层：橙黄色沙土。距地表3.5～4.4、厚0～0.9米。土质较疏松，纯净，未见包含物。

第5层：青灰色淤沙土。距地表4.5～5、厚0～1米。土质松散，含水分，夹少量蚌壳。

第6层：黑褐色淤土。距地表5～5.4、厚0～0.6米。土质致密，含料姜石和少量蚌壳及红陶片。

第7层：青绿色淤土。距地表5～7.3、厚0～1.9米。土质致密，含少量灰烬。

第8层：青褐色淤土。距地表7.2～8.9、厚0～1.5米。土质致密，含料姜石颗粒。以下为黄褐色生土。

3. 南堤

主要分布于探排的南部。

第S1层：浅褐色农耕层。距地表0.2～0.3、厚0.2～0.3米。土质松散，含植物根系，为近现代农耕层。

第S2层：浅黄色粉沙土。距地表0.9～2.3、厚0.6～2米。土质较疏松，含少量灰烬及料姜石颗粒。

第S3层：红褐色淤土。距地表1.9～3.1、厚0～0.7米，土质致密，较纯净，为一次性淤积形成。

第S4层：深褐色粉沙黏土。距地表1.8～2.3、厚0.4～0.8米。土质致密，含蚌壳。

第S5层：黑褐色五花黏土。距地表2.8～3、厚0.9～1.1米。土质致密，含红陶碎片。以下为黄褐色生土。

总结：北堤位于原303省道北部，第N5～N7三层是河堤堆积，河内坡略陡，约60°。宽约13、高2～2.2米。河道堆积在原303省道及其两侧位置，部分未勘探出。第3～8层为河道堆积，已探明宽度17.5、河道最深处距地表约8.9米。南堤位于原303省道南部，第S4、S5层为河堤堆积，河内坡未明确探出。宽约18.5、高1.5～1.8米。

（二十四）SXZ24（四铺镇四铺村陈圩村）

第24排钻探，共布12个探孔，全长94米（图3-1-25）。

1. 北堤

分布于探排北侧。

第N1层：浅褐色农耕层。距地表1.4～1.7、厚1.4～1.7米。土质松散，内含大量植物根系。

第N2层：黄褐色黏土。距地表1.5～3、厚0～1.5米。土质致密，含料姜石颗粒。

第N3层：黑褐色黏土。距地表2～4、厚0～1米。土质致密，含少量灰烬及料姜石颗粒。

第N4层：深褐色黏土，主要分布于探排的最北端。距地表3.5、厚0～2米。土质致密，含料姜石颗粒。以下为黄褐色生土。

2. 河道

位于原303省道北侧。

第1层：浅褐色农耕层。距地表1～2、厚1～2米。土质疏松，为现代农耕层。

第2层：黄色沙土。距地表1.3～5.1、厚0～3.7米。土质较疏松。

第3层：黄褐色淤土。距地表1.2～7、厚0～2.3米。土质较为疏松，含料姜石颗粒。

第4层：青褐色沙土。距地表3.4～7.5、厚0～1米。土质较疏松。

第5层：青褐色淤泥。距地表4～8.1、厚0～0.7米。土质较致密，含灰烬。以下为黄褐色生土。

3. 南堤

位于原303省道南侧。

第S1层：浅褐色农耕层。距地表1～1.2、厚1～1.2米。土质疏松，含大量植物根系。

第S2层：深褐色黏土。距地表1.1～2.4、厚0～1.3米。土质致密，含料姜石颗粒。

第S3层：黑褐色黏土。距地表1.5～2.9、厚0～0.6米。土质致密，含有零星灰烬。

第S4层：深黄色土。距地表2.5、厚0～1.4米。土质疏松。以下为黄褐色生土。

总结：北堤位于原303省道北部，第N2～N4三层是河堤堆积，河内坡陡，约45°。宽约27、高2～2.5米。河道堆积在原303省道及其两侧位置。第2～5层为河道堆积，河道最深处距地表约8.1、宽约34米。南堤位于原303省道以下及南部，第S2、S4层为河堤堆积，河内坡略

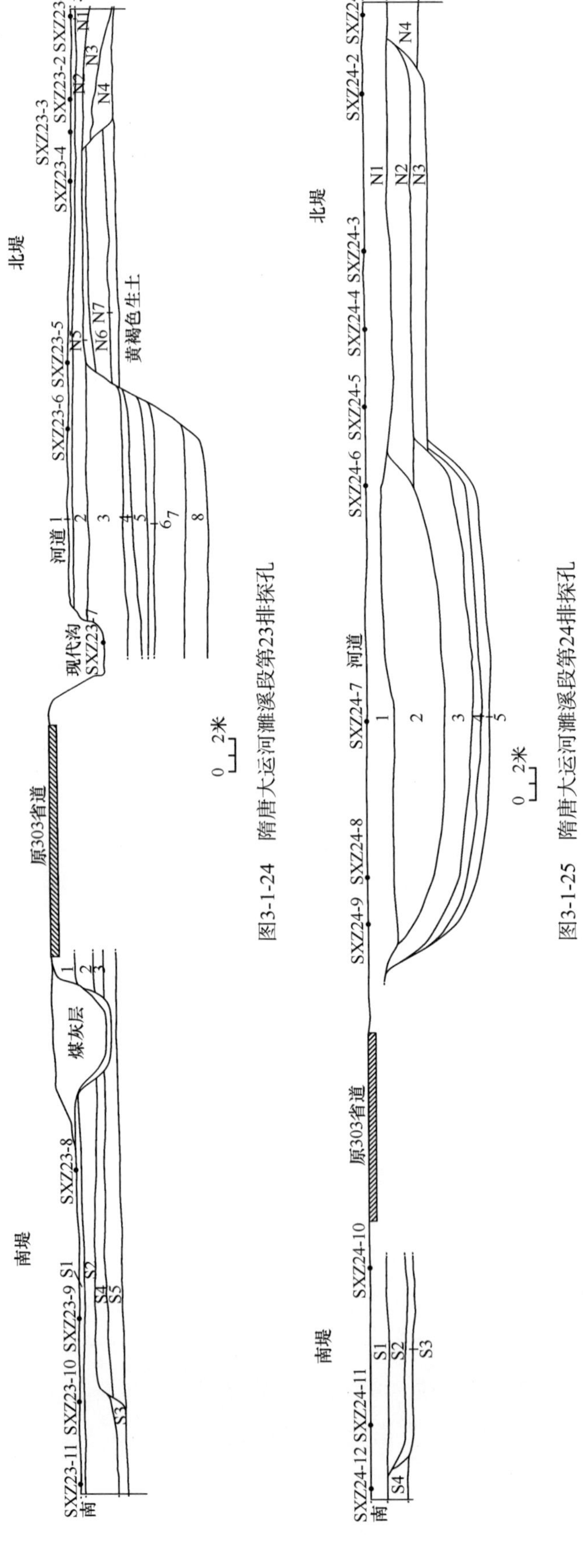

图3-1-24　隋唐大运河濉溪段第23排探孔

图3-1-25　隋唐大运河濉溪段第24排探孔

陡，约60°。宽约33、高2.5～2.9米。

（二十五）SXZ25（四铺镇三铺行政村三铺村西北）

第25排钻探，共布9个探孔，全长65米（图3-1-26）。

1. 北堤

主要分布于探排的最北侧。

第N1层：浅褐色农耕层。距地表0.8～0.9、厚0.8～0.9米。土质疏松，内含大量植物根系。

第N2层：深褐色黏土。距地表0.9～2.4、厚0～1.4米。土质致密，内含少量料姜石颗粒。

第N3层：黑褐色黏土。距地表1.7～3、厚0～0.8米。土质致密，含少量灰烬。

第N4层：深黄色黏土。距地表2.2、厚0～1.9米。土质疏松。以下为黄褐色生土。

2. 河道

位于原303省道北侧。

第1层：浅褐色农耕层。距地表深0.5～0.8、厚0.5～0.8米。土质疏松，为近现代农耕层。

第2层：黄色沙土。距地表0.5～5.2、厚0～4.2米。土质较疏松。

第3层：青褐色淤土。距地表3～5.6、厚0.7～1.1米。土质较致密，含少量灰烬。

第4层：深黄色淤土。距地表3.5～6.5、厚0～1米。土质较致密。

第5层：青沙。距地表3.1～7.6、厚0～1.1米。土质较疏松，相对纯净。

第6层：青褐色淤土。距地表3.1～8.1、厚0～1米。土质致密，含少量灰星。以下为黄褐色生土。

3. 南堤

分布在原303省道及两侧。

第S1层：浅褐色农耕层。距地表0.5～1、厚0.5～1米。土质松散，为近现代农耕层。

第S2层：深黄色黏土。距地表2.1～2.2、厚1.1～1.6米。土质较致密，含料姜石颗粒。

第S3层：深褐色黏土。距地表2.6～3、厚0.9～1米。土质致密，含料姜石颗粒。以下为黄褐色生土。

总结：北堤位于原303省道北部，第N2～N4三层是河堤堆积，河内坡缓，约40°。宽约14.5、高1.8～2.2米。河道堆积在原303省道北侧。第2～5层为河道堆积，河道最深处距地表约8.1、宽约24.5米。南堤位于原303省道之下及两侧，第S2、S3层为河堤堆积，河内坡由陡到缓，30°～60°。宽约27、高2～2.5米。

（二十六）SXZ26（四铺镇三铺村石圩孜村）

第26排钻探，共布14个探孔，全长96米（图3-1-27；图版四，2）。

1. 北堤

分布于探排的北侧。

第N1层：浅褐色农耕层。距地表0.2～0.3、厚0.2～0.3米。土质疏松，内含大量植物根系。

第N2层：浅黄色粉沙土。距地表0.5～1.5、厚0.2～1.1米。土质致密，内含料姜石颗粒。

第N3层：浅黄色细沙土。距地表1.1～2.1、厚0～1米。土质较疏松。

第N4层：红褐色淤泥。距地表2～2.2、厚0～0.2米。土质致密。

第N5层：浅褐色黏土。距地表2～3.2、厚0～1米。土质较致密，含少量料姜石。

第N6层：黑褐色黏土。距地表1.6～2、厚0～1.2米。土质致密，含少量料姜石颗粒。

第N7层：黑褐色黏土。距地表2.1～2.2、厚0～0.6米。土质致密，含少量料姜石颗粒。

第N8层：浅褐色黏土。距地表2.5～2.7、厚0～0.6米。土质致密，含少量料姜石颗粒。

第N9层：黑褐色黏土。距地表2.8～3、厚0.2～0.4米。土质致密，含零星灰烬。

第N10层：灰白色黏土。距地表3～3.3、厚0～0.3米。土质致密，含较多料姜石。以下为黄褐色生土。

2. 河道

第1层：浅褐色农耕层。距地表0.5～2.2、厚0.5～2.2米。土质松散，且有部分煤渣垫层，为现代农耕层。

第2层：浅黄色粉沙土。距地表1.1～4.9、厚0～2.9米。土质较疏松，含大量黄沙。

第3层：橙黄色沙土。距地表1.5～2.8、厚0～1.6米。土质较为疏松。

第4层：青褐色淤土。距地表0.6～7.3、厚0～1.5米。土质较致密，含零星灰烬。

第5层：灰白色淤泥。距地表4.1～8.3、厚0～1.5米。土质较致密，含料姜石颗粒。以下为黄褐色生土。

3. 南堤

分布于原303省道南侧。

第S1层：浅褐色农耕层。距地表深0.2～1.9、厚0.2～1.9米。土质疏松，有煤灰垫层，为近现代农耕层。

第S2层：黄褐色黏土。距地表0.8～1.8、厚0～1.5米。土质较疏松。

第S3层：浅褐色黏土。距地表1.8～2.3、厚0.6～1.1米。土质疏松。

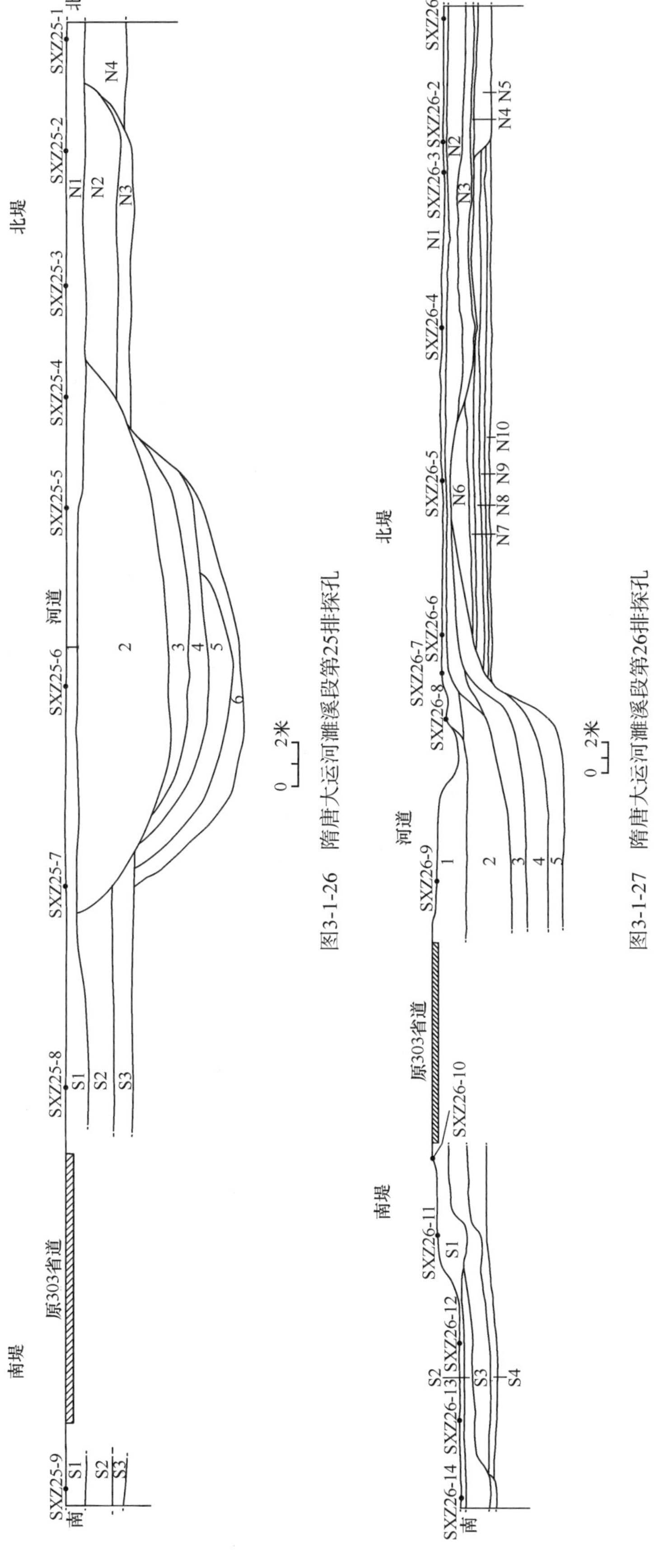

图3-1-26　隋唐大运河濉溪段第25排探孔

图3-1-27　隋唐大运河濉溪段第26排探孔

第S4层：黑褐色黏土。距地表2.4～3.2、厚0.3～1.2米。土质致密，含料姜石颗粒。以下为黄褐色生土。

总结：北堤位于原303省道北部，第N6～N10四层是河堤堆积，河内坡较多，以河道5层为准，河坡陡，约60°。宽约34、高1.1～2.6米。河道堆积在原303省道及其北侧，部分未勘探出。第2～5层为河道堆积，已探明河道宽度为16、河道最深处距地表约8.3米。南堤位于原303省道之下及南部，第S3、S4层为河堤堆积，河内坡未明确探出。推测宽15、高1.2～2.5米。

第二节　隋唐大运河遗址宿州埇桥区段考古勘探

隋唐大运河自河南永城进入安徽境内，流经42千米的濉溪段之后进入宿州埇桥区的西二铺镇。宿州埇桥区大运河段长约38千米。隋唐大运河宿州埇桥区段沿线经历了两个年度的考古勘探工作，分别是2013年和2015年。2013年主要以宿州城区东西两侧为勘探重点区域，主要集中在城区以东至灵璧界段（图3-2-1）。2015年主要针对城区内进行考古勘探工作。下面分别进行详细报告。

一、2013年勘探资料

（一）13SZZ1（西二铺乡西二铺村）

第1排钻探，共布9个探孔，全长72米（图3-2-2）。

1. 北堤

第N1层：浅黄色农耕层。距地表0.9～1.4、厚0.9～1.4米。土质松散，内含大量植物根系。

第N2层：浅褐色土。位于探排最北端。距地表1.4～3、厚0～1.9米，土质疏松。

第N3层：深褐色土。距地表2.2～2.5、厚0～1.5米。土质致密，含料姜石颗粒。

第N4层：黑褐色黏土。距地表3～3.2、厚0～1米。土质致密，含料姜石颗粒。以下为生土。

2. 河道

主要探了原303省道以北的位置。

第1层：浅黄色农耕层。距地表0.8～1.2、厚0.8～1.2米。土质松散，为近现代农耕层。

第2层：黄色粉沙土。距地表1～5.9、厚0～4米。土质较疏松。

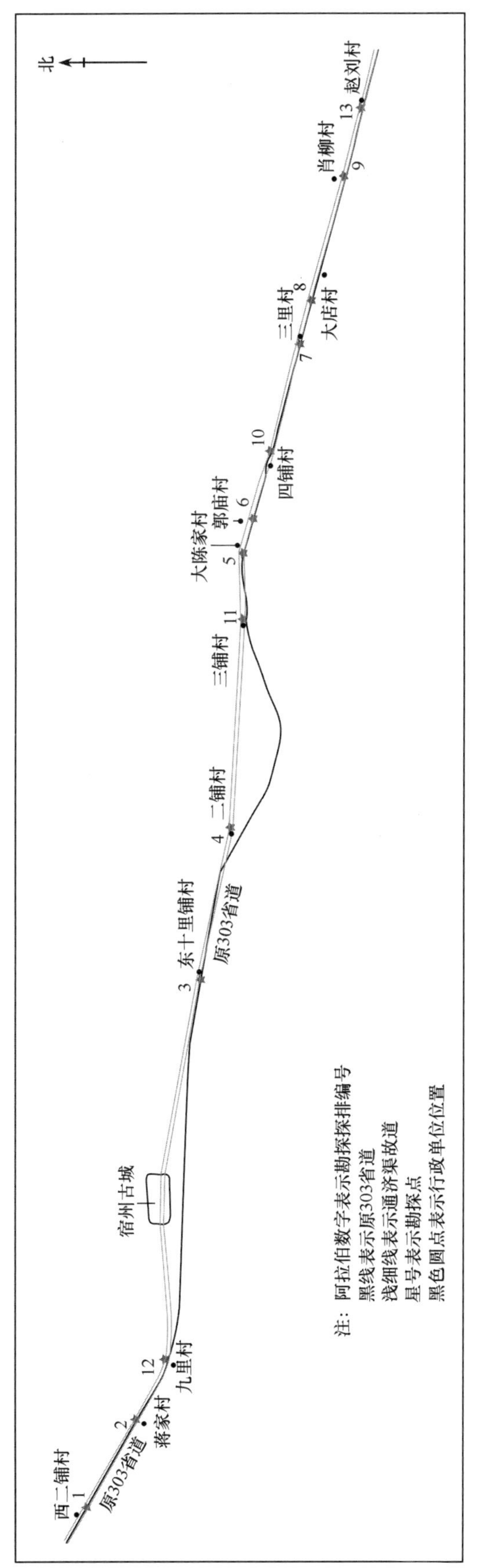

图3-2-1　隋唐大运河宿州埇桥区段沿线勘探点位置示意图

图3-2-2　隋唐大运河宿州段第1排探孔

第3层：黄褐色淤土。距地表3.5～6.8、厚0～0.9米。土质较为致密。

第4层：青色沙土。距地表4.5～6.1、厚0～0.5米。土质较疏松。

第5层：青褐色淤土。距地表3.7～7、厚0～0.9米。土质较致密，含零星灰烬。

第6层：青灰色淤土。距地表6.6～8、厚0～1.1米。土质致密，含少量料姜石颗粒。以下为生土。

3. 南堤

紧邻原303省道南部。

第S1层：浅黄色农耕层。距地表1.2～1.4、厚1.2～1.4米。土质松散，为近现代农耕层。

第S2层：深褐色黏土，主要分布于探排的南部。距地表1.4～3、厚0～1.7米。土质较致密，含少量料姜石颗粒。

第S3层：深褐色黏土。距地表2.9～3、厚0～1.2米。土质致密，含料姜石颗粒。

第S4层：黑褐色黏土。距地表3～3.5、厚0～1.1米。土质致密，含料姜石颗粒。以下为生土。

总结：北堤位于原303省道北部，较为完整，第N3、N4两层是河堤堆积，河内坡较缓，约30°。厚1.5～2.3米，堤顶宽15.7米左右。河道堆积在原303省道及其北侧位置，部分未探明，具体宽度不知。第2～6层为河道堆积，河道最深处距地表约8米。南堤位于原303省道南部，第S3、S4层为河堤堆积，厚2～2.5米，已探出的堤顶宽约10米，河内坡因压在原303省道下，未探明。

（二）13SZZ2（西二铺乡蒋家村）

第2排钻探，共布9个探孔，全长77米（图3-2-3）。

1. 北堤

主要被压在原303省道下，仅在原303省道北部探了一个孔。

第N1层：浅褐色农耕层。距地表0～1.6、厚0～1.6米。土质松散，内含大量植物根系。

第N2层：黑褐色土。距地表0.4～2.1、厚0～0.5米。土质致密，含料姜石颗粒。

第N3层：黄褐色黏土。距地表0.9～3、厚0.9米。土质致密，含料姜石颗粒。以下为生土。

2. 河道

主要探了原303省道以南的位置。

第1层：浅褐色农耕层。距地表0.2～0.25、厚0.2～0.25米。土质松散，为近现代农耕层。

第2层：浅黄色粉沙土。距地表1.1～1.2、厚0.9米。土质较疏松。

第3层：黄沙土。距地表1.1～4.9、厚0～3.8米。土质较疏松。

第4层：深黄色淤土。距地表1.4～5.3、厚0～1.2米。土质较致密，含少量贝壳。

第5层：黑褐色淤土。距地表4.7～6.3、厚0～1米。土质较致密，含料姜石颗粒。

第6层：青沙。距地表5.3～6.9、厚0～0.5米。土质疏松。

第7层：深黄色淤土。距地表5.9～7.5、厚0～0.6米。土质致密，含料姜石颗粒。

第8层：青褐色淤土。距地表6.3～8.1、厚0～0.6米。土质致密，含料姜石颗粒。以下为生土。

3. 南堤

位于探排的南部。

第S1层：浅黄色农耕层。距地表0.2～0.3、厚0.2～0.3米。土质松散，为近现代农耕层。

第S2层：浅黄色粉沙土。距地表1.1～1.2、厚0.9米。土质较疏松。

第S3层：深黄色土。距地表1.1～2.3、厚0～1.1米。土质致密，含料姜石颗粒。

第S4层：黄褐色黏土。距地表1.6～2.7、厚0～0.5米。土质致密，含料姜石颗粒。

第S5层：黑褐色黏土。距地表1.9～2.4、厚0～1.3米。土质致密，含料姜石颗粒。

第S6层：黄褐色黏土。距地表2.6～2.9、厚0～1米。土质致密，含料姜石颗粒。以下为生土。

总结：北堤大部分压在原303省道下面，勘探范围较小，无法得知北堤的具体厚度和宽度。河道堆积在原303省道南侧，勘探基本完整。第3～8层为河道堆积，河道最深处距地表约8.1、河口宽约25米。南堤位于探排南部，第S5、S6层为河堤堆积，河内坡较陡直，上口约50°，下口约75°。厚1.7～1.8、堤顶宽度约28.8米。

（三）13SZZ3（东十里铺村）

第3排钻探，共布10个探孔，全长61米（图3-2-4）。

1. 北堤

主要位于探排的北部。

第N1层：浅褐色农耕层。距地表0.2～0.25、厚0.2～0.25米。土质松散，内含大量植物根系。

第N2层：浅黄色土。距地表0.9～1.2、厚0.6～1米。土质疏松。

第N3层：深黄色黏土。距地表0.9～2.3、厚0～1.6米。土质致密，含料姜石颗粒。

第N4层：黑褐色黏土。距地表1.5～1.6、厚0～0.7米。土质致密，含料姜石颗粒。

第N5层：深黄色黏土。距地表2.5～2.9、厚0～1.3米。土质致密，含料姜石颗粒。以下为生土。

2. 河道

主要探了原303省道以北的位置。

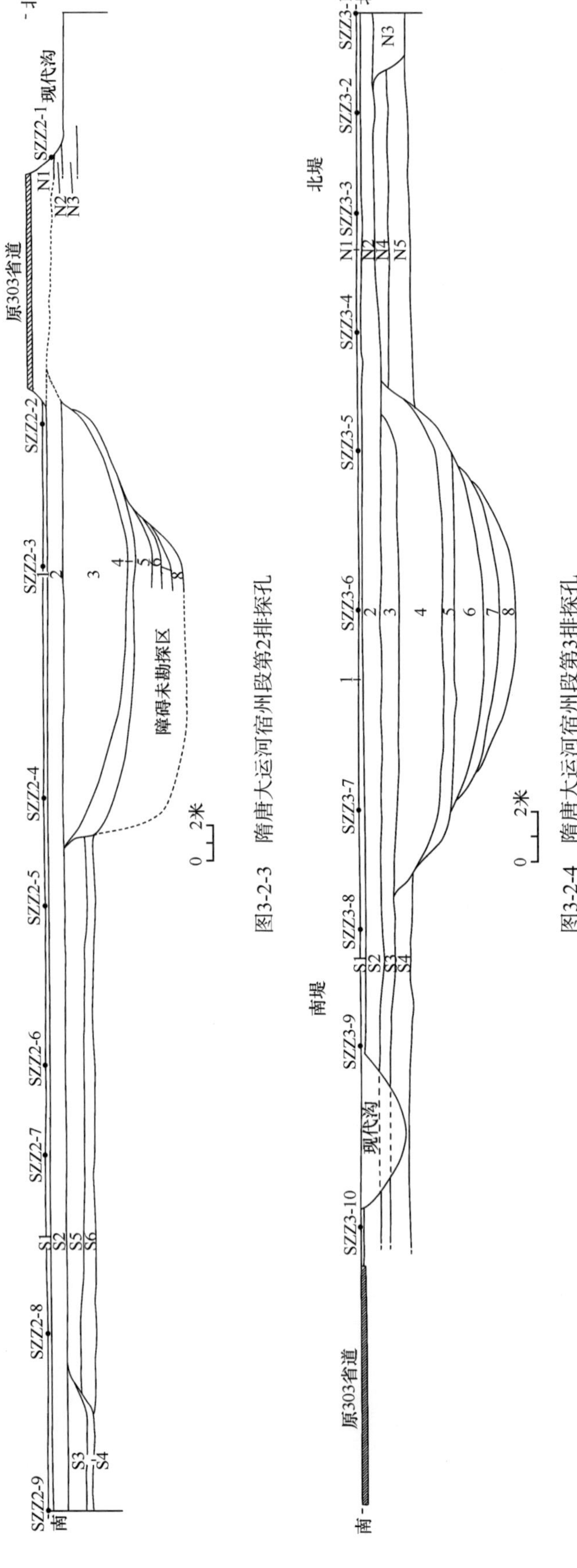

图3-2-3　隋唐大运河宿州段第2排探孔

图3-2-4　隋唐大运河宿州段第3排探孔

第1层：浅褐色农耕层。距地表0.2～0.3、厚0.2米。土质松散，为近现代农耕层。

第2层：浅黄色土。距地表1.1～1.2、厚0.9～1米。土质较疏松。

第3层：黄沙土。距地表1.2～2.1、厚0～0.9米，土质较疏松。

第4层：黄沙。距地表1.2～4.4、厚0～2.3米。土质较疏松。

第5层：黑褐色淤土。距地表2.5～5、厚0～0.8米。土质较致密，含零星灰烬。

第6层：青灰色淤土。距地表4.8～6.4、厚0～1.4米。土质致密，含料姜石颗粒。

第7层：青沙。距地表5.1～7.2、厚0～0.8米。土质致密，含料姜石颗粒。

第8层：青褐色淤土。距地表6～8.1、厚0～0.8米。土质致密，含料姜石颗粒。以下为生土。

3. 南堤

位于探排的南部。

第S1层：浅黄色农耕层。距地表0.2～0.25、厚0.2～0.25米。土质松散，为近现代农耕层。

第S2层：浅黄色土。距地表1～1.2、厚0.8～0.9米。土质较疏松。

第S3层：黄沙土。距地表1.5～1.8、厚0.5～0.6米。土质疏松。

第S4层：深黄色黏土。距地表2.5～2.7、厚0.8～1米。土质致密，含料姜石颗粒。以下为生土。

总结：北堤在探排北部，勘探比较完整，第N4、N5层是河堤堆积。河内坡陡，约50°。堤顶宽15、厚1.6～1.7米。河道堆积在原303省道北侧，勘探比较完整。第3～8层为河道堆积，河道最深处距地表约8.1米，河口宽度约25.8米。南堤的南小半部分压在原303省道下面，第S4层为河堤堆积，河内坡缓，约40°。厚0.8～1、探出堤顶宽度约17.7米。

（四）13SZZ4（朱仙庄二铺村）

第4排钻探，共布8个探孔，全长81米（图3-2-5）。

1. 北堤

主要位于探排的北部。

第N1层：浅褐色农耕层。距地表0.2～0.3、厚0.2～0.3米。土质松散，内含大量植物根系。

第N2层：浅黄色土。距地表2.3～2.5、厚2.1～2.2米。土质疏松。

第N3层：深黄色黏土。距地表2.5～3.2、厚0～0.7米。土质疏松。

第N4层：黄褐色黏土。距地表2.7～3、厚0～0.5米。土质致密，含料姜石颗粒。

第N5层：深黄色黏土。距地表3.2～3.5、厚0～0.6米。土质致密，含料姜石颗粒。以下为生土。

2. 河道

第1层：浅褐色农耕层。距地表0.2～0.25、厚0.2～0.25米。土质松散，为现代农耕层。

第2层：浅黄色土。距地表1.5～2.2、厚1.5～2.2米。土质较疏松。

第3层：黄沙土。距地表2.2～7.5、厚0～6米。土质较疏松，含大块料姜石颗粒。

第4层：黑褐色淤土。距地表2.3～3.9、厚0～1.2米。土质较致密，含零星灰烬。

第5层：深黄色淤土。距地表2.4～8、厚0～1米。土质较致密，含料姜石颗粒。

第6层：黄褐色淤土。距地表6.5～8.3、厚0～0.5米。土质致密，含料姜石颗粒。以下为生土。

3. 南堤

位于探排的南部。

第S1层：浅黄色农耕层。距地表0.2～0.35、厚0.2～0.35米。土质松散，为近现代农耕层。

第S2层：浅黄色粉沙土。距地表1.4～1.5、厚1.1～1.3米。土质较疏松。

第S3层：黑褐色黏土。距地表1.9～2、厚0.4～0.5米。土质致密，含料姜石颗粒。

第S4层：深黄色黏土。距地表2.3～3、厚0.3～1.1米。土质致密，含料姜石颗粒。以下为生土。

总结：北堤在探排北部，勘探比较完整，第N4、N5层是河堤堆积。河内坡较缓，15°～35°。堤顶宽22.5、厚0.8～1.2米。河道因道路阻挡堆积勘探不完整，第3～6层为河道堆积，河道最深处距地表约8.3米，探出的河口宽度约25.5米。南堤有一部分压在原303省道下面，勘探不完整，未探明河堤整体面貌，河堤坡位置不明。第S3、S4层为河堤堆积，厚0.8～1.5米，探出堤顶宽度约13.5米。

（五）13SZZ5（朱仙镇大陈家村）

第5排钻探，共布10个探孔，全长67米（图3-2-6）。

1. 北堤

主要位于探排的北部。

第N1层：浅褐色农耕层。距地表0.2～0.25、厚0.2～0.25米。土质松散，内含大量植物根系。

第N2层：深褐色土。距地表0.9～1.1、厚0.7～1米。土质疏松。

第N3层：深黄色黏土。距地表1.2～2.5、厚0～1.4米。土质疏松。

第N4层：黑褐色黏土。距地表1.7～2.1、厚0～1.1米。土质致密，含有零星灰烬。

第N5层：深黄色黏土。距地表2.5～2.9、厚0～0.9米。土质致密，含料姜石颗粒。以下为生土。

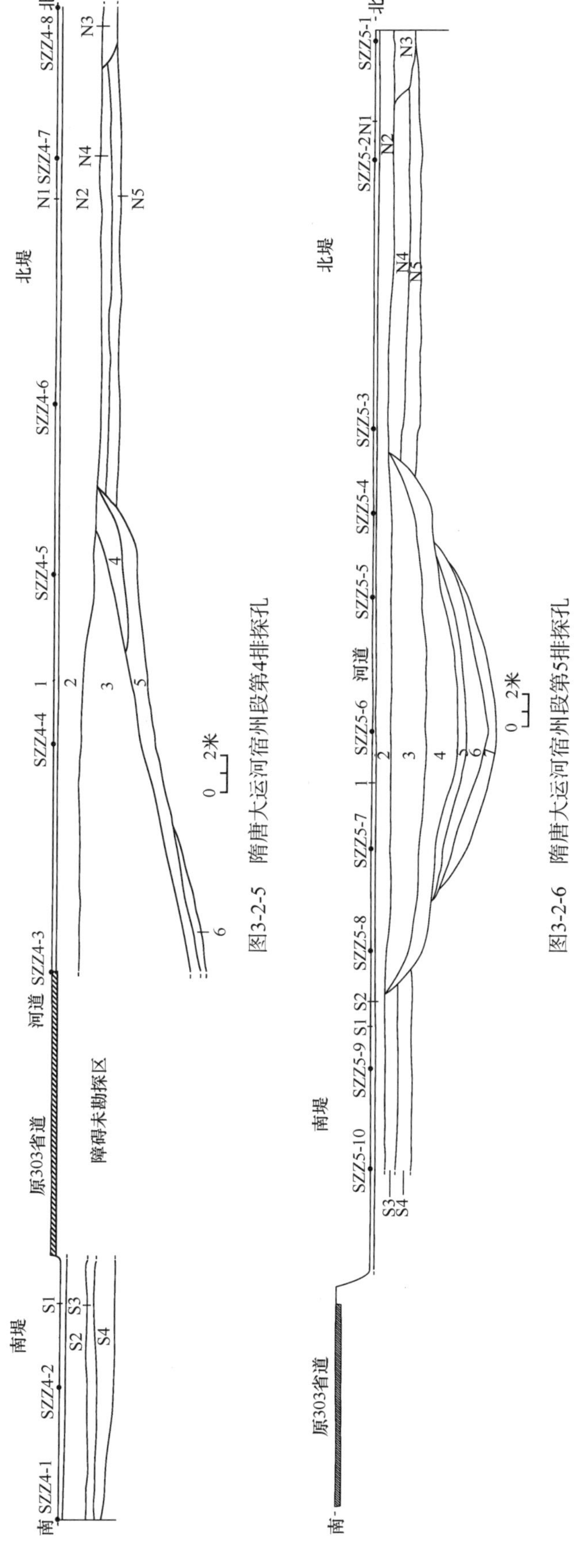

图3-2-5　隋唐大运河宿州段第4排探孔

图3-2-6　隋唐大运河宿州段第5排探孔

2. 河道

位于原303省道北部。

第1层：浅褐色农耕层。距地表0.2～0.25、厚0.2～0.25米。土质松散，为现代农耕层。

第2层：深褐色土。距地表0.9～1.2、厚0.7～0.9米。土质较疏松。

第3层：黄沙土。距地表0.9～3.2、厚0～2.1米。土质较疏松。

第4层：浅黄色淤土。距地表0.9～5.2、厚0～2米。土质较致密，含料姜石颗粒。

第5层：青沙。距地表3.7～5.8、厚0～0.6米。土质较疏松。

第6层：青灰色淤土。距地表3.7～7.1、厚0～1.4米。土质致密。

第7层：青褐色淤土。距地表4.2～7.7、厚0～0.9米。土质致密，含零星灰烬。以下为生土。

3. 南堤

位于原303省道的北部。

第S1层：浅褐色农耕层。距地表0.2～0.35、厚0.2～0.35米。土质松散，为近现代农耕层。

第S2层：深褐色粉沙。距地表0.8～0.9、厚0.5～0.6米。土质较疏松。

第S3层：黑褐色黏土。距地表1.5～1.6、厚0.6～0.7米。土质致密，含青灰颗粒。

第S4层：深黄色黏土。距地表2.4～2.5、厚0.9～1米。土质致密，含料姜石颗粒。以下为生土。

总结：北堤在探排北部，勘探比较完整，第N4、N5层是河堤堆积。河内坡陡，约50°。堤顶宽约21、厚1.6～1.9米。河道堆积勘探比较完整，第2～6层为河道堆积，河道最深处距地表约7.7米，河口宽度约32米。南堤南半部分压在原303省道下面，勘探不完整，未探明河堤整体面貌。第S3、S4层为河堤堆积，河内坡陡，约45°，厚1.6～1.7米，探出堤顶宽度约10.5米。

（六）13SZZ6（朱仙庄郭庙村）

第6排钻探，共布9个探孔，全长69米（图3-2-7）。

1. 北堤

主要位于探排的北部。

第N1层：浅褐色农耕层。距地表0.2～0.25、厚0.2～0.25米。土质松散，内含大量植物根系。

第N2层：深褐色土。距地表0.9～2.1、厚0.6～1.9米。土质疏松。

第N3层：黑褐色黏土。距地表1.7～2.4、厚0.25～1米。土质致密，含料姜石颗粒。

第N4层：深黄色黏土。距地表2.8～3、厚0.5～1.1米。土质致密，含料姜石颗粒。以下为生土。

2. 河道

位于原303省道北部。

第1层：浅褐色农耕层。距地表0.2～0.25、厚0.2～0.25米。土质松散，为近现代农耕层。

第2层：深褐色土。距地表0.8～1、厚0.6～0.8米。土质较疏松。

第3层：浅黄色粉沙土。距地表0.9～1.8、厚0～1米。土质较疏松。

第4层：黄沙。距地表0.9～3.7、厚0～1.7米。土质较疏松。

第5层：深黄色淤土。距地表0.9～4.5、厚0～1.2米。土质较致密，含有贝壳残片。

第6层：青沙。距地表3.1～6.7、厚0～2.4米。土质疏松。

第7层：青褐色淤土。距地表3.2～7.2、厚0～0.6米。土质致密，含零星灰烬。以下为生土。

3. 南堤

位于原303省道的北部。

第S1层：浅褐色农耕层。距地表0.2～0.25、厚0.2～0.25米。土质松散，为近现代农耕层。

第S2层：深褐色粉沙土。距地表0.6～0.8、厚0.4～0.6米。土质较疏松，含有零星灰烬。

第S3层：黑褐色黏土。距地表1.4～1.7、厚0.6～0.8米。土质致密，含料姜石颗粒。

第S4层：深黄色黏土。距地表2.3～2.5、厚0.8～0.9米。土质致密，含料姜石颗粒。以下为生土。

总结：运河主体位于原303省道的北侧，北堤在探排北部，勘探比较完整，第N3、N4层是河堤堆积。河内坡较缓，约35°。堤顶宽约13、厚1.8～1.9米。河道堆积勘探比较完整，第3～7层为河道堆积，河道最深处距地表约7.2、河口宽约31米。南堤南半部分压在原303省道下面，勘探不完整。第S3、S4层为河堤堆积，河内坡陡，约55°。厚1.6～1.9、探出堤顶宽约11.5米。

（七）13SZZ7（大店镇七里村）

第7排钻探，共布10个探孔，全长82.6米（图3-2-8）。

1. 北堤

分布于探排的最北端。

第N1层：深褐色农耕层。距地表0.6～1.2、厚0.6～1.2米。土质疏松。

第N2层：浅黄色粉沙土。距地表1.05～2、厚0～0.7米。土质疏松。

第N3层：深黄色土。距地表1.4～2.4、厚0～1.3米。土质较疏松。

第N4层：黑褐色黏土。距地表1.9～2.2、厚0～0.8米。土质较致密，含有零星灰烬。

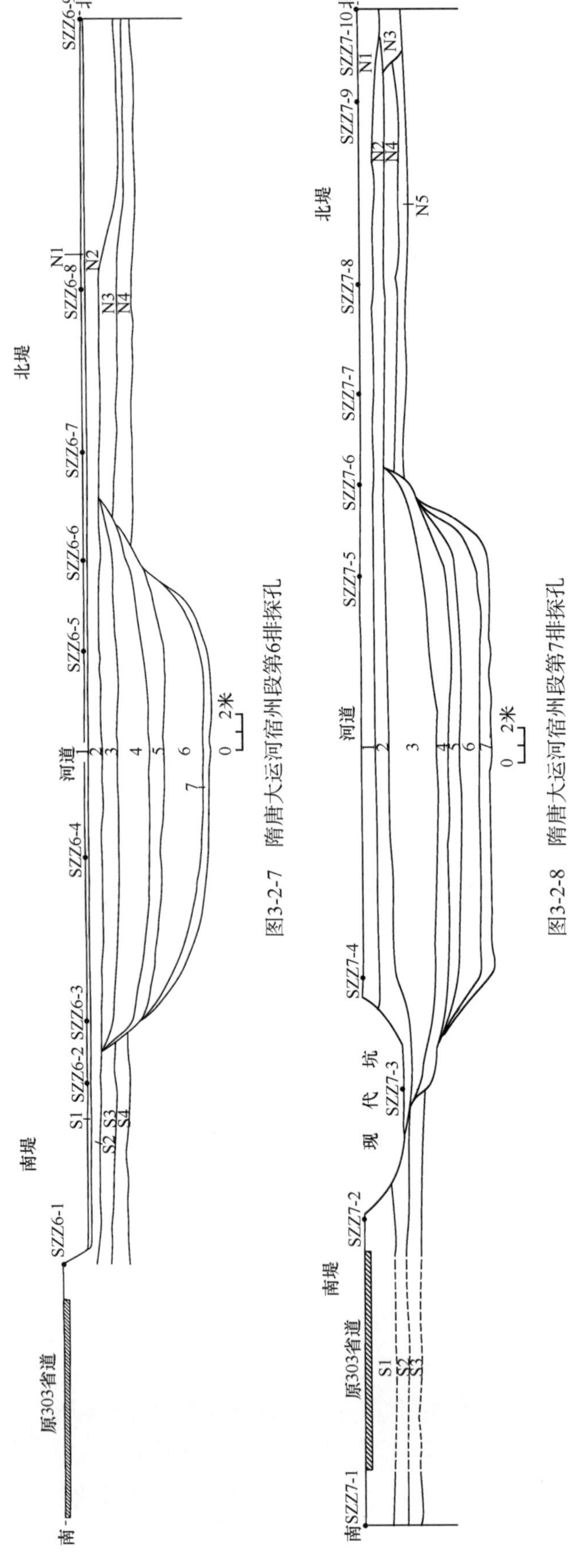

图3-2-7　隋唐大运河宿州段第6排探孔

图3-2-8　隋唐大运河宿州段第7排探孔

第N5层：深黄色黏土。距地表2.4～2.8、厚0～0.6米。土质较致密，含有料姜石粒。以下为生土层。

2. 河道

分布于原303省道北侧。

第1层：深褐色农耕层。距地表0.7～0.9、厚0.7～0.9米。土质疏松。

第2层：浅黄色粉沙土。距地表0.4～2.2、厚0～1.5米。土质较疏松。

第3层：黄沙。距地表0.4～4.2、厚0～2.6米。土质较为疏松。

第4层：深黄色淤土。距地表0.5～5、厚0～1.3米。土质较疏松，含有料姜石粒。

第5层：灰白色淤土。距地表2.2～5.5、厚0～0.6米。土质较致密。

第6层：青沙。距地表2.7～6.7、厚0～1.3米。土质致密。

第7层：青褐色淤积土。距地表3～7.2、厚0～0.7米。土质致密，含有零星灰烬。以下是生土。

3. 南堤

分布于原303省道下方。

第S1层：深灰色农耕层。距地表1.5～1.8、厚0～1.8米。土质疏松，含有残砖瓦片、灰土。

第S2层：黑褐色黏土。距地表3～3.2、厚0～0.9米。土质较致密，含有零星灰烬。

第S3层：深黄色黏土。距地表3～3.2、厚0～0.7米。土质致密，含有料姜石粒。以下是生土。

总结：运河主体位于原303省道的北侧，北堤位于探排北侧，勘探比较完整。第N4、N5层是河堤堆积，河内坡较陡，约60°。探出的堤顶宽约21.5、厚1.2～1.4米。河道堆积勘探比较完整，第3～7层为河道堆积，河道最深处距地表约7.2、河口宽约35米。南堤位于原303省道之下及其北侧。第S2、S3层为河堤堆积，河内坡被现代沟破坏。厚1.3～1.5、探出堤顶宽约22.5米。两岸河堤高度基本一致。

（八）13SZZ8（大店镇大店村）

第8排钻探，共布10个探孔，全长85米（图3-2-9）。

1. 北堤

分布于探排的最北端。

第N1层：浅褐色农耕层。距地表0.2、厚0.2米。土质疏松，含有植物根系。

第N2层：深褐色土。距地表1～1.2、厚0.8～1米。土质较疏松。

第N3层：深黄色土。距地表1～2.7、厚0～1.4米。土质较疏松。

第N4层：黑褐色黏土。距地表1.8～2.2、厚0～1.1米。土质致密，含有料姜石粒。

第N5层：深黄色黏土。距地表2.5～2.8、厚0～1米。土质较致密，含有料姜石粒。以下为生土。

2. 河道

分布于原303省道北侧。

第1层：浅褐色农耕层。距地表0.2、厚0.2米。土质疏松，含有植物根系。

第2层：深褐色土。距地表1～1.5、厚0.8～1.3米。土质较疏松。

第3层：浅黄色粉沙土。距地表1～2.5、厚0～1.5米。土质较疏松。

第4层：黄沙土。距地表1～4、厚0～1.6米。土质较疏松。

第5层：灰白色淤土。距地表1.2～4.5、厚0～0.8米。土质较致密，含有料姜石粒。

第6层：青沙。距地表3.7～6.4、厚0～2米。土质疏松。

第7层：青褐色淤土。距地表4.3～7.3、厚0～1米。土质致密，含有零星灰烬。以下为生土。

3. 南堤

分布于原303省道下方。

第S1层：浅褐色农耕层。距地表0.2～1.7、厚0.2～1.7米。土质疏松，含有植物根系。

第S2层：深褐色土。距地表深0.6～2.2、厚0.4～1.05米。土质疏松，含有灰土瓦片。

第S3层：深黄色土。距地表1.9～3.9、厚0～1.9米。

第S4层：黑褐色黏土。距地表1.8～3.1、厚0～1米。土质致密，含有零星灰烬。

第S5层：深黄色黏土。距地表2.4～4、厚0～1.1米。土质致密，含有料姜石粒。以下为生土。

总结：运河主体位于原303省道的北侧，北堤位于探排北部。第N4、N5层为河堤堆积，河内坡陡直，约85°。厚1.6～1.8、探出堤顶宽约22米。河道堆积勘探比较完整，第3～7层为河道堆积，河道最深处距地表约7.3、河口宽约29.8米。南堤部分压在原303省道之下，一部分在省道以北，勘探比较完整。第S4、S5层是河堤堆积，河内坡陡，约50°。探出的堤顶宽约31、厚1.8～2米。两岸河堤高度基本一致。

（九）13SZZ9（大店镇肖柳村）

第9排钻探，共布11个探孔，全长76米（图3-2-10）。

1. 北堤

主要位于探排的北部。

第N1层：浅褐色农耕层。距地表0.2～0.35、厚0.2～0.35米。土质松散，内含大量植物根系。

第N2层：深褐色土。距地表0.8～1、厚0.4～0.7米，土质疏松。

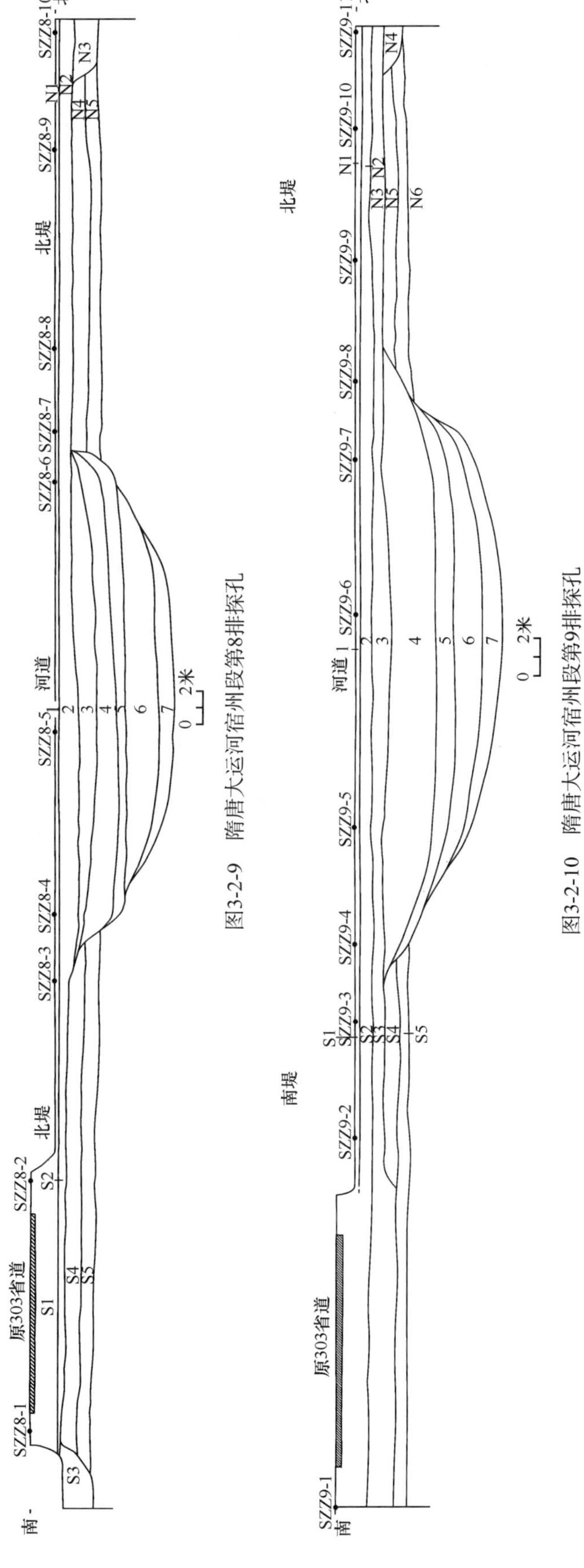

图3-2-9　隋唐大运河宿州段第8排探孔

图3-2-10　隋唐大运河宿州段第9排探孔

第N3层：浅黄色粉沙土。距地表1.5～1.6、厚0.5～0.8米。土质疏松。

第N4层：深黄色黏土。距地表1.5～2.5、厚0～1米。土质致密，含料姜石颗粒。

第N5层：深黄色黏土。距地表2～2.3、厚0.5～0.7米。土质致密，含料姜石颗粒。

第N6层：黑褐色黏土。距地表2.6～2.9、厚0.5～0.8米。土质致密，含灰烬星。以下为生土。

2. 河道

位于原303省道北部。

第1层：浅褐色农耕层。距地表0.2～0.25、厚0.2～0.25米。土质松散，为近现代农耕层。

第2层：深褐色土。距地表0.8～1、厚0.6～0.7米。土质较疏松。

第3层：浅黄色粉沙土。距地表1.2～1.9、厚0.4～1.1米，土质较疏松。

第4层：黄沙。距地表1.5～4.3、厚0～2.7米。土质较疏松。

第5层：灰白色泛青淤土。距地表3.2～5.4、厚0～1.1米。土质较致密，含有料姜石颗粒。

第6层：青沙。距地表3.2～6.8、厚0～1.6米。土质疏松。

第7层：青褐色淤土。距地表3.2～7.8、厚0～1.1米。土质致密，含灰烬星。以下为生土。

3. 南堤

位于原303省道的北部。

第S1层：浅褐色农耕层。距地表0.2～0.25、厚0.2～0.25米。土质松散，为近现代农耕层。

第S2层：深褐色土。距地表0.9～1、厚0.6～0.8米。土质较致密，含有料姜石颗粒。

第S3层：浅黄色粉沙土。距地表1.5～1.6、厚0.5～0.6米。土质疏松。

第S4层：深黄色黏土。距地表2.2～2.4、厚0～0.9米。土质致密，含料姜石颗粒。

第S5层：黑褐色黏土。距地表2.8～2.9、厚0～0.8米。土质致密，含零星灰烬。以下为生土。

总结：运河主体位于原303省道的北侧，北堤在探排北部，勘探比较完整，第N5、N6层是河堤堆积，河内坡缓，约30°。堤顶宽约14.5、厚1.1～1.4米。河道堆积勘探比较完整，第4～7层为河道堆积，河道最深处距地表约7.8、河口宽约24米。南堤南半部分压在原303省道下面。第S4、S5层为河堤堆积，河内坡缓，约35°。厚1.8～1.9、探出堤顶宽度约11米。

（十）13SZZ10（大店镇四铺村）

第10排钻探，共布5个探孔，全长25米（图3-2-11）。

1. 北堤

因遮挡无法勘探。

2. 河道

分布于原303省道北侧。
第1层：浅褐色农耕层。距地表0.2～0.3、厚0.2～0.3米。土质松散，内含大量植物根系。
第2层：深褐色土。距地表1～1.5、厚0.7～1.3米。土质较疏松。
第3层：浅黄色粉沙土。距地表1～2.1、厚0～0.6米。土质较疏松。
第4层：黄沙。距地表1～4.1、厚0～2米。土质较疏松。
第5层：深黄色淤泥。距地表1～4.7、厚0～1.3米。土质较致密。
第6层：青灰色淤土。距地表3.2～5.9、厚0～1.3米。土质致密。
第7层：红褐色淤土。距地表2.1～6、厚0～0.3米。土质致密。
第8层：灰白色淤泥。距地表3.5～6.4、厚0～1米。土质致密。
第9层：青沙。距地表6.5～7.9、厚0～0.5米。土质疏松。
第10层：青褐色淤泥。距地表4.5～8.2、厚0～1.1米。土质致密。以下为生土。

3. 南堤

分布于原303省道北侧。
第S1层：浅褐色农耕层。距地表0.2～0.3、厚0.2～0.3米。土质疏松，内含大量植物根系。
第S2层：深褐色土。距地表0.9～1、厚0.75～0.9米。土质疏松。
第S3层：深黄色黏土。距地表0.9～2.1、厚0～1.2米。土质较致密，含零星灰烬。
第S4层：灰褐色黏土。距地表2.7～3.1、厚0～1米。土质致密，含料姜石粒。以下为生土。

总结：运河主体位于原303省道的北侧，勘探不完整，北堤因障碍物遮挡未勘探。河道堆积勘探一部分，具体宽度不明，第3～10层为河道堆积，河道最深处距地表约8.2米。南堤南半部分因压在原303省道下面，仅勘探出一部分，第S3、S4层是河堤堆积，河内坡陡，约50°。探出堤顶宽约9、厚2～2.1米。

（十一）13SZZ11（朱仙庄三铺村）

第11排钻探，共布10个探孔，全长64.5米（图3-2-12）。

1. 北堤

主要位于探排的北部。
第N1层：浅褐色农耕层。距地表0.2～0.25、厚0.2～0.25米。土质松散，内含大量植物根系。
第N2层：深褐色土。距地表0.9～1.4、厚0.7～0.9米，土质疏松。
第N3层：深黄色黏土。距地表1～2.5、厚0～1.2米。土质疏松。

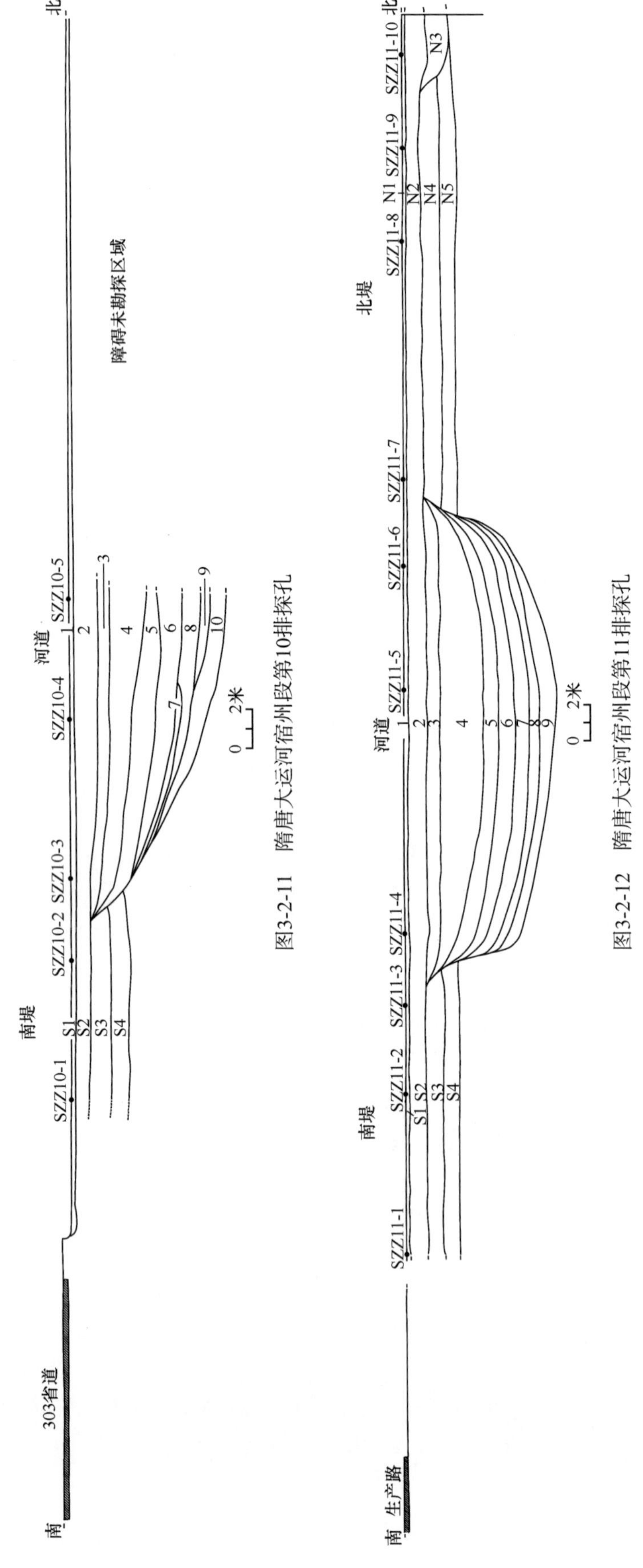

图3-2-11　隋唐大运河宿州段第10排探孔

图3-2-12　隋唐大运河宿州段第11排探孔

第N4层：深黄色黏土。距地表2～2.2、厚0～1.1米。土质致密，含灰烬星。

第N5层：黑褐色黏土。距地表2.5～3、厚0～1米。土质致密，含灰烬星。以下为生土。

2. 河道

位于原303省道北部。

第1层：浅褐色农耕层。距地表0.2～0.25、厚0.2～0.25米。土质松散，为近现代农耕层。

第2层：深褐色土。距地表1.1～1.3、厚0.9～1.1米。土质较疏松。

第3层：浅黄色粉沙土。距地表1.1～2、厚0～0.8米。土质较疏松。

第4层：黄沙。距地表1.1～4.5、厚0～2.5米。土质较疏松。

第5层：深黄色淤土。距地表1.8～5.3、厚0～0.8米。土质较致密，含有青灰点。

第6层：灰白色青淤土。距地表2.3～6.2、厚0～1.1米。土质致密，含料姜石颗粒。

第7层：青灰色淤土。距地表3～7、厚0～0.8米。土质疏松。

第8层：青沙。距地表3.4～7.6、厚0～0.6米。土质疏松。

第9层：青褐色淤土。距地表3.5～8.5、厚0～1.1米。土质致密，含灰烬星。以下为生土。

3. 南堤

位于原303省道的北部。

第S1层：浅褐色农耕层。距地表0.2～0.25、厚0.2～0.25米。土质松散，为近现代农耕层。

第S2层：深褐色土。距地表1.1～1.8、厚0.9～1.1米。土质较疏松。

第S3层：深黄色黏土。距地表2～2.7、厚0.8～1.1米。土质致密，含料姜石颗粒。

第S4层：黑褐色黏土。距地表2.3～2.5、厚0.8～0.9米。土质致密，含料姜石颗粒。以下为生土。

总结：运河主体位于原303省道的北侧，北堤在探排北部，勘探比较完整，第N4、N5层是河堤堆积，河内坡陡，约50°。堤顶宽约21.7、厚1.9～2.1米。河道堆积勘探比较完整，第3～8层为河道堆积，河道最深处距地表约8.5、河口宽约26.3米。南堤南半部分压在原303省道下面，勘探不完整，未探明河堤整体面貌。第S3、S4层为河堤堆积，河内坡由陡变陡直，55°～70°。厚1.8～1.9、探出堤顶宽约14.7米。

（十二）13SZZ12（三八街道三铺村）

第12排钻探，共布8个探孔，全长44米（图3-2-13）。

1. 北堤

主要压在原303省道下，仅在原303省道北部探了一个孔。

第N1层：浅褐色农耕层。距地表0.2～0.3、厚0.2～0.3米。土质松散，内含大量植物根系。

第N2层：浅黄色粉沙土。距地表0.4～2.1、厚1.4～1.7米。土质致密，含料姜石颗粒。

第N3层：黄褐色黏土。距地表1.7～1.9、厚0.4～0.8米。土质疏松。

第N4层：深黄色黏土。距地表3.1～3.2、厚0.6～0.8米。土质致密，含料姜石颗粒。以下为生土。

2. 河道

主要勘探了原303省道以北的位置。

第1层：浅褐色农耕层。距地表0.2～0.25、厚0.2～0.25米。土质松散，为现代农耕层。

第2层：浅黄色粉沙土。距地表1～1.8、厚0.8～1.6米。土质较疏松。

第3层：黄沙土。距地表1.8～6.1、厚0～4.8米。土质较疏松，含陶残片。

第4层：青灰色淤土。距地表2～6.6、厚0～0.6米。土质较疏松。

第5层：青褐色淤土。距地表3.5～7.7、厚0～1.1米。土质较致密，含少量炭星。

第6层：深黄色淤土。距地表2.2～8.2、厚0～0.9米。土质致密，含料姜石颗粒。以下为生土。

3. 南堤

未勘探。

总结：北堤主要位于探排最北部，第N3和N4层是河堤堆积，河内坡陡，约45°。探出的河堤顶宽23米，因没有探完整，可能河堤顶还要宽一些，高2.9～3.13米。河道堆积在原303省道北侧，勘探了北半部分。第3～6层为河道堆积，河道最深处距地表约8.2、探出的部分河口宽约21米。南堤因为没有勘探，所以具体情况不明。

二、2015年宿州市城区沿线勘探情况

2015年宿州市政府为了配合宿州城区大运河遗址保护规划和大运河遗址沿线城市规划的具体实施，决定对宿州城区大运河遗址进行考古勘探，确定城区内大运河的走向以及宽度，为下一步大运河遗址保护和城市规划提供基础依据。

宿州市区隋唐大运河遗址考古勘探范围西起京台高速，东至京沪铁路，后因勘探需要东部延伸至港口路。沿线穿越拂晓大道、磬云路、人民路、秦港口路、西昌南路、淮海中路、东护城河、宿怀路及京沪铁路，一共钻探16排。由于勘探点比较密集，下面拣选几个关键节点进行叙述（图3-2-14）。

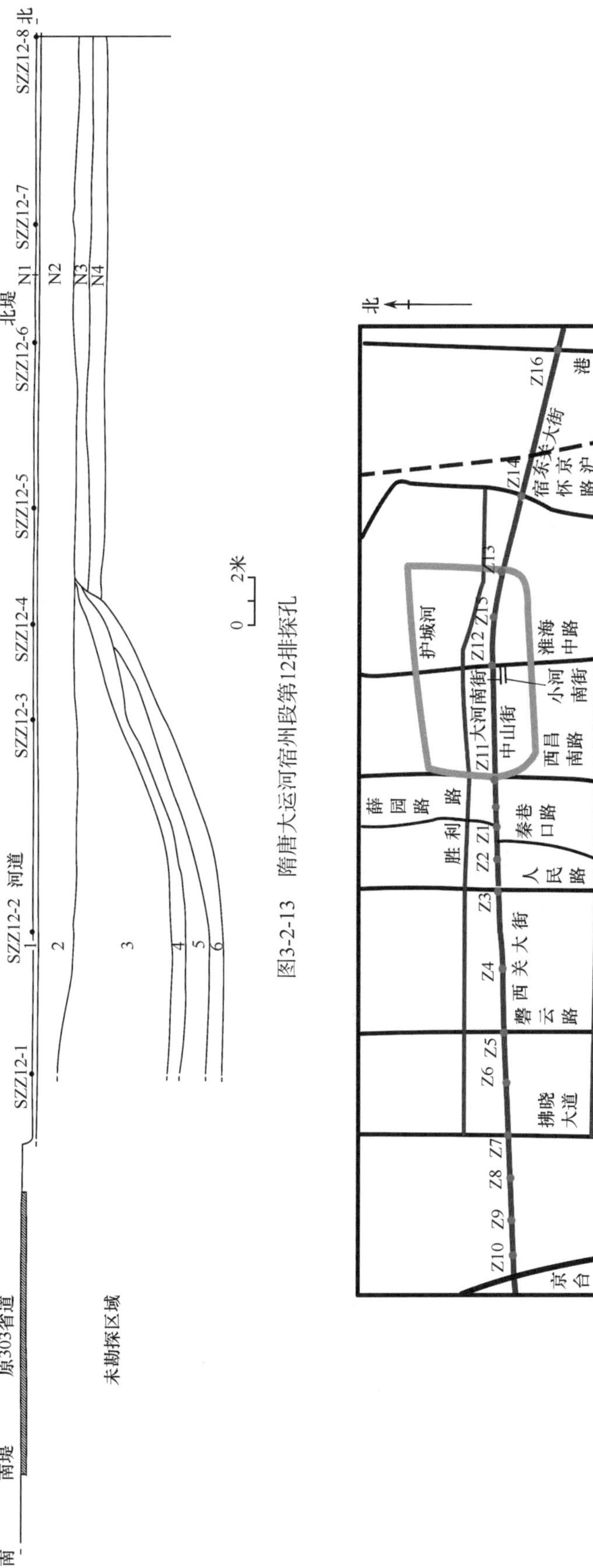

图3-2-13　隋唐大运河宿州段第12排探孔

图3-2-14　隋唐大运河宿州城区勘探点分布示意图

（一）15SZZ1（薛园路与西关大街东段交汇处）

位于西关大街两侧，共布37个探孔。全长108米，南部在西关派出所东侧，北部在宿州商业步行街小区西侧（图3-2-15）。

1. 北堤

主要位于探排的北部。

第N1层：深褐色土。距地表0～1、厚0～1米。土质松散，内含砖瓦和白灰。

第N2层：浅褐色土。距地表1～1.5、厚0～0.5米。土质疏松，填土，含砖渣。

第N3层：淡黄色土。距地表1.5～2.4、厚0～1.3米。土质疏松，细面沙。

第N4层：灰褐色土。距地表1.4～2.4、厚0～1.3米。土质致密，较硬，含灰烬星。

第N5层：黑褐色黏土。距地表2.4～3、厚0.3～0.5米。土质致密。以下为生土。

2. 河道

第1层：深褐色土。距地表0.5～0.8、厚0.5～0.8米。土质松散，含砖渣、灰星。

第2层：淡黄色土。距地表0.5～1.2、厚0～0.25米。土质较疏松，细面沙。

第3层：浅黄色粉沙土。距地表0.5～2.3、厚0～1.7米。土质较疏松，细沙。

第4层：浅褐色沙。距地表0.7～4、厚0～2.7米。土质较疏松，淤积泥沙，含陶片。

第5层：淡黄色土。距地表3.3～5.3、厚0.8～2米。土质较松软，细面沙。

第6层：青灰色淤土。距地表5.3～6.3、厚1～1.2米。土质松软，淤积泥沙。以下为生土。

3. 南堤

第S1层：深褐色土。距地表0.3～2.1、厚0.3～2.1米。土质松散，砖瓦渣、白灰星。

第S2层：浅褐色土。距地表3.7～5、厚2～3.3米。土质较疏松，砖瓦渣、白灰星。

第S3层：灰褐色土。距地表5～5.5、厚0.3～1.7米。土质疏松。

第S4层：淡黄色土。距地表6～7、厚0.4～0.6米。土质疏松，含细沙。

第S5层：浅褐色土。距地表2.3～3、厚1.8～2米。土质疏松，含细沙。

第S6层：棕黄色土。距地表3～7.3、厚0.25～0.8米。自然土，土质较硬。以下为生土。

总结：运河主体位于西关大街的北侧，北堤在探排北部，勘探比较完整，第N2～N5层是河堤堆积，河内坡较陡直，约70°。堤顶宽约27、厚1.2～2米。河道堆积勘探比较完整，第2～6层为河道堆积，河道最深处距地表约6.2、河口宽约41米。南堤部分压在西关大街下，大部分在其北侧。第S5、S6层为河堤堆积，河内坡较缓，约35°。厚2.2～2.4、探出堤顶宽约24米。

（二）15SZZ5（磬云路与西关大街交汇处）

共布16个探孔，全长88米，南部在西关大街两侧，北部在磬云路两侧（图3-2-16）。

1. 北堤

主要位于探排的北部。
第N1层：表土层。距地表0.5～1.5、厚0.5～1.5米。土质松散，内含砖瓦和白灰。
第N2层：灰褐色土。距地表0.7～0.8、厚0～0.25米。土质疏松，填土，含砖渣。
第N3层：淡黄色土。距地表1.5～2、厚0～0.6米。土质疏松，细面沙。
第N4层：灰褐色土。距地表0.6～2.5、厚0～0.5米。土质致密，淤土，较硬，含灰烬星。
第N5层：灰褐色黏土。距地表1.3～1.75、厚0～0.6米。土质致密。
第N6层：青褐色土。距地表1.95～2、厚0.1～1.5米。土地致密。以下为生土。

2. 河道

第1层：表土层。距地表深1～1.6、厚1～1.6米。土质松散，含砖渣、零星灰烬。
第2层：淡黄色土。距地表1.2～1.3、厚0～0.27米。土质较疏松，细面沙。
第3层：深褐色淤泥。距地表1.3～1.6、厚0～0.42米，土质较疏松。
第4层：灰褐色泥沙。距地表1.4～2.27、厚0～0.75米。土质较疏松，淤积泥沙。
第5层：淡黄色土。距地表0.62～4.32、厚0～3.2米。土质较松软，细面沙。
第6层：青灰色细沙。距地表1～4.88、厚0～2米。土质松软，淤积泥沙。以下为生土。

3. 南堤

第S1层：深褐色杂填土。距地表0.5～1.25、厚0.5～1.25米。土质疏松，含砖渣。
第S2层：灰褐色细沙土。距地表0.9～1.68、厚0.55～0.8米。土质较松，无含物。
第S3层：淡黄色细沙土。距地表0.9～2.75、厚0～0.6米。土质较松，无包含物。
第S4层：灰褐色淤土。距地表1～3.8、厚0～1.3米。土质较硬，无包含物。
第S5层：黄色垫土。分布范围较小。距地表0.95～1、厚0～0.4米。土质较硬，无包含物。
第S6层：灰褐色土。距地表1.2～2.2、厚0～0.82米。土质致密，硬。
第S7层：青灰色土。距地表1.6～3、厚0～0.5米。土质致密，硬。以下为生土。

总结：运河主体位于西关大街北侧，北堤在探排北部，勘探比较完整，为灰褐色泥沙和灰褐色、青褐色土，是第N2～N6层是河堤堆积，河内坡由缓变陡，河口约20°，向下变为60°。宽14、残高1.2米，外侧呈斜坡状，堆积有淡黄色淤沙和灰褐色泥沙。河床南、北两壁均呈斜坡状，内填淡黄色、青灰色淤沙和深褐色淤泥，河道堆积勘探比较完整，第2～6层为河道堆

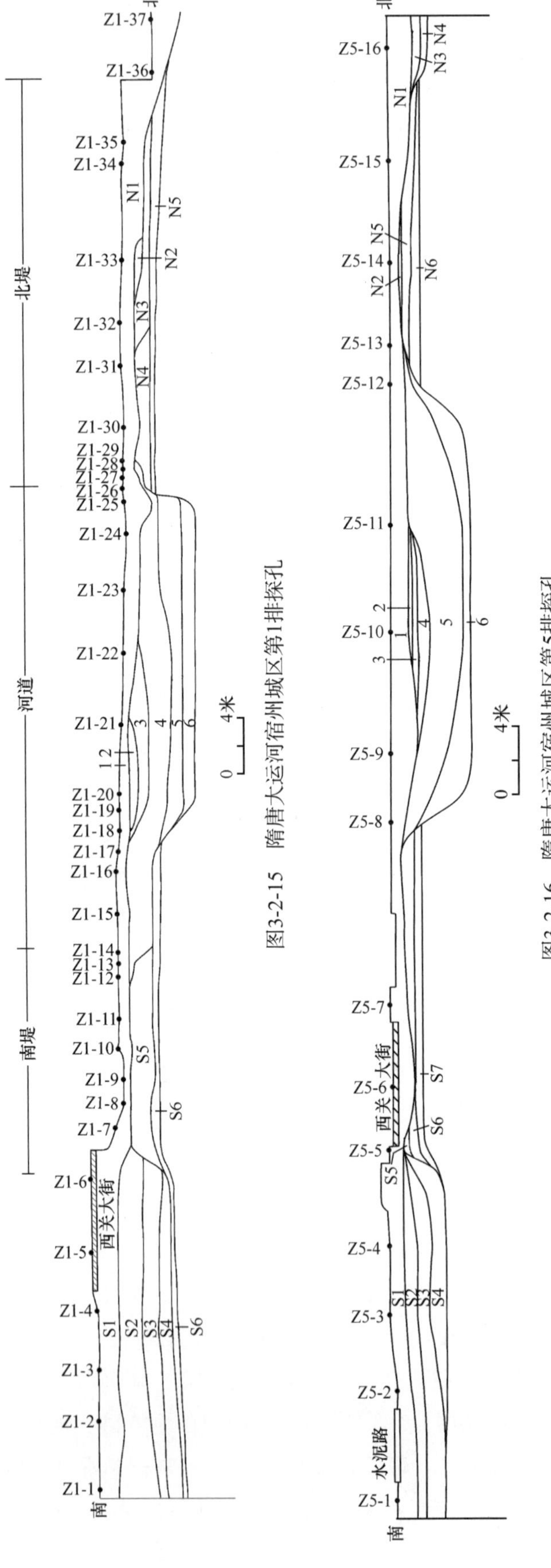

图3-2-15　隋唐大运河宿州城区第1排探孔

图3-2-16　隋唐大运河宿州城区第5排探孔

积，河口宽28.3、河底宽19、深4.5米。南堤压在西关大街下面，为黄褐色、灰褐色、青褐色土，第S5、S6层为河堤堆积，河内坡陡，约55°。宽18.2、残高1.3米，外侧呈斜坡状，堆积有灰褐色、淡黄色淤沙和灰褐色沙土。

（三）15SZZ10（京台高速东侧）

共布15个探孔，全长58.5米（图3-2-17）。

1. 北堤

主要位于探排的北部。

第N1层：表土层。距地表0.4～1、厚0.4～1米。土质松散，内含砖瓦和白灰。

第N2层：浅黄色土。距地表0～0.25、厚1～2.2米，土质疏松，细沙土。

第N3层：淡黄色土。距地表2.12～2.95、厚0～1.25米。土质疏松，细面沙。

第N4层：灰褐色土。距地表2.75、厚0～0.75米。土质致密，淤土，较硬，含零星灰烬。

第N5层：浅褐色黏土。距地表1.6～1.91、厚0.8～0.9米。土质致密。

第N6层：黑褐色土。距地表2～3.18、厚0.13～0.4米。土地致密。以下为生土。

2. 河道

第1层：表土层。距地表深0.2～0.35、厚0.2～0.35米。土质松散，含现代杂物、零星灰烬。

第2层：浅黄色沙土。距地表0.75～1.25、厚0.42～0.7米。土质较疏松，细面沙。

第3层：淡黄色细沙。距地表1.5～3.75、厚1.05～2.5米。土质较疏松。

第4层：灰褐色细沙。距地表2.68～4.6、厚0～1.62米。土质较疏松，淤积泥沙。

第5层：青灰色淤泥。距地表3～5、厚0.3～0.88米。土质较松软，细面沙。以下为生土。

3. 南堤

第S1层：深褐色杂填土。厚0～1米。土质疏松，含砖渣。

第S2层：浅色细沙土。距地表0.9～1.6、厚0.5～1.62米。土质较松，无含物。

第S3层：淡黄色土。距地表2.05～3.62、厚0～2.13米。土质较松，无包含物。

第S4层：黑褐色淤土。距地表2.5～4.07、厚0.4～0.8米。土质较硬，无包含物。以下为生土。

总结：该段运河开口于第2层下，开口距地表0.8～1.7米。运河主体位于宿永路北侧。北堤在探排北部，勘探比较完整，第N5、N6层是河堤堆积，河内坡缓，约40°。宽7.5、残高1米，外侧呈斜坡状，堆积有淡黄淤沙。河床第3～5层为河道堆积。河道北壁呈斜坡状、南壁略呈台阶状，内填淡黄、灰褐色淤沙和青灰色淤泥。河口宽33.2、河底宽14、深5.4米。南堤因部分压在公路下面，未勘探完整，第S3、S4层为南堤堆积，河内坡河口较缓，约30°，河坡向下有一段6.5米的平缓坡，然后又变陡了。已勘探宽度11、残高2.2米，外侧压于原303省道路下，混凝土、石块垫层较厚，无法勘探。

（四）15SZZ12（中山街与淮海中路交汇处）

布孔区间南北长140米，在中山街与淮海中路交汇处（图3-2-18）。

1. 北堤

主要位于探排的北部。

第N1层：浅褐色杂填土。厚1～1.8米。土质稍硬，含砖渣，包含现代杂物。

第N2层：深褐色填土。距地表3.6～5.6、厚1.58～4.2米。土质稍硬，含砖渣。

第N3层：浅黄色填土。距地表4.73～7、厚0.31～4.23米。土质较硬，含砖渣。

第N4层：浅褐色淤泥。距地表5.15～7、厚0.27～1.54米。土质松软，无包含物。

第N5层：黑褐色土。距地表5.58～8.6、厚0.5～0.6米。土质致密，较硬。

2. 河道

第1层：浅褐色表土层。厚1.54～2.5米。土质松散，包含现代杂物。

第2层：深褐色土。深1.62～3.85、厚0～1.35米。土质松散，无包含物。

第3层：淡黄色细沙。1.62～3.2、厚0～0.85米。土质松软，无包含物。

第4层：深褐色淤泥。深1.8～4.35、厚0.5～2米。土质松软，无包含物。

第5层：灰褐色细沙。深1.77～4.23、厚0～1.15米。土质疏松，有瓷片。

第6层：灰褐色细沙。深3.5～6.54、厚0～2米。土质疏松，有瓷片。

第7层：黑褐色淤泥。深5.77～7.5、厚0～1.65米。土质软。

3. 南堤

第S1层：浅褐色杂填土。厚1.15～1.95米。土质疏松，含零星灰烬。

第S2层：淡黄色沙土。深1.77～2.85、厚0.3～1.73米。土质较松，无含物。

第S3层：淡黄色泥土，深2～4.23、厚0～1.54米。土质较松，无包含物。

第S4层：浅褐色淤泥。深4.19～4.35、厚0～2.6米。土质较松，无包含物。

第S5层：黑褐色自然土层。深5～6、厚0.6～2.3米。土质较硬，无包含物。

总结：该段运河开口于第1层下，开口距地表1～2.5米。运河主体位于中山街的南侧，北堤在探排北部，勘探比较完整，第N2～N5层是河堤堆积，河堤外侧上部浅褐色和深褐色土无明显分界，下部呈斜坡状，堆积有深褐色土。河堤内坡缓，约40°。堤顶宽61.5、残高4.1～6.2米。河床南、北两壁均呈斜坡状，内填深褐色土、淡黄色与灰褐色淤沙，浅褐色与深褐色、黑褐色

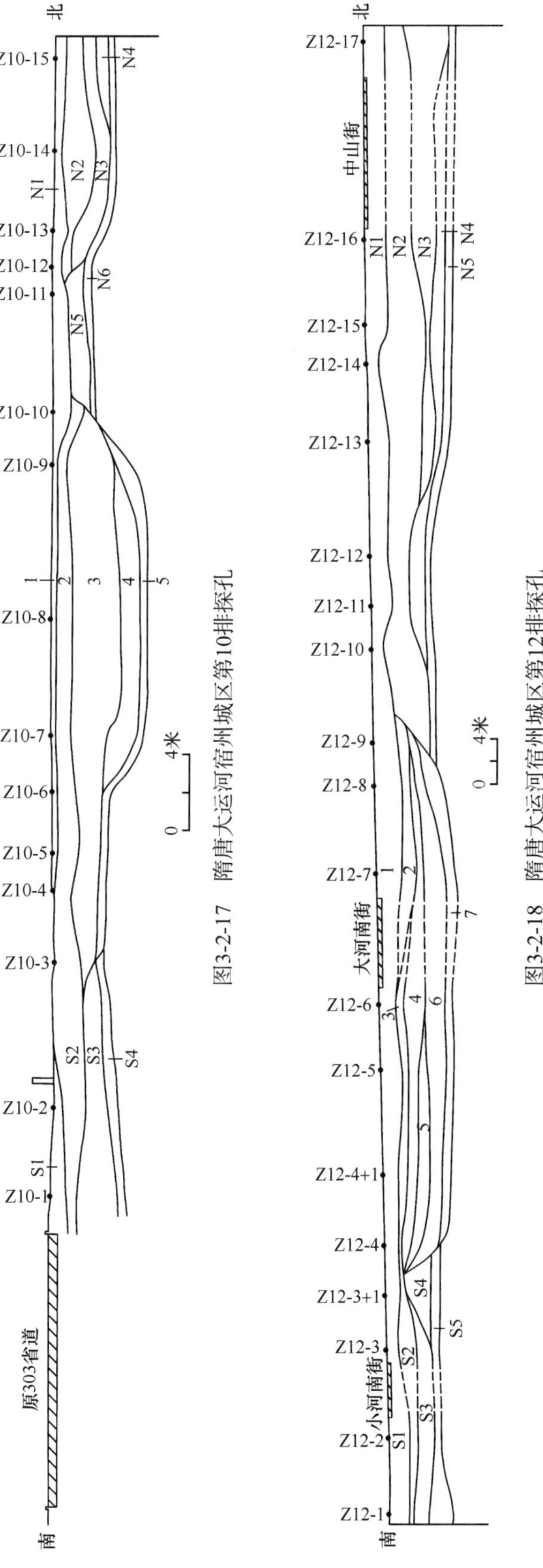

图3-2-17　隋唐大运河宿州城区第10排探孔

图3-2-18　隋唐大运河宿州城区第12排探孔

淤泥，河口宽51、河底宽37、深7.5米。南堤为褐色淤土和黑色泥土组成，第S3～S5层为南堤堆积，河内坡陡，约55°。宽7、残高2.5米，外侧呈斜坡状，堆积有淡黄色淤沙和淤泥。

（五）15SZZ16（东关大街与港口路交汇处）

布孔区间南北长101.7米，南部在东关大街与港口路交汇处西侧，北部在东关大街与港口路交汇处西北侧（图3-2-19）。

1. 北堤

第N1层：浅褐色杂填土。厚1～1.53米。土质稍硬，含石子、白灰。

第N2层：淡黄色沙土。深1.4～2.5、厚0～1米。土质松散，无包含物。

第N3层：浅褐色沙土。深1.5～2.68、厚0～1.1米。土质较硬，含砖块、石子。

第N4层：黑褐色淤土。深1.63～1.8、厚0.25～0.65米。土质较硬，无包含物。

2. 河道

第1层：浅褐色杂填土。厚1～1.78米。土质较松，砖块、石子。

第2层：淡黄色细沙土。距地表1.1～2.86、厚0～1.75米。土质疏松，含零星灰烬。

第3层：浅黄色沙土。距地表1.45～3.75、厚0～1米。土质疏松。

第4层：浅褐色沙土。距地表1.17～3.32、厚0～1.1米。土质疏松。含零星灰烬。

第5层：灰褐色沙土。距地表3.38～3.75、厚0～1.1米。土质疏松。含零星灰烬。

第6层：黑褐色淤泥。距地表1.5～4.6、厚0～1.65米。土质略硬。

3. 南河堤外侧堆积

第S1层：浅褐色杂填土。厚0～0.68米。土质较松，砖块、石子。

第S2层：浅黄色沙土。深1～1.78、厚0～0.95米。土质较硬，无包含物。

第S3层：黑褐色淤土。深1.26～2.3、厚0.4～0.62米。土质较硬，无包含物。

总结：该段运河开口于第1层下，开口距地表1～1.7米。运河主体位于东关大街北侧。北堤在探排北部，勘探比较完整，第N2～N4层是河堤堆积，为黑褐色淤土，外侧堆积有淡黄色和浅褐色沙土，呈斜坡状，河内坡陡，约45°。宽30.5、残高0.65米。河床南、北壁均呈斜坡状，河口宽21、河底宽13、深4.6米。第S3层为南堤堆积，黑褐色生土，外侧呈斜坡状，堆积有淡黄色沙土。河内坡较陡，约55°，宽约14.2、残高0.62米。

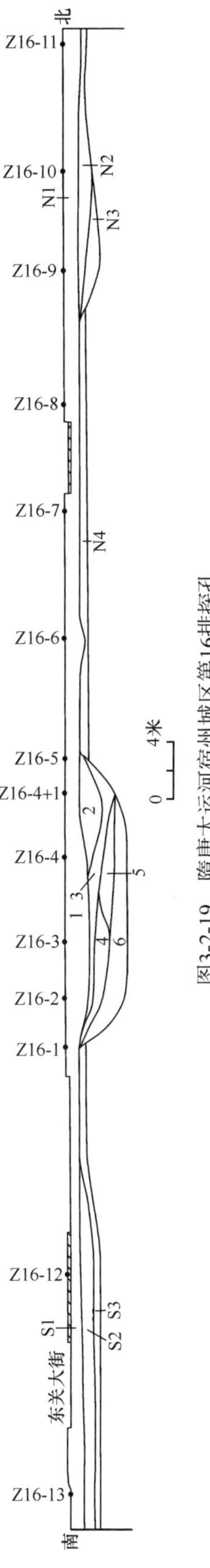

图3-2-19　隋唐大运河宿州城区第16排探孔

第三节　隋唐大运河遗址灵璧段考古勘探

大运河遗址灵璧段自宿州市埇桥区大店镇入境，经灵璧娄庄镇、灵城镇穿城而过，经虞姬镇进入泗县界，全程47千米。2013年完成了灵璧段的运河遗址考古勘探，后期又有零星的几次考古勘探，共计12处勘探点（图3-3-1），基本把灵璧段的运河遗址堆积掌握清楚了。下面进行详细报告。

（一）13LBZ1（娄庄镇张桥村）

第1排钻探，共布11个探孔，全长81米，主要分布在原303省道北侧（图3-3-2）。

1. 北堤

第N1层：浅褐色农耕层。距地表0～0.2、厚0～0.2米。土质杂乱，较为疏松，内含较多植物根系。

第N2层：深褐色土。距离原303省道的较远，全部在原303省道北侧。距地表0.25～1.4、厚0.1～1.2米。较为纯净，土质较为疏松，未发现包含物。

第N3层：深黄色土，主要分布于探排的北侧，河堤外坡。距地表0.6～1.7、厚0～1.3米。土质较纯净，疏松。

第N4层：黑褐色土，主要分布于整个河堤。距地表1.5～1.9、厚0.1～1.4米。土质致密，含有零星灰烬。是通济渠原始河堤堆土。

第N5层：深黄色黏土，主要分布于整个河堤。距地表2.4～2.8、厚0.6～0.9米。土质致密，含有料姜石，属于北堤。以下为黄褐色生土。

2. 河道

第1层：浅褐色农耕层。距地表0～0.2、厚0～0.2米。土质杂乱，较为疏松，内含较多植物根系。

第2层：深褐色土，主要分布于整个钻探区。距地表0.3～1.7、厚0～1.7米。土质疏松，为河道废弃后的土层。

第3层：黄沙。主要分布于整个河道。距地表1.5～3.9、厚0～2米。较为纯净，土质较为疏松，未发现包含物。

第4层：深黄沙淤土，主要分布于整个河道。距地表1.6～4.5、厚0.4～0.9米。土质较致密，含料姜石粒，该层较薄。

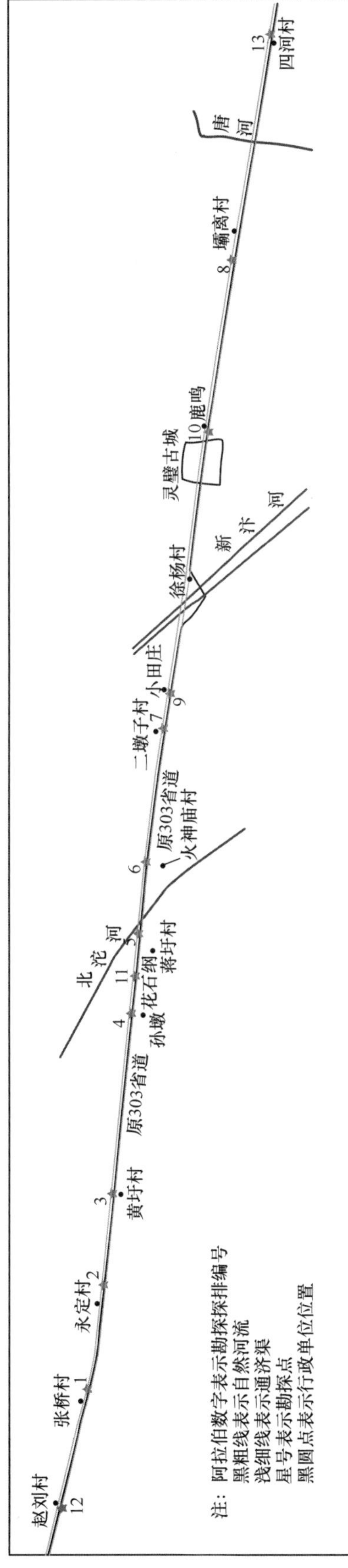

图3-3-1　隋唐大运河灵璧段沿线勘探点位置示意图

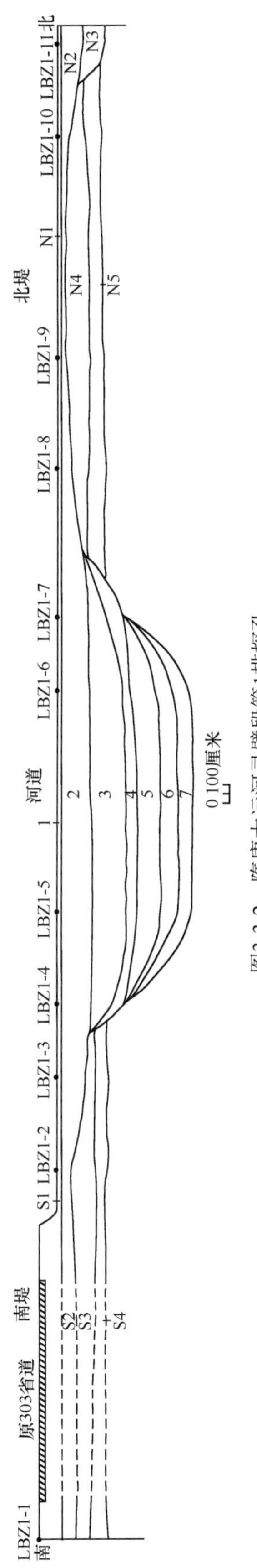

图3-3-2　隋唐大运河灵璧段第1排探孔

第5层：灰白色泛青淤土，主要分布于整个河道。距地表3.7～5.9、厚0～1.5米。土质较致密，含有零星青灰土，堆积较厚。

第6层：青沙，主要分布于整个河道。距地表3.8～6.9、厚0～1米。土质疏松，纯净。

第7层：青褐色淤土，主要分布于整个河道最底部。距地表4.2～7.7、厚0～0.8米。土质致密，含有零星灰烬。以下是黄褐色生土，较致密，含有料姜石粒。

3. 南堤

主要位于原303省道下及其北侧，在南侧未找到河堤外坡。

第S1层：浅褐色农耕层。距地表0～0.3、厚0～0.3米。土质杂乱，较为疏松，内含近现代砖瓦片及较多植物根系。

第S2层：深褐色土。分布于整个南堤，大部分被压在原303省道下。距地表0.8～2.1、厚0.5～0.9米。土质疏松，部分为公路底部垫土层。

第S3层：黑褐色黏土。分布于整个南堤，大部分被压在原303省道下。距地表2.1～3、厚0.3～1.4米，土质较为致密，含有料姜结石颗粒，含有零星灰烬。

第S4层：深黄色黏土。分布于整个南堤，大部分被压在原303省道下。距地表2.8～3.8、厚0.5～1米。土质较致密，含有料姜结石颗粒。以下为黄褐色生土。

总结：从该探排剖面可知，北堤与河道钻探得比较清楚，南堤略有模糊。北堤第N2、N3层为河堤外坡，河堤外坡较缓，坡度是45°。第N4、N5层为河堤本体堆积，河堤顶部两侧较缓，堤顶宽18～25.5、堤底宽28、高1.3～2.1米。内坡上半部分较缓，下半部分略陡，坡度30°～45°。南堤第S1、S2层为运河废弃后堆积，第S3、S4层为河堤本体堆积，河堤顶较平，其中向河道方向约7米宽的范围较低缓。因南堤外坡未找到，所以河堤顶具体宽度不明，高1.7～2.1米。南堤内坡较陡，坡度为40°～50°。河道保存比较完整，第1、2层为运河废弃堆积，第3～7层为河道淤塞的黄沙堆积。河口宽约26、深5.5～5.8米。在两岸河堤的底层并未发现与河道相关的地层堆积，可以推测出在隋至南宋时期，河道并未存在过多的变化或位移，且河道的宽度低于30米。

（二）13LBZ2（娄庄镇永定村）

第2排钻探，共布9个探孔，全长87米，主要分布在原303省道北侧，其中LBZ2-2和LBZ2-3之间大约16米因有建筑物无法勘探（图3-3-3）。

1. 北堤

第N1层：浅褐色农耕层。距地表0～0.2、厚0～0.2米。土质杂乱，较为疏松，内含较多植物根系。

第N2层：浅黄色粉沙土。距地表0.7～1.3、厚0.5～1.1米。较为纯净，土质较为疏松，未发现包含物。

第N3层：深黄色土，主要分布于北堤外侧，河堤外坡。距地表1.2～2.8、厚0～1.5米。土质较纯净，致密。

第N4层：黑褐色土，主要分布于整个河堤。距地表1.3～1.8、厚0～1.1米。土质致密，含有少量灰烬，是通济渠原始河堤堆土。

第N5层：深黄色黏土，主要分布于整个河堤。距地表1.3～2.8、厚0～1.2米。土质致密，含有料姜石。以下为黄褐色生土。

2. 河道

因勘探环境有建筑物，导致部分河道无法勘探，所以河道部分堆积不完整。

第1层：浅褐色农耕层。距地表0～0.2、厚0～0.2米。土质杂乱，较为疏松，内含较多植物根系。

第2层：浅黄色粉沙土，主要分布于整个钻探区。距地表0.8～2.1、厚0.6～1.9米。土质疏松，为河道废弃后的土层。

第3层：黄沙，主要分布于整个河道。距地表1.2～4、厚0～2.2米。较为纯净，土质较为疏松，该层较厚。

第4层：青褐色淤土，主要分布于整个河道。距地表1.5～4.5、厚0.5～1.1米。土质较致密，含零星青灰土，该层较薄。

第5层：青色沙土，主要分布于整个河道。距地表5～7.2、厚0～2.6米。土质较疏松，堆积较厚。

第6层：青灰色淤土，主要分布于整个河道最底部。距地表3.8～7.8、厚0～0.8米。土质致密，含有料姜石颗粒。以下为黄褐色生土，较致密，含有料姜石粒。

3. 南堤

主要位于原303省道下，并且部分河堤北侧因有建筑物无法勘探，所以河堤堆积相对模糊。

第S1层：深褐色农耕层。距地表0.2～1.6、厚0.2～1.6米。土质杂乱，较为疏松，内含近现代砖瓦片及较多植物根系。

第S2层：浅黄色粉沙土。分布于整个南堤，大部分被压在原303省道下。距地表0.8～2.2、厚0.7～0.8米。土质疏松。

第S3层：黑褐色黏土。分布于整个南堤，大部分被压在原303省道下。距地表1.8～3.3、厚1.0～1.1米。土质较为致密，含有零星灰烬。

第S4层：深黄色黏土。分布于整个南堤，大部分被压在原303省道下。距地表4.2～4.4、厚0.9～1米。土质较致密，含有料姜石颗粒。以下为黄褐色生土，含有料姜石颗粒。

总结：从该探排剖面可知，北堤比较清楚，河道因有阻挡，所以钻探得不全面，南堤较为模糊。在两岸河堤与河道堆积第2层的浅黄色粉沙土形成得比较奇怪，因靠地表较浅，应不是运河形成的堆积，该堆积的来源不清楚。北堤第N3层为河堤外坡，河堤外坡较缓，坡度是40°～45°。第N4、N5层为河堤本体堆积，河堤顶部较平缓，堤顶宽25.5、堤底27.8、高1.6～2米。内坡较陡，坡度75°。南堤第S1、S2层为运河废弃后堆积，第S3、S4层为河堤本体堆积，河堤顶较平。因河堤内外堤坡未找到，所以河堤顶具体宽度不明，高2.1～2.2米。河道仅探明北半部分，第1、2层为运河废弃堆积，第3～6层为河道淤塞的黄沙堆积，其中第5层的青色沙土是河道使用时的堆积，该土色是含水量丰富发生霉变导致的。已探明的河口宽约22.3、深5.5～6.3米。在两岸河堤的底层并未发现与河道相关的地层堆积，可以推测出在隋至南宋时期，河道并未存在过多的变化或位移，且河道的宽度应该在30米左右。

（三）13LBZ3（娄庄镇黄圩村）

第3排钻探，共布9个探孔，全长82米（图3-3-4）。

1. 北堤

第N1层：浅褐色农耕层。距地表0～0.25、厚0.2～0.25米。土质疏松，内含植物根系。

第N2层：浅黄色粉沙土。距地表0.2～1.25、厚0.7～1.05米。较为纯净，土质较疏松，未发现包含物。

第N3层：深黄色土。距地表1.05～2.5、厚0～1.25米。土质较纯净，疏松，未发现包含物。

第N4层：黑褐色黏土。距地表0.9～2.2、厚0～1.3米。土质较致密，内含零星灰烬。

第N5层：深黄色黏土。距地表1.9～3、厚0～0.9米。土质致密，内含料姜石粒。以下为黄褐色生土。土质致密，内含料姜石粒。

2. 河道

第1层：浅褐色农耕层。距地表0～0.25、厚0.2～0.25米。土质疏松，内含植物根系。

第2层：浅黄色粉沙土。距地表0.2～1.9、厚0～1.7米。土质较疏松，未发现包含物。

第3层：黄沙。距地表0.25～4.3、厚0～2.55米。土质较疏松，内含贝壳、残陶片。

第4层：灰白色泛青淤土。距地表0.3～5.55、厚0～1.3米。土质较纯净，致密，未发现包含物。

第5层：青褐色淤土。距地表0.3～6.75、厚0～1.35米。土质较致密，内含零星灰烬。

第6层：青灰色淤土，主要分布于探排中部。距地表2.3～8.1、厚0～1.35米。土质较致密，内含零星灰烬。以下为黄褐色生土。土质致密，内含料姜石粒。

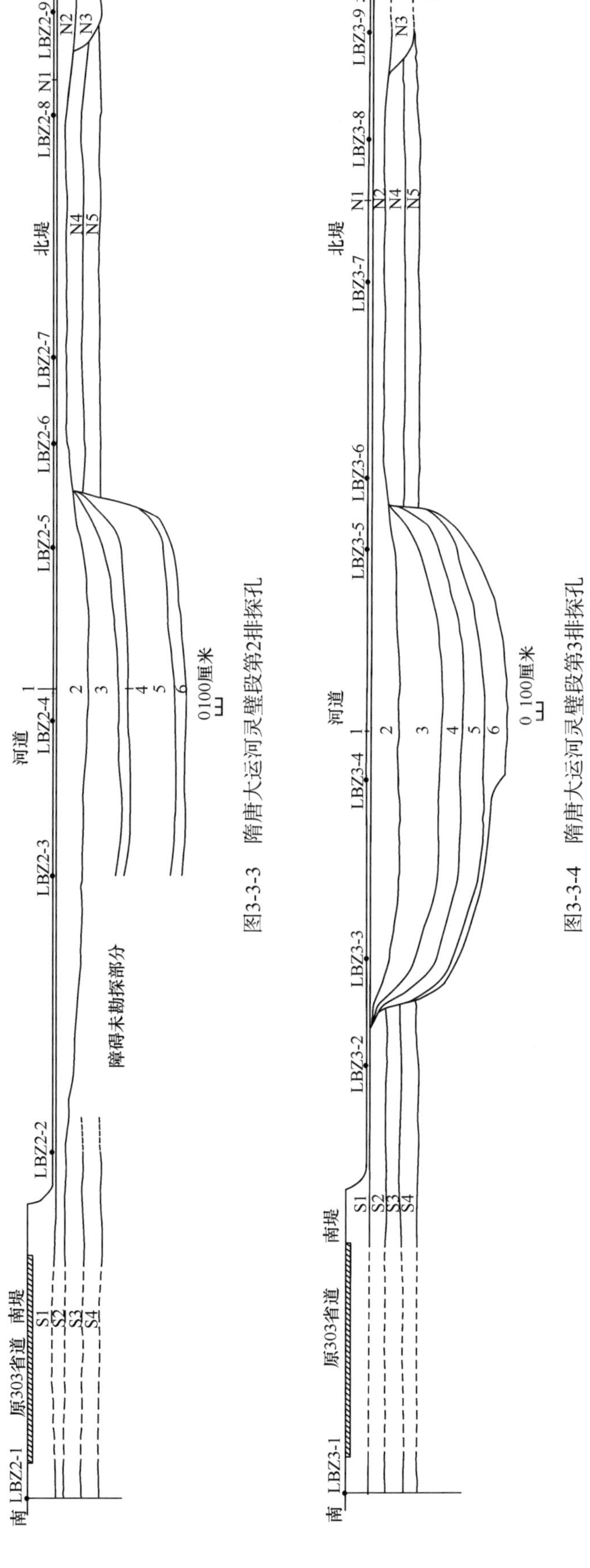

图3-3　隋唐大运河灵璧段第2排探孔

图3-4　隋唐大运河灵璧段第3排探孔

3. 南堤

第S1层：浅褐色农耕层。距地表0～1.4、厚0.2～1.4米。土质疏松，内含植物根系。

第S2层：深黄色土，主要分布于原303省道下面。距地表0～2.35、厚0～1米。土质疏松，内含白灰渣。

第S3层：黑褐色黏土。距地表1.1～3.35、厚0.7～1.05米。土质较致密，内含零星灰烬。

第S4层：深黄色黏土。距地表1.85、厚0.7～1.1米。土质致密，内含料姜石粒，属于南堤。以下为黄褐色生土。土质致密，内含料姜石粒。

总结：从该探排剖面可知，北堤与南堤略有模糊。北堤第N3层为河堤外坡。第N4、N5层为河堤本体堆积，河堤顶部两侧较缓，堤顶宽24、高1.65～2.05米。河堤外坡较缓，内坡坡度85°。南堤第S1层为运河废弃后堆积，第S2～S4层为河堤本体堆积，河堤顶较平，其中向河道方向约26米宽的范围较低缓。堤顶宽26.1、高2.8～3.1米。河堤内坡较陡直，坡度为73°。河道保存比较完整，第2、3层为运河废弃堆积，第4～6层为河道淤塞的黄沙堆积。河口宽约29.35、深6～7.8米。在两岸河堤的底层并未发现与河道相关的地层堆积，可以推测出在隋至南宋时期，河道并未存在过多的变化或位移，且河道的宽度低于30米。

（四）13LBZ4（娄庄镇孙墩村）

第4排钻探，共布11个探孔，全长74米（图3-3-5）。

1. 北堤

第N1层：浅褐色农耕层。距地表0～1.3、厚0.15～1.3米。土质疏松，内含植物根系。

第N2层：深褐色土。距地表0.15～1.65、厚0.4～1.35米。土质较疏松，未发现包含物。

第N3层：深黄色土。距地表1.25～2.6、厚0～1.3米。土质较疏松，未发现包含物。

第N4层：黑褐色黏土。距地表0.6～2.25、厚0～1.05米。土质较致密，内含零星灰烬。

第N5层：深黄色黏土。距地表1.55～2.95、厚0～1.25米。土质致密，内含料姜石粒。以下为黄褐色生土。土质致密，内含料姜石粒。

2. 河道

第1层：浅褐色农耕层。距地表0～0.2、厚0.2米。土质疏松，内含植物根系。

第2层：浅黄色粉沙土。距地表0.2～1.95、厚0～1.75米。土质较疏松，未发现包含物。

第3层：黄沙。距地表0.2～4.1、厚0～2.5米。较为纯净，土质较疏松，未发现包含物。

第4层：深黄色泛青淤土，主要分布于探排的中部。距地表0.2～5.3、厚0～1.4米。土质较致密，内含料姜石粒。

第5层：青灰色淤土，主要分布于探排中部。距地表0.2～6.6、厚0～1.35米。土质较致密，内含零星灰烬。

第6层：青褐色淤土，主要分布于探排中部。距地表5.1～7.5、厚0～0.9米。土质较致密，内含零星灰烬。以下为黄褐色生土。土质致密，内含料姜石粒。

3. 南堤

第S1层：浅褐色农耕层。距地表0～0.2、厚0.2米。土质疏松，内含植物根系。

第S2层：红褐色土。距地表0.2～0.9、厚0～0.7米。土质较致密，内含细沙土。

第S3层：黑褐色黏土。主要分布于原303省道的北侧，南侧有少量分布。距地表0.65～1.85、厚0～1.05米。土质较致密，内含零星灰烬。

第S4层：深黄色黏土。距地表1.7～3、厚0～1.2米。土质致密，内含料姜石粒。以下为黄褐色生土。土质致密，内含料姜石粒。

总结：从该探排剖面可知，北堤与河道钻探得比较清楚，南堤略有模糊。北堤第N3层为河堤外坡。第N4、N5层为河堤本体堆积，河堤顶部两侧较缓，堤顶宽29.2、高1.3～2.1米。河堤外坡较缓，坡度是40°，内坡坡度60°～70°。南堤第S1、S2层为运河废弃后堆积，第S3、S4层为河堤本体堆积，河堤顶较平，其中向河道方向约13米宽的范围较平缓。因南堤外坡未找到，所以河堤顶具体宽度不明，高2～2.2米。河堤内坡较陡，坡度为60°。河道保存比较完整，第1、2层为运河废弃堆积，第3～6层为河道淤塞的黄沙堆积。河口宽约30.5、深5.25～6.8米。在两岸河堤的底层并未发现与河道相关的地层堆积，可以推测出在隋至南宋时期，河道并未存在过多的变化或位移，且河道的宽度仅30米或低于30米。

（五）13LBZ5（娄庄镇蒋圩村）

第5排钻探，共布8个探孔，全长68米（图3-3-6）。

1. 北堤

第N1层：浅褐色农耕层。距地表0～0.2、厚0.2米。土质疏松，内含植物根系。

第N2层：深褐色土。距地表0.2～1.65、厚1.15～1.45米。土质较致密，未发现包含物。

第N3层：深黄色土。距地表1.65～3、厚0～1.35米。土质较致密，内含少量料姜石粒。

第N4层：黑褐色黏土。距地表1.35～2.45、厚0～1.1米。土质致密，内含零星灰烬。

第N5层：深黄色黏土。距地表1.65～3.25、厚0～0.9米。土质致密，内含料姜石粒。以下为黄褐色生土。土质致密，内含料姜石粒。

2. 河道

第1层：浅褐色农耕层。距地表0～0.2、厚0.15～0.2米。土质疏松，内含植物根系。

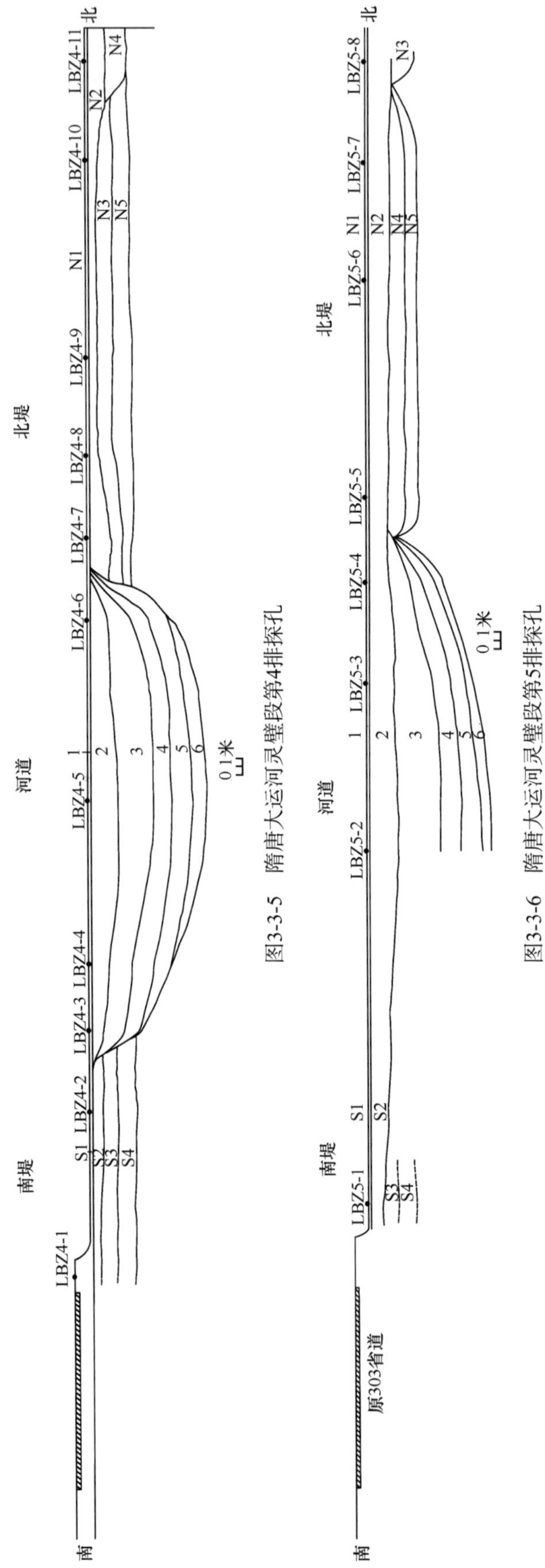

图3-3-5　隋唐大运河灵璧段第4排探孔

图3-3-6　隋唐大运河灵璧段第5排探孔

第2层：深褐色土。距地表0.15～1.9、厚1.1～1.75米。土质疏松，未发现包含物。

第3层：黄沙层。距地表1.3～4.45、厚0～2.55米。土质疏松，未发现包含物。

第4层：灰白色泛青淤土。距地表1.65～5.7、厚0～1.25米。土质致密，内含料姜石粒。

第5层：青灰色淤土。距地表1.65～7、厚0～1.3米。土质较致密，未发现包含物。

第6层：青褐色淤土。距地表1.65～7.5、厚0～0.7米。土质较致密，未发现包含物。以下为黄褐色生土，土质致密，内含料姜石粒。

3. 南堤

第S1层：浅褐色农耕层。距地表0～0.2、厚0.2米。土质疏松，内含植物根系。

第S2层：深褐色土。距地表0.2～1.05、厚0.75～0.85米。土质疏松，未发现包含物。

第S3层：黑褐色黏土。距地表1.9、厚0.85～0.95米。土质致密，内含零星灰烬。

第S4层：深黄色黏土。距地表2.95～3、厚1.05～1.1米。土质致密，内含料姜石粒。以下为黄褐色生土，土质致密，内含料姜石粒。

总结：从该探排剖面可知，北堤与河道钻探得比较清楚，南堤略有模糊。北堤第N3层为河堤外坡。第N4、N5层为河堤本体堆积，河堤顶部两侧较缓，堤顶宽26.5、高1.3～1.85米。河堤外坡较缓，坡度是40°，内坡坡度55°。南堤第S1、S2层为运河废弃后堆积，第S3、S4层为河堤本体堆积，河堤顶较平。因南堤坡未找到，所以河堤顶具体宽度不明，高1.9～2米。河堤内坡被压在原303省道下，所以内坡度不明。第1、2层为运河废弃堆积，第3～7层为河道淤塞的黄沙堆积。河道南端被压在原303省道下，勘探条件受限，现存河口宽约19.1、深5～7.5米。在两岸河堤的底层并未发现与河道相关的地层堆积，可以推测出在隋至南宋时期，河道并未存在过多的变化或位移，且河道的宽度仅为30米或低于30米。

（六）13LBZ6（沟集镇火庙村北）

第6排钻探，共布11个探孔，全长88米，主要分布在原303省道北侧，其中南堤部分被压在原303省道下，无法勘探完整，外坡未探明（图3-3-7）。

1. 北堤

第N1层：浅褐色农耕层。距地表0～0.2、厚0～0.2米。土质杂乱，较为疏松，内含较多植物根系。

第N2层：深褐色土。距地表0.9～1.5、厚0.7～1.3米。较为纯净，土质较为疏松，未发现包含物。

第N3层：深黄色土，主要分布于北堤外侧。距地表1.4～2.9、厚0～1.7米。土质致密。

第N4层：黑褐色土，主要分布于整个河堤。距地表1.4～2.4、厚0～1.3米。土质致密，含有零星灰烬，是通济渠原始河堤堆土。

第N5层：深黄色黏土，主要分布于整个河堤。距地表1.8～3、厚0～0.9米。土质致密，含有料姜石颗粒。以下为黄褐色生土，土质致密，含有料姜石颗粒。

2. 河道

该地区河道堆积比较丰富，层位划分比较多。

第1层：浅褐色农耕层。距地表0～0.2、厚0～0.2米。土质杂乱，较为疏松，内含较多植物根系。

第2层：深褐色土，主要分布于整个钻探区。距地表0.8～1.9、厚0.5～1.7米。土质疏松，为河道废弃后的土层。

第3层：浅黄色粉沙土，分布于河道南侧。距地表0.9～1.6、厚0～0.8米。土质疏松。

第4层：黄沙。主要分布于整个河道。距地表1～4.3、厚0～2.4米。较为纯净，土质较为疏松，该层较厚。

第5层：灰白色泛青土，主要分布于整个河道。距地表1～5、厚0～0.9米。土质较致密，含有料姜石颗粒，该层较薄。

第6层：深黄色淤土，主要分布于整个河道。距地表1.3～5.8、厚0～0.9米。土质致密，含有青灰点，该层较薄。

第7层：青褐色淤土，主要分布于整个河道。距地表1.4～6.6、厚0～1米。土质较致密，含零星灰烬，该层较薄。

第8层：青灰色淤土，主要分布于整个河道。距地表1.5～7.7、厚0～1.1米。土质较致密，该层较薄。以下为黄褐色生土，土质较致密，含有料姜石颗粒。

3. 南堤

主要位于原303省道下，河堤外坡未探明。

第S1层：深褐色农耕层。距地表0.2～1.6、厚0.2～1.6米。土质杂乱，较为疏松，内含近现代砖瓦片及较多植物根系。

第S2层：深褐色土。分布于整个南堤，大部分被压在原303省道下。距地表0.8～1.8、厚0.4～0.8米。土质疏松。

第S3层：黑褐色黏土。分布于整个南堤，大部分被压在原303省道下。距地表1.2～3.2、厚0.8～1.5米。土质较为致密，含有零星灰烬。

第S4层：深黄色黏土。分布于整个南堤，大部分被压在原303省道下。距地表1.5～4.4、厚0.9～1米。土质较致密，含有料姜石颗粒。以下为黄褐色生土，含有料姜石颗粒。

总结：从该探排剖面可知，北堤与河道钻探得比较清楚，南堤勘探不完整。河道堆积第3层是浅黄色粉沙层，但分布范围较小。北堤第N1、N2层为运河废弃堆积，第N3层为河堤外坡堆积，河堤外坡较缓，坡度是25°左右。第N4、N5层为河堤本体堆积，河堤顶部较平缓，堤顶宽29、堤底32、高1.4～2.1米。内坡较陡，坡度50°左右。南堤第S1、S2层为运河废弃后堆积，第S3、S4层为河堤本体堆积，河堤顶较平。因河堤外堤坡未找到，所以河堤顶具体宽度不明，已探明宽度为22米，高1.8～2.1米。内坡略陡，为50°～55°。河道勘探比较完整，第1～3层为运河废弃堆积，第4～8层为河道淤塞的黄沙堆积。已探明的河口宽约33.5、最深6.8米。在两岸河堤的底层并未发现与河道相关的地层堆积，可以推测出在隋至南宋时期，河道并未存在过多的变化或位移。

（七）13LBZ7（灵城镇二墩子村南）

第7排钻探，共布18个探孔，全长60米。主要分布在原303省道北侧，其中南堤部分压在原303省道下，无法勘探完整，外坡未探明，北堤勘探完整（图3-3-8）。

1. 北堤

第N1层：垫土。距地表0～0.3、厚约0.3米。土呈浅灰色，土质疏松，土层堆积较为平坦。包含现代垃圾、植物根茎。

第N2层：杂土。距地表0.3～0.8、厚约0.5米。土呈灰黄色，土质略硬。包含较少草木灰及根须。

第N3层：沙土。距地表0.8～1.8、厚约1米。土呈黄色，土质较疏松。土层堆积较为平坦，包含少量瓷片。

以下为灰黄色生土，土质较硬。

2. 河道

第1层：垫土。路基垫土厚约1.5米。

第2层：灰色土。距地表1.5～2、厚0.5米。土质有黏性，略硬。地层堆积较为平坦，包含大量小螺蛳壳及较少瓷片。

第3层：沙土。据地表2～3、厚0～1米。土呈黄色，较疏松。包含较少瓷片、蚌壳、草木灰以及沙砾。

第4层：淤泥。距地表3～3.8、厚为0.8米。土呈灰黑色，较松软。包含草木灰以及沙砾及少量瓷片。

第5层：灰黄色沙土。距地表3.8～4.5、厚0.7米。土质疏松，无包含物。以下土质坚硬，为致密料姜石，推断为运河底部。

总结：北堤的地层未勘探出来，但形状已经确定，北堤宽6～10米，残存高度约5米；第N2、N3为北堤外堆积。第2～5层为河道内堆积，最大深度约5米。其中，河床河口宽37～41米；主河床河底宽14～17米，次河床河底宽23～24米。南堤被压在原303省道下面，硬化路面无法钻探。

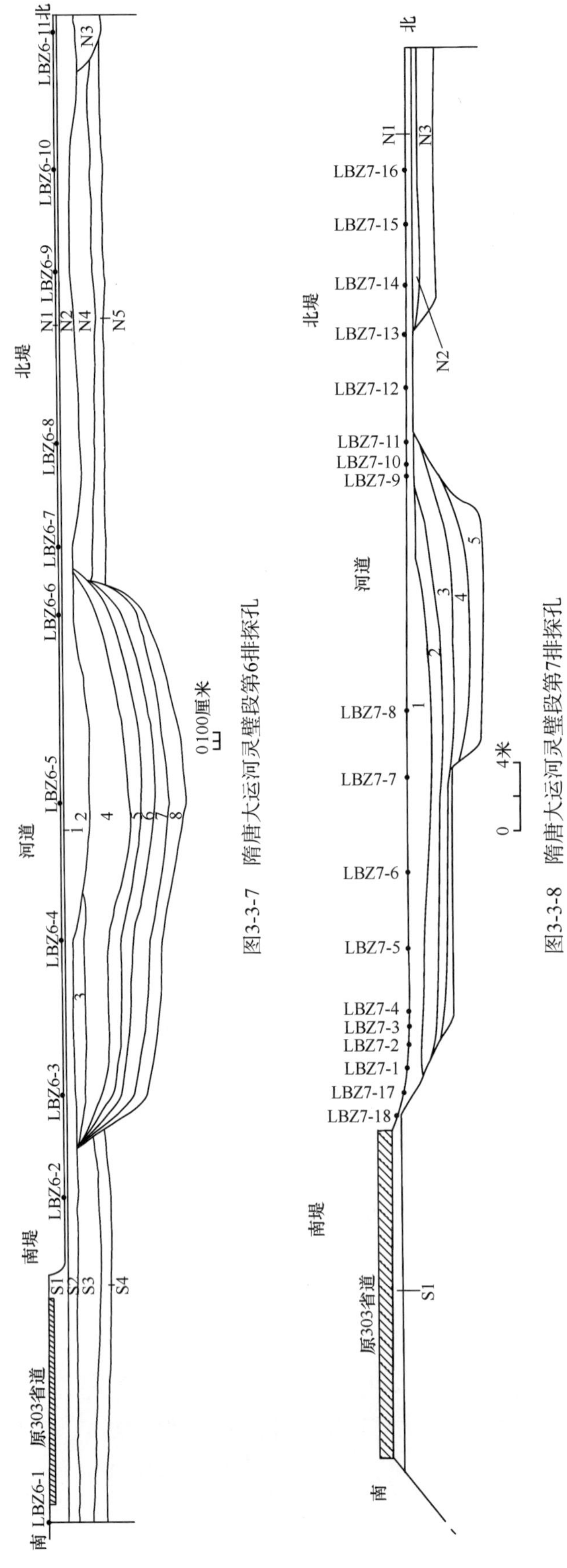

图3-3-7　隋唐大运河灵璧段第6排探孔

图3-3-8　隋唐大运河灵璧段第7排探孔

（八）13LBZ8（灵城镇壩离村西）

第8排钻探，共布9个探孔，全长60米，主要分布在原303省道北侧，其中南堤部分被压在原303省道下，北堤北侧因阻挡，外坡无法勘探（图3-3-9）。

1. 北堤

第N1层：浅褐色农耕层。距地表0～0.2、厚0～0.2米。土质杂乱，较为疏松，内含较多植物根系。

第N2层：浅黄色粉沙土。距地表1.3～1.5、厚1～1.3米。较为纯净，土质较为疏松。

第N3层：深黄色黏土，主要分布于整个河堤。距地表2.5、厚1～1.2米。土质致密，含有料姜石颗粒，是通济渠原始河堤堆土。

第N4层：黑褐色土，主要分布于整个河堤。距地表3.1～3.3、厚0.5～0.8米。土质致密，含有零星灰烬，是通济渠原始河堤堆土。以下为黄褐色生土，土质致密，含有料姜石颗粒。

2. 河道

河道比较完整，该地区河道堆积比较丰富，层位划分比较多。

第1层：浅褐色农耕层。距地表0～0.2、厚0～0.2米。土质杂乱，较为疏松，内含较多植物根系。

第2层：浅黄色粉沙土，分布于整个河道。距地表1.2～1.3、厚0.9～1.2米。土质疏松。

第3层：黄沙。主要分布于整个河道。距地表1.3～4.1、厚0～2.8米。较为纯净，土质较为疏松，含有残贝壳，该层较厚。

第4层：深黄色淤土，主要分布于整个河道。距地表1.3～5、厚0～0.9米。土质较致密，该层较薄。

第5层：灰白色泛青淤土，主要分布于整个河道。距地表1.5～5.7、厚0～0.8米。土质致密，含有零星青灰土和料姜石颗粒，该层较薄。

第6层：青灰色淤土，主要分布于整个河道。距地表3.2～6.6、厚0～0.9米。土质较致密，该层较薄。

第7层：青褐色淤土，主要分布于北半河道。距地表3.6～7.2、厚0～0.7米。土质较致密，含零星灰烬，该层较薄。以下为黄褐色生土，较致密，含有料姜石粒。

3. 南堤

部分位于原303省道下，河堤外坡未探明。

第S1层：深褐色农耕层。距地表0.2～0.2、厚0.2～0.2米。土质杂乱，较为疏松，内含近现代砖瓦片及较多植物根系。

第S2层：浅黄色粉沙土，分布于整个河道。距地表1.3～1.4、厚1.1～1.2米。土质疏松。

第S3层：深黄色黏土。分布于南堤北半部分。距地表2.6～2.7、厚1.2～1.4米。土质较为致密，含有料姜石颗粒。

第S4层：深褐色黏土。分布于南堤北半部分。距地表3.5～3.7、厚0.9～1米。土质较致密，含有料姜石颗粒。以下为黄褐色生土，含有料姜石颗粒。

总结：从该探排剖面可知，仅河道钻探得比较清楚，两岸河堤因勘探条件受限，数据不完整。北堤第N1层为运河废弃堆积，第2层为粉沙土，应为废弃堆积。第N3、N4层为河堤本体堆积，河堤顶部较平缓，已探得堤顶宽23.5、堤底25、高1.6～1.8米，河堤内坡较缓，坡度为30°～40°。南堤第S1、S2层为运河废弃后堆积，第S3、S4层为河堤本体堆积，河堤顶较平。因河堤勘探不完全，所以河堤顶具体宽度不明，已探得堤顶宽度为6.5、堤底为8、高2.1～2.4米。内坡略缓，坡度为40°。河道勘探比较完整，第1、2层为运河废弃堆积，第3～7层为河道淤塞的黄沙堆积。已探明的河口宽约29、深4.2～5.9米。在两岸河堤的底层并未发现与河道相关的地层堆积，可以推测出在隋至南宋时期，河道并未存在过多的变化或位移。

（九）13LBZ9（灵城镇小田庄村）

第9排钻探，共布探孔30个，全长56米（图3-3-10）。

1. 北河堤及堤外堆积

主要分布在探排的北部。

第N1层（同第1层）：现代耕土及施工垫土堆积。厚0.3米。土质杂乱，较硬，灰黄色，包含少量砖杂、瓷片。

第N2层：深灰土。距地表约0.3、厚约1米。土色呈深灰色，土质较硬，包含少量料姜石颗粒。

第N3层：灰黄色土。距地表约1.3、厚约0.8米。土色呈灰黄色，土质较硬，较纯净，无包含物。

第N4层：浅黄色土。距地表0.3～1.1、厚0～0.8米。土质较硬，包含少量料姜石颗粒。

第N5层：姜黄色土。距地表1.1～1.4、厚0～1米。土质疏松，包含少量料姜石颗粒和黑色黏土块。以下为灰黄色生土，土质较硬，较纯净。

2. 河道内地层堆积

分布在探排的南部。

第1层：现代耕土及施工垫土堆积。厚0.3米。土质杂乱，较硬，灰黄色，包含少量砖杂、瓷片。

第2层：浅灰色土。距地表约0.3、厚约1米。土质较硬，土色浅灰色。包含沙姜石颗粒。

第3层：灰黄色沙土。距地表约1.3、厚约0.5米。泥质沙层，较松软，沙层细腻，沙层呈灰

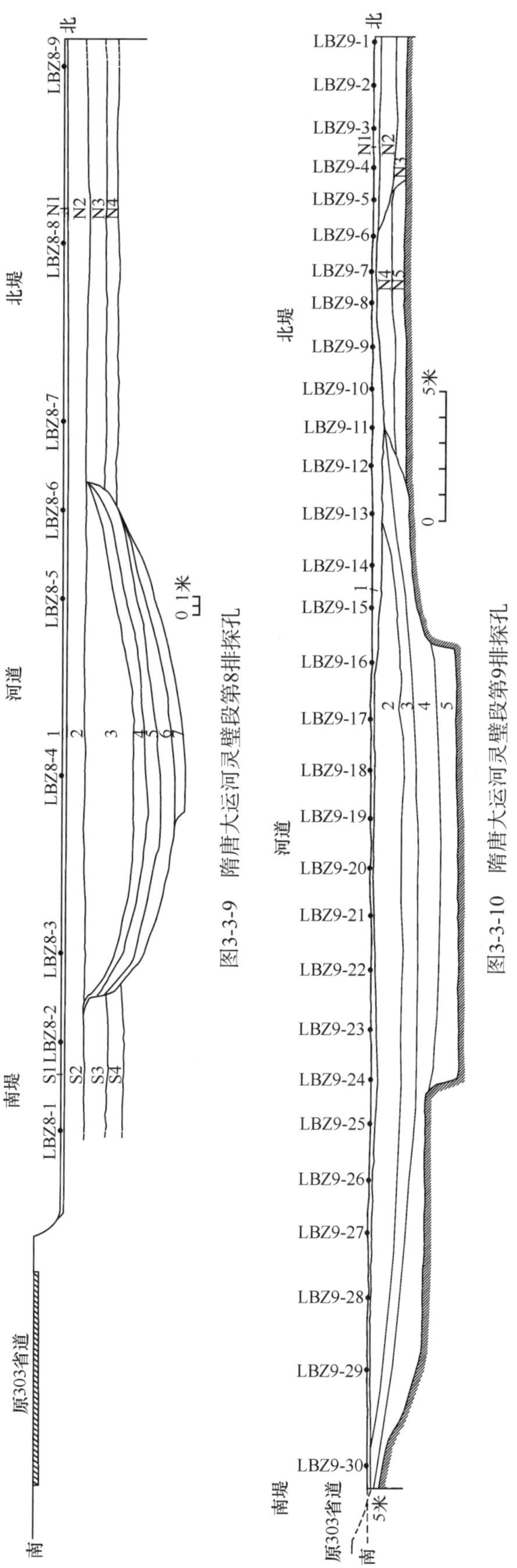

图3-3-9　隋唐大运河灵璧段第8排探孔

图3-3-10　隋唐大运河灵璧段第9排探孔

黄色。包含有少量瓷片。

第4层：青沙。距地表约1.8、厚约1米。沙质细腻疏松，沙层呈青色。包含少量碎瓷片。

第5层：灰褐色泥沙积层。距地表约2.8、厚约0.9厘米。土质较疏松，包含较多灰黑色粗料姜石颗粒、瓷片。以下为姜黄色生土，黏度大，较硬，内含料姜石颗粒。

总结：从该探排剖面可知，北堤与河道钻探得比较清楚，南堤因原303省道阻挡，无法勘探。北堤第N1层为运河废弃堆积，第N2、N3层为北堤外堆积。第N4、N5层为北堤堆积，厚约1.1、上部宽约6米。河堤内坡较缓，坡度为25°。河道勘探比较完整，第1、2层为运河废弃堆积，第3～5层为河道淤塞的黄沙堆积。已探明早期河口宽约40、河底宽约17米。从勘探图可以看出，河道存在主次河道，在两岸河堤的底层并未发现与河道相关的地层堆积，可以推测出在隋至南宋时期，河道并未存在过多的变化或位移。

（十）13LBZ10（灵城镇东关社区鹿鸣市场）

第10排钻探，共布25个探孔，全长130米（图3-3-11）。

1. 北堤及北堤外

勘探区域北部。

第N1层：现代垫土。距地表0～0.3、厚0.3米。土质疏松。

第N2层：黄褐色土。距地表0.3～0.6、厚0.3米。地层堆积平坦，土质松软。

第N3层：红黏土。距地表0.6～0.9、厚0.3米。土质疏松。

第N4层：浅黄色淤沙。距地表0.9～1.3、厚0.4米。地层堆积平坦，土质较硬。以下为黄褐色生土，含料姜石。

2. 河道内堆积

第1层：现代垫土。距地表0～0.8、厚0.8米。基本为建筑废弃物。

第2层：黄褐色土。距地表0.8～1.2、厚0.4米。土质疏松，含晚期及近代的一些青花瓷片。

第3层：浅黄褐色土。距地表1.2～2.2、厚0.2～1米。地层由南向北倾斜，土质稍硬。无包含物。

第4层：浅黄色粉沙土。距地表2.2～2.8、厚0.6米。土质疏松，含碎瓷片。

第5层：红黏土。距地表2.8～3.2、厚0.4米。土质疏松，无包含物。

第6层：黄色淤沙土。距地表3.2～3.8、厚0.6米。沙结构较疏松，含碎瓷片。以下为黄褐色生土。

3. 南堤

勘探区域最南部。

第S1层：现代垫土。距地表0～0.8、厚0.8米。主要是一些建筑废弃物。以下为黄褐色生土，含料姜石。

总结：从该探排剖面可知，北堤与河道钻探得比较清楚，南堤仅勘探局部，无法了解全貌。北堤第N1层为运河废弃堆积，第N2～N4层为北堤外堆积，现存的早期北堤上部宽约4、厚0.92米，河堤的地层堆积特征较为明显，土质坚硬，含有料姜石颗粒及深褐色淤土。河堤内坡较缓，坡度为22°。南堤因压在解放路之下，不具备勘探条件，因此未做勘探。河道勘探比较完整，第1、2层为运河废弃堆积，第3～6层为河道淤塞的黄沙堆积。已探明古运河河口宽约33、河底宽为20米，靠南侧有次河道，深度为4米。在两岸河堤的底层并未发现与河道相关的地层堆积，可以推测出在隋至南宋时期，河道并未存在过多的变化或位移。

（十一）13LBZ11（花石纲运河遗址）

第11排钻探，共布32个探孔，全长100米。位于娄庄镇孙墩村东北方向，紧邻原303省道北部（图3-3-12）。

1. 北堤

第N1层：耕土层。距地表0～0.14、厚0.14米。

第N2层：淤沙。距地表0.4～2.6、厚0.2～1.8米。黄沙淤积形成。

第N3层：淤沙。距地表0.7～3.5、厚0.3～1.7米。灰沙淤积形成。3.5米以下为自然形成的浅黄色土层。

2. 河道

第1层：耕土层。距地表0.25～0.7、厚0.25～0.7米。

第2层：黑褐色沙土。距地表0.5～2.4、厚0～1.7米。个别探孔内发现碎木块。

第3层：浅黄色沙土。距地表0.3～3.15、厚0～1.15米。

第4层：深灰色沙土。距地表0.2～4.3、厚0～1.55米。

第5层：黄沙。仅探1米厚，因含水量大，无法勘探。4.7米以下为黄沙层（含水量较大，无法下铲）。

3. 南堤

第S1层：耕土层。距地表0.2～0.3、厚0.2～0.3米。

第S2层：深灰色土。距地表0.6～0.95、厚0～0.7米。淤积形成。

第S3层：灰沙土。距地表1.4～1.5、厚0.46～0.9米。淤积形成。

第S4层：灰黄色次生土。距地表2～2.1、厚0.4～0.6米。2.1米以下为自然形成的浅黄色土层。

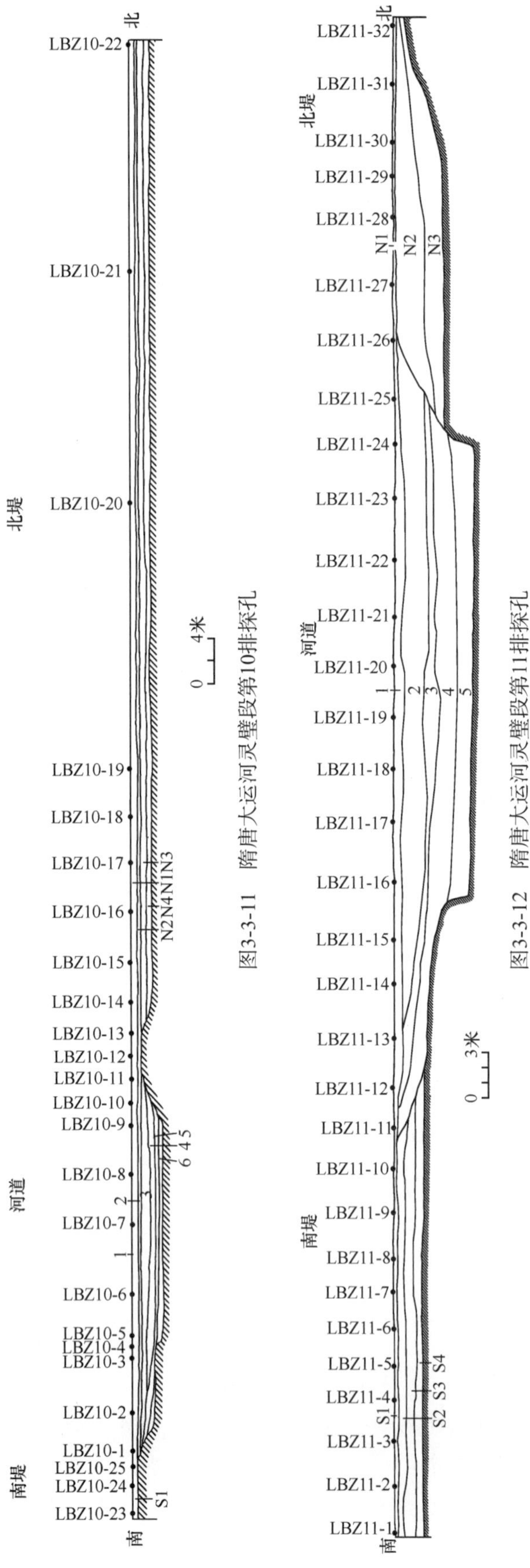

图3-3-11　隋唐大运河灵璧段第10排探孔

图3-3-12　隋唐大运河灵璧段第11排探孔

总结：北堤未勘探出，可能是长期损坏或者水土流失造成，具体宽度不明，河内坡较缓，堆积有淤沙，很可能是后期形成的。南堤勘探出长26、高1.9～2米，且南堤距公路北边18米。河道宽53米左右，具体深度不明，已探明深度约4.5米，因含水量过大，无法探到底。

（十二）LBZ12（娄庄镇蒋邓村赵刘村）

第12排钻探，共布10个探孔，全长82米（图3-3-13）。

1. 北堤

主要位于探排的北部。

第N1层：浅褐色农耕层。距地表0.2～0.3、厚0.2～0.3米。土质松散，内含大量植物根系。

第N2层：浅黄色粉沙土。距地表0.8～1.2、厚0.8～1米。土质疏松。

第N3层：深黄色黏土。距地表1.8～2.3、厚0.7～1.1米。土质疏松。

第N4层：黑褐色黏土。距地表2.8～2.9、厚0.7～1米。土质致密，含零星灰烬。以下为生土。

2. 河道

位于原303省道北部。

第1层：浅褐色农耕层。距地表0.2～0.25、厚0.2～0.25米。土质松散，为现代农耕层。

第2层：深褐色土。距地表1～1.5、厚0.8～1.3米。土质较疏松。

第3层：深黄色粉沙土。距地表1～2.1、厚0～1.1米。土质较疏松。

第4层：黄沙。距地表0.8～4.2、厚0～2.2米。土质较疏松。

第5层：灰白色泛青淤土。距地表0.8～5.6、厚0～2米。土质较致密，含有料姜石颗粒。

第6层：深黄色淤土。距地表0.8～4.3、厚0～0.7米。土质致密，含料姜石颗粒。

第7层：青沙。距地表1.6～6.6、厚0～1.1米。土质疏松。

第8层：青褐色淤土。距地表2.5～7.6、厚0～1米。土质致密，含零星灰烬。以下为生土。

3. 南堤

位于原303省道北部。

第S1层：浅褐色农耕层。距地表0.2～1.25、厚0.2～1.25米。为道路垫土。

第S2层：深褐色粉沙土。距地表0.9～1.9、厚0.6～0.7米。土质较致密，含有瓦片、灰土，土质松散，内含大量植物根系，为农耕层。

第S3层：深黄色粉沙土。距地表2.1～3.2、厚1.3～1.4米。土质致密，含料姜石颗粒。

第S4层：黑褐色黏土。距地表2.7～3.6、厚0.4～0.6米。土质致密，含零星灰烬。以下为生土。

总结：运河主体位于原303省道的北侧，北堤在探排北部，勘探比较完整，第N3、N4层是

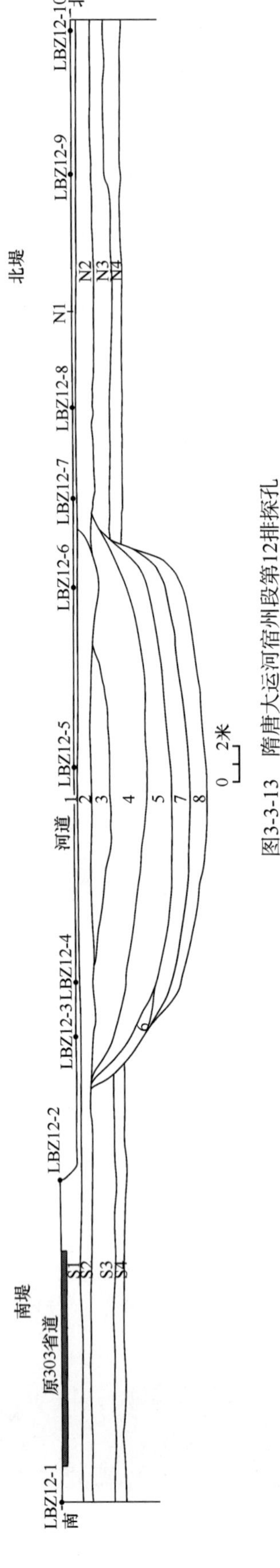

图3-3-13　隋唐大运河宿州段第12排探孔

河堤堆积，河内坡缓，约30°。堤顶宽约14.5、厚1.1～1.4米。河道堆积勘探比较完整，第4～7层为河道堆积，河道最深处距地表约7.8、河口宽约24米。南堤南半部分压在原303省道下面。第S3、S4层为河堤堆积，河内坡缓，约35°。厚1.8～1.9、探出堤顶宽约11米。

第四节　隋唐大运河遗址泗县段考古勘探

安徽运河段除泗县段运河故道有水外，其余尽皆湮没，作为安徽运河段唯一一处有水的河段，大运河泗县段故道至今仍有有水河道42千米，依然保持着较为原始的历史风貌，在隋唐大运河通济渠段具有十分重要的历史文化价值。流经地区由灵璧县虞姬入泗县境内，东经长直沟、周庄、彭铺，沿泗宿公路北侧穿城东注。当地人称城西至唐河一段为西汴河，城东一段为东汴河。东汴河经水口魏庄、枯河镇折向东南，经石集、城头至淮头入洪泽湖。

沿线勘探工作自2013年开始陆续做了很多（图3-4-1）。下面把各年的勘探情况报告如下。

（一）长沟镇四河村勘探点

位于泗县长沟镇四河村，SXZ1共布10个探孔，全长58.7米（图3-4-2）。

1. 北堤

第N1层：浅褐色耕土层。距地表0～0.25、厚0.2～0.25米。土质疏松，内含植物根系。

第N2层：深褐色土。距地表0.2～1.3、厚0.65～1.1米。土质较为疏松，未发现包含物。

第N3层：深黄色土。距地表1.15～2.8、厚0～1.7米。土质较疏松，未发现包含物。

第N4层：深黄色黏土。距地表0.85～2.2、厚0.8～1.25米。土质致密，内含料姜石粒。

第N5层：黑褐色黏土。距地表1.7～2.9、厚0.6～1米。土质致密，内含零星灰烬。以下为黄褐色生土，土质致密，内含料姜石粒。

2. 河道

第1层：浅褐色耕土层。距地表0～0.2、厚0.15～0.2米。土质疏松，内含植物根系。

第2层：深褐色土。距地表0.15～1.1、厚0.6～0.95米。土质较疏松，未发现包含物。

第3层：浅黄色粉沙土。距地表0.75～1.95、厚0～1.15米，较为纯净，土质疏松，未发现包含物。

第4层：黄沙土。距地表0.8～4.3、厚0～2.4米。土质较纯净，疏松，为河道黄沙堆积。内含残贝壳。

第5层：深黄色淤土。距地表0.8～5.1、厚0～0.9米。土质较致密，内含姜结石粒、青灰点。

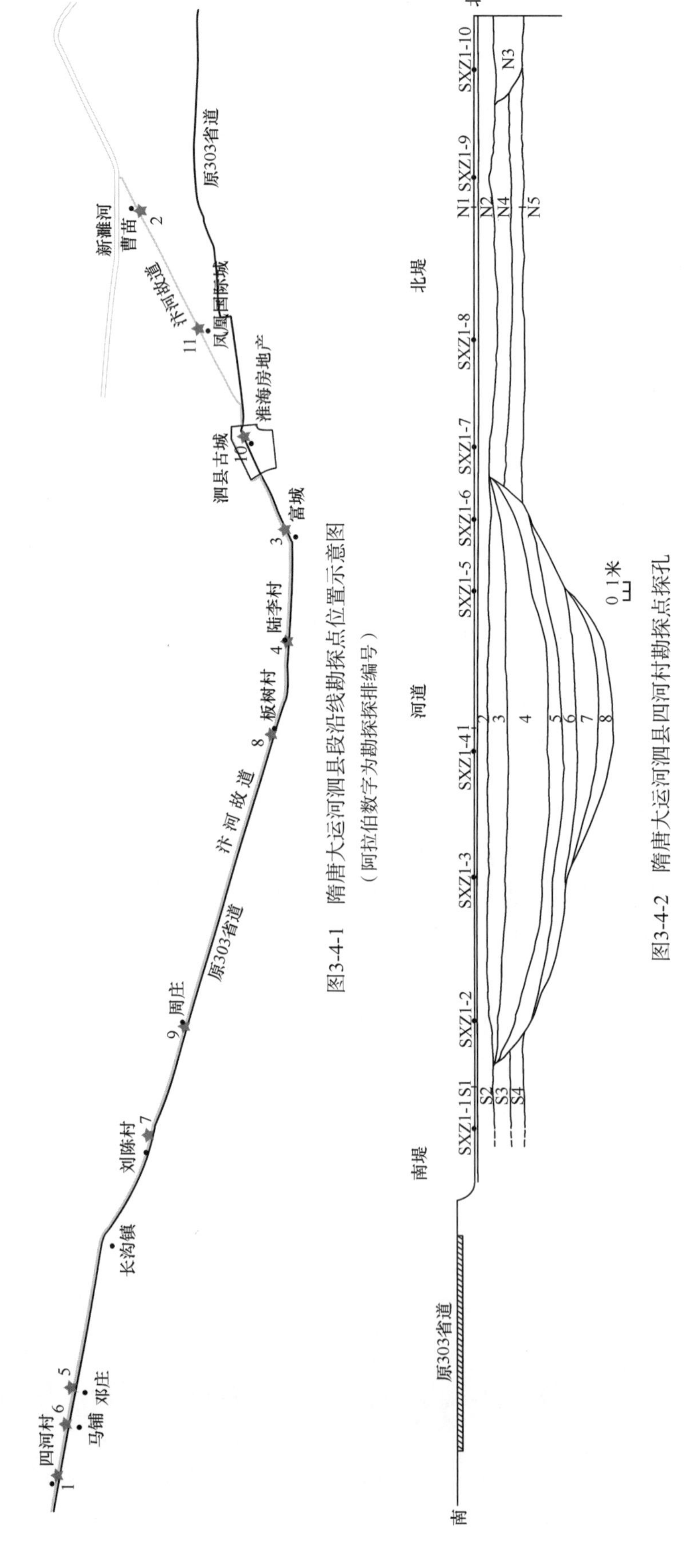

图3-4-1　隋唐大运河泗县段沿线勘探点位置示意图
（阿拉伯数字为勘探探排编号）

图3-4-2　隋唐大运河泗县四河村勘探点探孔

第6层：灰白色泛青淤土，主要分布于探排中部。距地表3.15～5.9、厚0～1.2米。土质较致密，内含料姜石粒，为河道内淤土。

第7层：青灰色淤土。距地表5.2～7.1、厚0～1.3米。土质较致密，未发现包含物。

第8层：青褐色淤土。距地表5.3～7.9、厚0～0.9米。土质较致密，内含灰烬星。以下为黄褐色生土，土质致密，内含料姜石粒。

3. 南堤

第S1层：浅褐色耕土层。距地表0～0.2、厚0.15～0.2米。土质疏松，内含植物根系。

第S2层：深褐色土。距地表0.15～1.15、厚0.9～0.95米。土质较疏松，未发现包含物。

第S3层：黑褐色黏土。距地表1.05～2.1、厚0.9～1米。土质较致密，内含零星灰烬。

第S4层：深黄色黏土。分布于探排最南部。距地表2～2.85、厚0.7～0.85米。土质致密，内含料姜石粒。以下为黄褐色生土，土质致密，内含料姜石粒。

总结：从该探排剖面可知，北堤是第N4、N5层堆积，河内坡陡，约53°。堤顶宽20.5、堤底宽24.2、高2.2米。河堤外有黄沙土，并且分布范围比较大，很可能是黄河泛滥的残余，也或者是汴河清淤翻倒上来的。南堤大部分被原303省道占压，不具备勘探条件，第S3、S4层为南堤堆积。仅勘探了南堤北半部分，具体宽度不清楚，已探明河堤宽3.5、高1.8米。河内坡陡，约45°。河道勘探完整，第1层和第2层是运河废弃堆积，第3～8层属于河道堆积。运河河口宽约32.8、深7.1米，堆积基本都是黄沙土堆积。在两岸河堤的底层并未发现与河道相关的地层堆积，可以推测在隋至南宋时期，河道并未存在过多的变化或位移。

（二）曹苗村勘探点

位于泗县开发区曹苗行政村十里井自然村东。共布20个探孔，全长62米（图3-4-3）。

1. 北堤

分布于探排的最北端。

第N1层：黑色淤泥。距地表0～1、厚1米。土质黏稠，无包含物。

第N2层：褐色粉沙土。距地表1～2、厚1米。土质较硬，无包含物。以下为黄褐色生土。

2. 河道内堆积

第1层：黑色黏土。厚0～1米。淤泥层，土质较黏。

第2A层：深褐黏土。距地表0.2、厚0～1.5米。土质较黏，含少量料姜石及螺蛳壳。

第2B层：深灰褐黏土。距地表0.4～0.5、厚0～0.5米。土质较黏，含少量料姜石及螺丝壳。

第3层：黑灰色黏土。距地表0.2～1.5、厚0～0.7米。土质较黏，含料姜石及碎瓷片。

第4层：黄褐细沙含黏土。距地表0.2～1、厚0～0.5米。斜坡状，土质疏松，含少量碎瓷片。

第5层：深灰褐夹含沙黏土。距地表1～2、厚0～0.45米。土质疏松，包含少量瓷片。以下为黄褐色生土。

3. 南堤

分布于探排的最南端。

第S1层：表土层。厚0.2～0.35米。土质疏松，包含少量瓷片、植物根茎等。

第S2层：黑褐色土。距地表0.55～0.65、厚0～0.3米。土质较硬，致密。以下为黄褐色生土。

总结：该勘探点位于有水河道，北堤底位于河道北部，第N3、N4层为北堤堆积，河堤北半部分因不具备勘探条件未勘探，仅勘探出河堤宽约4.6、高1.8米。河内坡口部坡度陡直，约77°。河道正中心勘探时正赶上河道枯水期，第2A、2B、3、4、5层为河道内堆积。现存的早期河口宽度在40米左右，深6.7米。南堤堤顶遭到一定程度的破坏，第S1和S2层是河堤堆积，河内坡较缓，从4层下算起，约21°。现存宽约11米，因破坏严重，残高0.6米。

（三）富城小区勘探点

位于泗县汴河大道路与西二环交叉路口。共布17个探孔，全长75米（图3-4-4）。

现存河道南北两侧的地层堆积情况基本一致，均在地表堆积层下有四层早期堆积，在性质上看均属于河道内堆积。现将现河道南北两的地层堆积情况分别予以描述。

1. 现河道北侧

第1层：填杂土层。距地表0.8、厚0.8米。土质疏松，包含少量瓷片。

第2层：灰黄色土。距地表0.8～2、厚0～1.1米。土质较硬，未发现包含物。

第3层：黑褐色土。距地表1.55～2.6、厚0～1米。土质疏松有黏性，包含少量的瓷片。

第4层：黄褐色沙土。距地表0.8～3.25、厚0～0.75米。土质疏松有黏性，包含少量的瓷片。

第5层：深黄色沙土。距地表0.62～3.3、厚0～0.65米。含有料姜石颗粒。以下为黄棕色生土。

2. 现河道南侧

第1层：填杂土层。距地表1.6～1.8、厚1.6～1.8米。主要是近现代的一些地层堆积，土质疏松。现存的早期河口南侧范围杂土层稍厚，杂土层下为褐色生土，含料姜石。

第2层：灰褐色土。距地表2.2～2.75、厚0.6～0.8米。土质相对较硬。无包含物。

第3层：黑褐色土。距地表2.5～3.3、厚0～1.2米。土质疏松有黏性，包含少量瓷片。

第4层：浅黑色沙土。距地表3.5～3.8、厚0.25～1.05米。土质疏松有黏性，包含少量瓷片。

第5层：灰黄色沙土。距地表3.5～4.35、厚0～0.8米。土质较硬，包含料姜石颗粒。以下

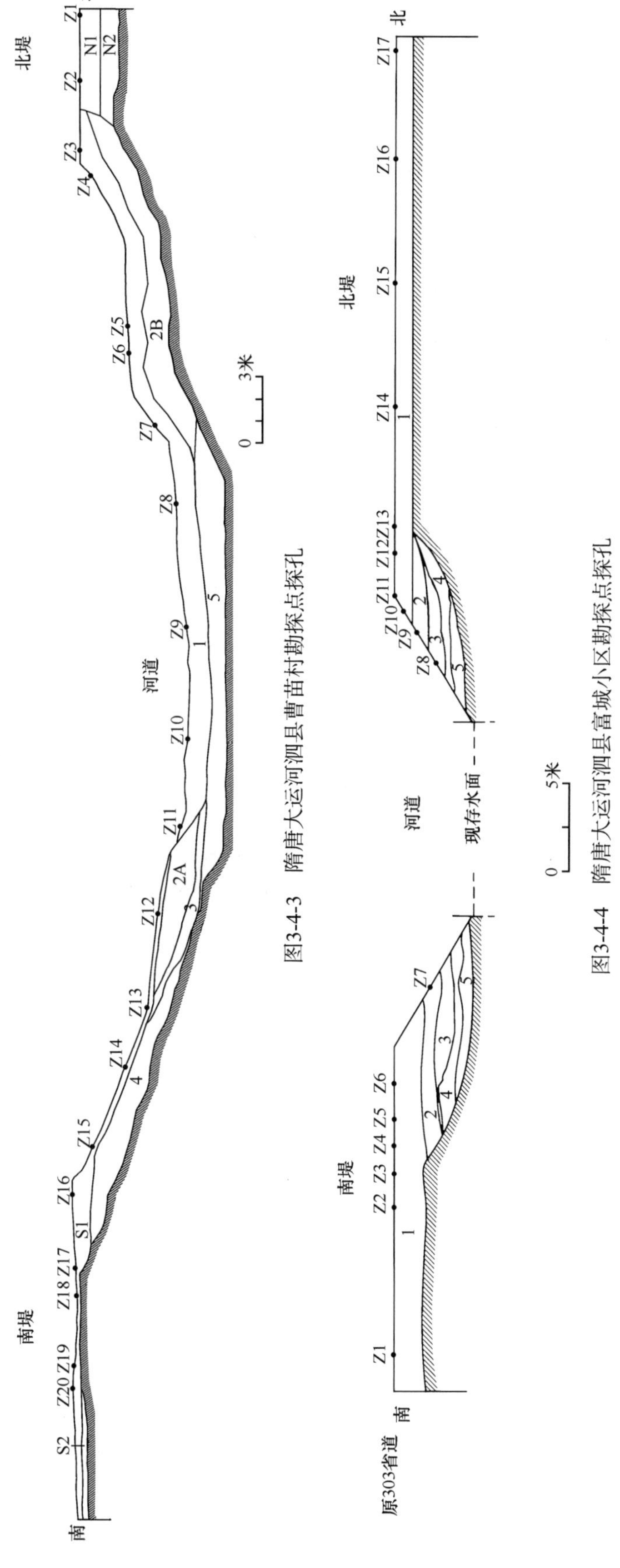

图3-4-3　隋唐大运河泗县曹苗村勘探点探孔

图3-4-4　隋唐大运河泗县富城小区勘探点探孔

为黄棕色生土。

总结：北堤的外堤坡未探出，第1层下即暴露河堤，推测河堤宽度在20米左右，高1米。现水面宽约12米，现南北河口宽27.6米。通过勘探得知，第1层为近现代堆积，范围广，覆盖整个勘探区域，第2～5层为河道内早期堆积，分布在现河道两侧。古河道河口宽35.75、深4.5～5米。南堤部分压在原303省道下面，无法勘探完全，仅勘探出一部分，现有宽度约12、高1.8米。

（四）陆李村勘探点

位于泗县泗城镇陆李村。共布17个探孔，全长62米（图3-4-5）。

勘探了两岸的河道堆积，河堤未进行勘探，由于两岸河道堆积形态一致，所以仅描述北堤。

第1层：填杂土。距地表0～0.8、厚约0.8米。土质疏松，杂乱，为近现代堆积。

第2层：灰黄色土。距地表0.8～1.6、厚0～0.8米。夹杂料姜石颗粒，疑似清淤翻土形成的堆积。

第3层：黑褐色土。距地表1.2～2.6、厚0～1米。土质相对疏松，带有黏性，包含少量陶片。

第4层：黄褐色沙土。距地表1.8～3、厚0～0.8米。土质稍疏松，包含黄褐色沙土，铁锈色颗粒。

第5层：灰黄色沙土。距地表0.8～2.8、厚0～1.2米。土质稍硬，包含料姜石颗粒。以下为黄褐色生土，含料姜石。

总结：北堤的外坡没有勘探出来，已探明的宽度约10米，内坡较缓，高度在0.8米左右。河道内堆积为第2～5层，其中第2层疑似清淤翻土形成的堆积。现存的早期河口宽约49米。早期河口距现在水面垂直深度约5米，地表距现存水面约5.8米，不含水下深度。南堤大部分压在原303省道下面，已探明的宽度为6、高度0.8米。南堤比北堤略高，可能是修建原303省道时加筑造成的。

（五）邓庄勘探点

位于泗县长沟镇汴河行政村邓庄自然村西。两岸探孔17个，分别编号，南岸探孔为SZ，北岸探孔为NZ。共布34个探孔，全长86.5米（图3-4-6）。

勘探了两岸的河道堆积，河道内现仍存在水面无法勘探，可以通过两岸河堤的河口位置判断河道宽度。

1. 北堤

分布于探排的北端。

第N1层：耕土层。距地表0～0.2、厚0.2米。土质疏松，内含植物根茎。

第N2层：深黄色淤沙。距地表0.2～2.1、厚1.7米。土质疏松。以下为黄棕色生土。

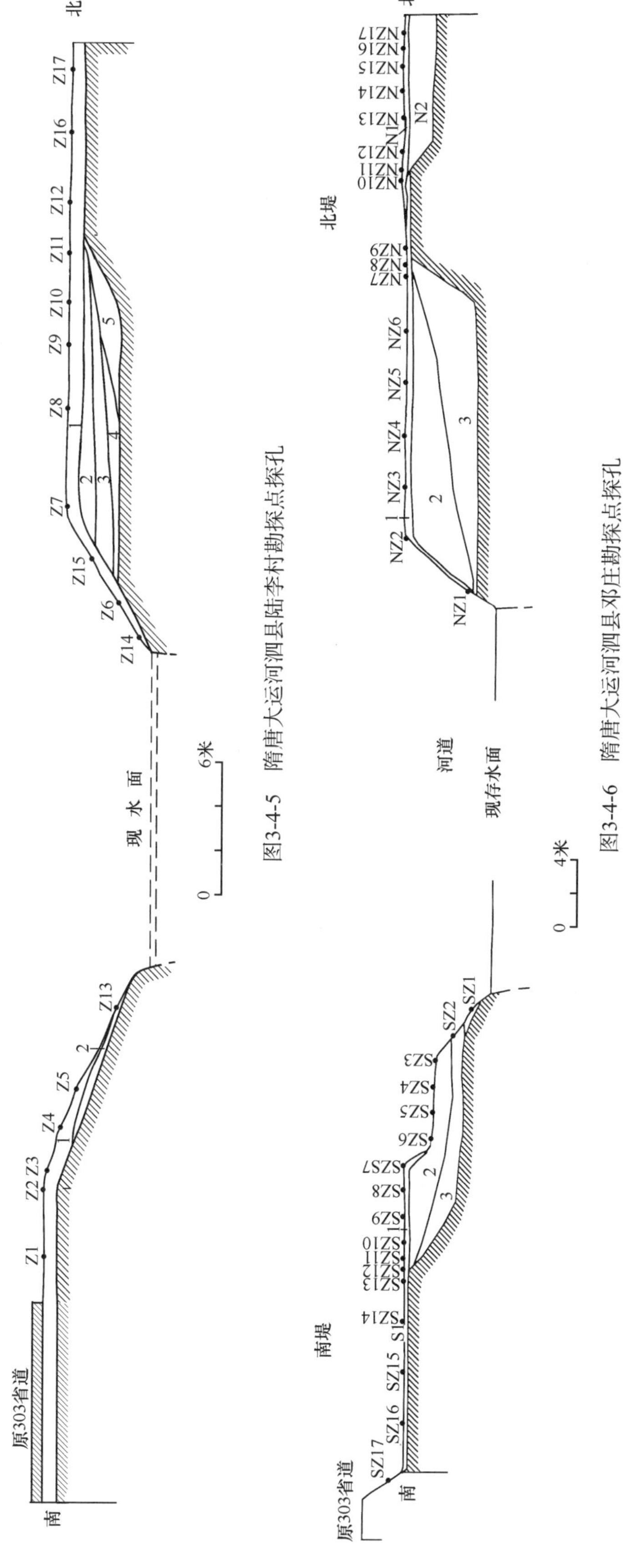

图3-4-5　隋唐大运河泗县陆李村勘探点探孔

图3-4-6　隋唐大运河泗县邓庄勘探点探孔

2. 河道

位于原303省道北侧。

第1层：耕土层。距地表0～0.2、厚0.2米。

第2层：黄褐色土。距地表0.2～3.6、厚0～2.9米。土质相对坚硬。

第3层：深黄色沙。距地表0.5～4.4、厚0～3.4米。土质疏松。以下为黄棕色生土。

3. 南堤

分布于探排的南端。

第S1层：黄褐色耕土层。距地表0～0.2、厚0.2米。土质疏松，含有大量植物根茎。以下为棕褐色生土。

总结：北堤位于原303省道北侧，河堤北段被破坏，残宽约5、高度在1.8米。第2、3层为河道内地层堆积，分布于河道两侧。河口位于原303省道北侧，现存早期河口宽近60、深5.12米。现河口宽24、现水面宽14.8米。南堤部分压在原303省道下面，已探明的宽度在12米左右，具体高度不明。

（六）马铺勘探点

位于泗县长沟镇汴河村马铺自然村北。共布34个探孔，全长108米（图3-4-7）。

勘探了两岸的河道堆积，河道内现仍存在水面无法勘探，可以通过两岸河堤的河口位置判断河道宽度。

1. 北堤

分布于探排的最北端。

第N1层：表土层。距地表0.06～0.3、厚0.3米。

第N2层：淤沙。距地表0～1.2、厚1.2米。土质疏松。以下为黄褐色生土，含料姜石。

2. 河道

位于原303省道北侧。

第1层：表土层。距地表0～0.3、厚0.3米。

第2层：黄褐色土。距地表0.13～1.87、厚0～1.67米。土质疏松，包含少量砂石。

第3层：淤沙。距地表0.2～4.53、厚0～3.47米。以下为黄棕色生土。

3. 南堤

分布于探排的南部。

第S1层：表土层。距地表0.1～1.67、厚0.1～1.67米。

第S2层：黄褐色粉沙土。距地表0.2～2.3、厚0～0.73米。土质疏松。以下为黄棕色生土。

总结：北堤位于现河道北部，北半部分被破坏，残宽3.2、高约1.5米。南北河口皆位于原303省道北侧，原河口宽43米，距现水面4.6米，现河口宽26、现存水面宽13.4米。南堤河口距离原303省道北边界14、残高1.4米。

（七）刘陈村勘探点

位于泗县长沟镇刘陈庄。共布39个探孔，全长105米（图3-4-8）。

勘探了两岸的河道堆积，河道内现仍存在水面无法勘探，可以通过两岸河堤的河口位置判断河道宽度。

1. 北堤

主要分布于探排的最北端。

第N1层：扰土层。距地表0.15～0.26、厚0.15～0.26米。土呈黑褐色，土质松散，近现代堆积。

第N2层：灰褐色淤泥。距地表0.2～1.53、厚0～1.27米。土呈灰褐色，土质疏松。无包含物。以下为黄褐色生土，含料姜石。

2. 河道

位于原303省道北侧。

第1层：扰土层。距地表0.15～1.8、厚0.15～1.8米。土质疏松。

第2层：灰褐色土。距地表0.2～2.53、厚0～2.3米。土质疏松。

第3层：淤沙土。距地表0.4～1.4、厚0.2～0.67米。土质疏松。以下为黄褐色生土。

3. 南堤

主要分布于探排的南部。

第S1层：现代垫土层。距地表1.6～1.86、厚1.6～1.86米。

第S2层：耕土层。距地表0.2～2、厚0.2～0.25米。土质较疏松，含少量植物根茎。

第S3层：黄褐色土。距地表3～4.67、厚2.7～4.67米。土呈黄褐色，土质疏松。以下为黄褐色生土，含料姜石。

总结：北堤位于河道北部，第N2层及以下层位是河堤堆积，坡度较缓，残宽4、高1.6米。河道现存有水河面，古河道宽近40米，距离现水面深度4.4米。现河口宽25.4、现存水面宽13.4米。南堤在原303省道靠北侧已经显露出来，第S2、S3以及靠近原303省道北侧的第2层堆积是南堤。原303省道直接压在南堤上，因路面硬化度高，未进行钻探。道路南侧进行勘探，但未发现南堤南外坡边界。目前南堤河口距离原303省道北界11米，破坏严重，原303省道南侧高度在2.8米。

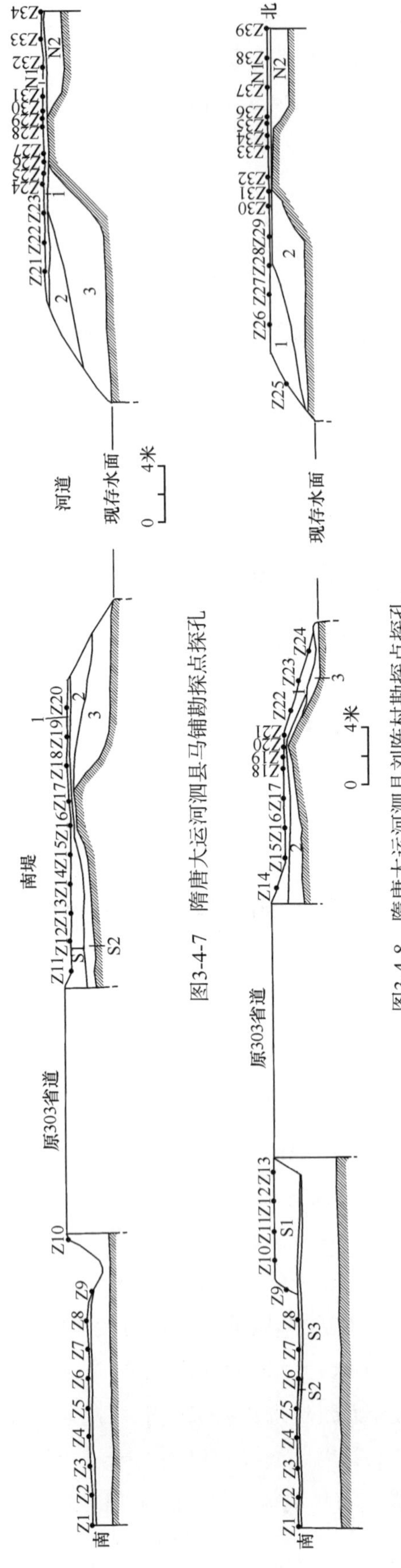

图3-4-7　隋唐大运河泗县马铺勘探点探孔

图3-4-8　隋唐大运河泗县刘陈村勘探点探孔

（八）板树村勘探点

位于泗县泗城镇板树村。共布45个探孔，全长118米（图3-4-9）。

勘探了两岸的河道堆积，河道内现仍存在水面无法勘探，可以通过两岸河堤的河口位置判断河道宽度。

1. 北堤

分布于探排的最北端。

第N1层：灰黑色表土层。距地表0.1～0.3米。土质松散，含大量现代杂物和植物根系。

第N2层：灰黑色土。距地表0.33～0.8、厚0～0.6米。土质松散，内含大量植物根系。以下为黄棕色生土。

2. 河道

位于原303省道北侧。

第1层：耕土层。距地表0.15～0.2、厚0.15～0.2米。土质较疏松，有较多植物根茎。

第2层：灰褐土。距地表0.2～2、厚0～1.73米。土质较黏，无包含物。

第3层：淤沙土堆积。距地表1.6～3.87、厚0～3.2米。土质疏松，无包含物。以下为黄棕色生土。

3. 南堤

被压在原303省道下，无法勘探。

4. 南堤南侧地层堆积

分布于探排的南部。

第S1层：耕土层。距地表0.1～0.34、厚0.1～0.34米。土呈灰黑色，土质疏松。

第S2层：灰褐土。距地表0.2～0.5、厚0～0.3米。土呈灰褐色，含有黑色颗粒。以下为黄棕色生土。

总结：北堤位于河道北部，第N2层及以下层位是河堤堆积，坡度较缓，宽约8.7、高0.85米。河道现存是有水河面，第2、3层为河道内堆积。早期残存河口宽约46米，距离现在水面深度约4米。现河道宽32、现河水面宽13米。南堤绝大部分压在原303省道硬化路面下面，未进行勘探。仅勘探了南堤南侧区域。从堆积形态分析，河道主要在原303省道下面，宽度推测约为21米，具体高度不明。

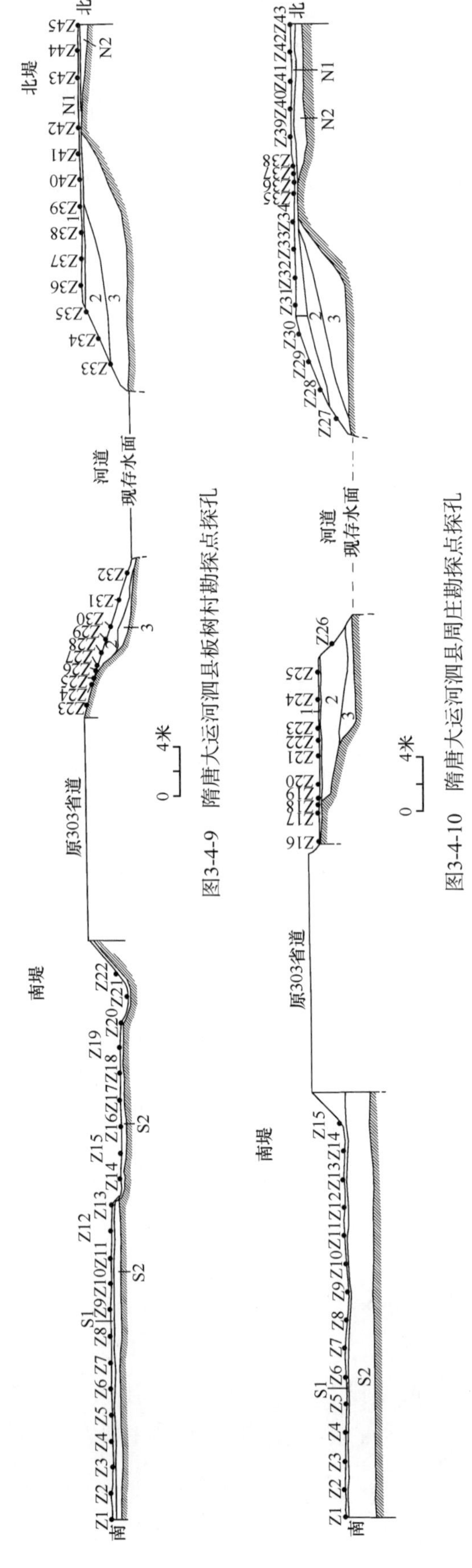

图3-4-9　隋唐大运河泗县板树村勘探点探孔

图3-4-10　隋唐大运河泗县周庄勘探点探孔

（九）周庄勘探点

位于泗县泗城镇周庄。共布43个探孔，全长110米（图3-4-10）。

勘探了两岸的河道堆积，河道内现仍存在水面无法勘探，可以通过两岸河堤的河口位置判断河道宽度。

1. 北堤

分布于探排的最北端。

第N1层：黑褐色耕土层。距地表0.13～0.2、厚0.13～0.2米。土质松散，内含大量植物根系。

第N2层：灰褐色淤沙土。距地表0.93～1.2、厚0～0.8米。土质较疏松。以下为黄棕色生土。

2. 河道

位于原303省道北侧。

第1层：耕土层。距地表0.1～0.86、厚0.1～0.86米。土质疏松。

第2层：灰褐色土。距地表0.2～2.2、厚0～2米。土质稍疏松，包含料姜石。

第3层：淤沙堆积。距地表0.2～3.67、厚0～2米。土质稍硬。无包含物。以下为黄棕色生土。

3. 南堤

分布于原303省道以下及以南位置。

第S1层：耕土层。距地表0.1～0.53、厚0.1～0.53米。土呈黑褐色，土质疏松。

第S2层：黄褐土。距地表1.7～4.3、厚0.8～1米。土质较硬。以下为黄棕色生土。

总结：北堤位于探排北部，是第N2层及以下层位堆积，宽约14.5、高1.24米。第2、3层为河道内堆积，分布于河道两侧。现河道为有水河面。现河口宽24米，现存的早期河口宽度近42.5米，距离现在水面深度约4米。南堤部分压在原303省道硬化路面之下，原303省道南部未钻探出河堤外坡界限，推测南堤宽度在原303省道两侧，约22米，具体高度不明。

（十）淮海房地产项目运河遗址

泗县淮海房地产开发项目位于汴河路和中城街之间，西距铁市街35米，其范围涉及泗县县城段隋唐大运河保护范围及建设控制地带。安徽省文物考古研究所受安徽省文物局委托，承担了泗县淮海房地产开发项目征地范围内的考古勘探工作。2013年3月26日正式进入工地，4月8日现场勘探工作结束进入资料整理阶段。本次勘探面积共计2217平方米。仅勘探出南堤和部分河道，北堤因不具备勘探条件而未勘探。现报告如下（图3-4-11）。

1. 南堤

依照提取土样的土质土色可分为10层。

第S1层：浅褐色杂填土。距地表2.3、厚2.3米。土质松散不均匀，包含大量现代建筑垃圾等。分布范围相对较普遍。

第S2层：深褐色杂填土。距地表3.6、厚1.3米。土质结构疏松，包含现代砖瓦及水泥块，仍为杂填土，分布范围相对较普遍。

第S3层：灰褐色黏土。距地表4.7、厚1.1米。较疏松，结构花杂，包含少量青灰色砖瓦块。该层分布范围较普遍，为后期垫土层。

第S4层：浅黄色粉沙土。距地表5.7、厚1米。土质结构较疏松，呈层状结构，属粉沙淤土，包含极少的灰烬，判断该层是运河废弃后河沙自然淤积形成，分布范围较广。

第S5层：红褐色黏土。距地表6.2、厚0.4米。土质结构较致密，含淤泥成分在内，属黏土性质，包含极少的灰烬及料姜石颗粒。主要分布范围在场地南半部，属运河南堤现存第一层土。

第S6层：黄褐色五花黏土。距地表6.8、厚0.7米。土质结构致密，内含料姜石颗粒，属运河南堤第二层土。

第S7层：橙黄色黏土。距地表7.3、厚0.5米。土质结构较致密，含淤沙成分在内，属黏土性质，较纯净，未见包含其他遗物，属运河南堤第三层土。

第S8层：青灰色黏土。距地表8.2、厚0.9米。土质结构致密，较纯净，含少量灰白色料姜石颗粒，属运河南堤第四层土。

第S9层：灰褐色黏土。距地表8.7、厚0.4米。土质结构致密，含零星灰烬，表层隐约可辨夯打痕迹。属运河南堤第五层土。

第S10层：黄褐色生土。距地表8.7米以下。土质结构致密，属黏土性质，含料姜石块。

2. 河床

依照提取土样的土质土色可分为11层。

第1层：浅褐色杂填土。距地表2.1、厚2.1米。土质疏松，包含大量现代建筑垃圾等，分布范围相对较普遍。

第2层：深褐色杂填土。距地表3.4、厚1.3米。土质结构疏松，包含大量灰烬及少量砖瓦块，仍为杂填土，分布范围相对较普遍。

第3层：灰褐色黏土。距地表4.3、厚0.9米。较疏松，结构花杂，包含少量青灰色砖瓦块，判断为后期垫土层。

第4层：浅黄色粉沙土。距地表5.6、厚1.2米。土质结构较疏松，呈层状结构，属粉沙淤土，包含极少的灰烬，判断该层是运河废弃后河沙自然淤积形成，分布范围较广。

第5层：青灰色淤土。距地表6.7、厚1.1米。较致密，含淤泥成分在内，包含零星的灰烬及料姜石颗粒，主要分布在场地北半部，属运河内现存第一层。

第6层：黄褐色淤沙。距地表8.7、厚2米。较致密，层状结构，内含料姜石颗粒及灰烬，属运河内第二层。

第7层：红褐色淤土。距地表9.4、厚0.6米。结构致密，一次性淤积形成，较纯净，未见包含其他遗物，属运河内第三层。

第8层：浅青色淤土。距地表9.7、厚0.3米。土质结构致密，较纯净，未发现包含遗物，属运河内第四层。

第9层：浅灰色淤层。距地表11.2、厚1.5米。土质结构较致密，含零星灰烬及蚌壳末，属运河内第五层。

第10层：深灰色淤土。距地表12.1、厚0.8米。土质结构致密，较纯净，土内含铁红色水锈，属运河内第六层。

第11层：黄褐色生土。距地表11.2米以下。土质结构致密，属黏土性质，含料姜石块。

总结：河道仅勘探出南部较小部分，河坡斜坡宽2～4.3米，已探明河道宽度9.4米。河道底距地表深12～13.5米，其中南堤顶到河底深度7.1米，底部略平缓，河道内土层第5～10层，属于河道堆积，以淤土为主，个别层位含淤沙成分，厚度不均匀，每层厚0.5～3.2米，土色变化相对较明显，土质结构较致密。南堤仅勘探出一部分，已探明宽度13.6、高3.1米。第S5～S9层是南堤位置。

（十一）凤凰国际城小区Ⅱ期项目运河遗址

2013年5月勘探了凤凰国际城小区Ⅱ期项目涉及的运河遗址。该遗址点位于泗县县城东北部东二环路西侧。由于勘探范围有限，未勘探出运河河堤，仅勘探出河道位置。现将勘探情况报告如下。

该排探孔位从小汴河北岸开始，由南向北布孔，全长60米，布探孔9个，编号SGZ1-1～SGZ1-9，土层大致可划分为21层（图3-4-12）：

第1层：浅褐色杂填土。厚0.8～1.6米。土质松散不均匀，包含大量现代建筑垃圾，分布范围较普遍，大致呈水平状堆积，为现代回填土层。

第2层：黄褐色黏土。距地表0.9～1.1、厚0.5～1米。土质结构疏松，包含石块及砖瓦块，仍为杂填土，分布范围相对较普遍，南段部分被K1打破，该层仍为后期回填土层。

第3层：灰白色黏土。距地表1.8～2.1、厚1～1.2米。较疏松，结构花杂，包含少量灰白色料姜石颗粒。该层分布范围较普遍。

第4层：黄褐色淤土。距地表2.8～3、厚0.3～2.3米。土质结构较致密，呈层状结构，属粉沙淤土，包含零星灰烬，分布范围较广，南部堆积较厚，中间相对较薄。

第5层：橙黄色沙土。距地表4～4.2、厚0.2～1.2米。土质结构较致密，呈层状结构，属粉沙淤土，包含零星灰烬，属局部分布，北部堆积较厚，中间相对较薄，呈缓坡状堆积。

第6层：浅褐色粉沙土。距地表3.8～5.2、厚0.3～1.2米。土质结构较致密，内含料姜石颗

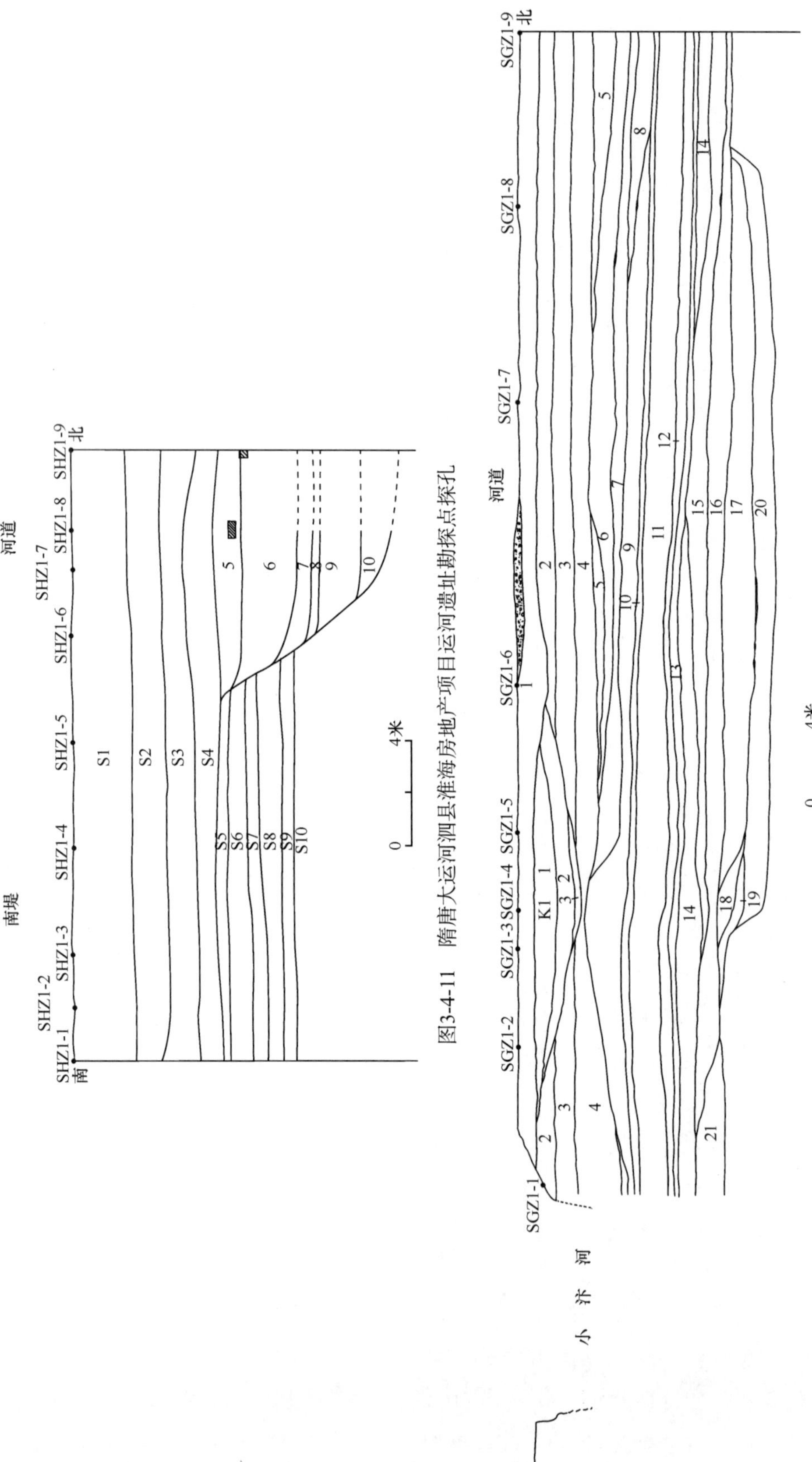

图3-4-11　隋唐大运河泗县淮海房地产项目运河遗址勘探点探孔

图3-4-12　隋唐大运河凤凰国际城小区Ⅱ期项目运河遗址勘探点探孔

粒。属局部分布，呈缓坡状堆积，厚薄不一。

第7层：橙黄色沙土。距地表4.3～6、厚0.3～0.8米。土质结构较致密，含淤沙成分较多，有极少炭屑，未见包含其他遗物。基本呈水平状堆积，厚薄不均。

第8层：红褐色沙土。距地表5.8～6.4、厚0.2～1.4米。土质结构较致密，含淤泥块较多，有极少炭屑，未见包含其他遗物。属局部分布，呈缓坡状堆积，南高北低薄厚不均匀。

第9层：红褐色淤土。距地表3.6～6.9、厚0.3～2米。土质结构较致密，层状结构，有极少炭屑及料姜石颗粒，未见包含其他遗物。分布范围较广，呈缓坡状堆积，中间较厚，两端相对较薄。

第10层：青灰色淤土。距地表6.2～7.2、厚0.2～0.5米。土质结构较致密，内含大量蚌壳及零星灰烬。分布普遍，呈缓坡状，堆积南高北低，薄厚不均匀。

第11层：黄褐色泛红淤土。距地表6.5～7.2、厚1.2～1.5米。土质结构致密，内含料姜石颗粒及灰星。分布范围较广，呈缓坡状南高北低，堆积厚薄不均匀。

第12层：黑褐色淤土。距地表8～8.9、厚0.3～0.7米。土质结构致密，相对较纯净，含少量铁红色水锈。分布范围较广，呈缓坡状南高北低，堆积厚薄不均匀。

第13层：灰白色黏土。距地表8～8.9、厚0.3～0.7米。土质结构致密，相对较纯净，含少量铁红色水锈。分布范围较广，呈缓坡状南高北低，堆积厚薄不均匀。

第14层：棕红色淤土。距地表8.5～8.8、厚0.7～1.4米。土质结构致密，含少量蚌壳粉末。分布范围较小，大致呈水平状堆积，堆积厚薄不均匀。

第15层：浅黄色沙土。距地表8.8～10.3、厚0.4～1.2米。土质结构致密，含少量料姜石颗粒及零星灰烬。分布范围较小，呈缓坡状堆积，南高北低厚薄不均匀。

第16层：橙黄色粉沙土，距地表10～11.1、厚0.3～1.4米。土质结构较致密，含少量料姜石颗粒及零星灰烬。局部未有分布，呈缓坡状堆积，南高北低厚薄不均匀。

第17层：黄褐色淤土。距地表10.7～11.4、厚0.9～1.9米。土质结构较致密，含少量料姜石颗粒及零星灰烬。局部未有分布，呈缓坡状堆积，南高北低厚薄不均匀。

第18层：浅黄色淤沙。距地表9.5～12、厚0.8～1.2米。土质结构较致密，含少量料姜石颗粒及零星灰烬。分布范围较小，呈缓坡状堆积，南高北低厚薄不均匀。

第19层：黄褐色淤沙泛青。距地表10.5～12、厚0.3～0.5米。土质结构较致密，含少量料姜石颗粒及蚌壳末。分布范围较小，呈缓坡状堆积，南高北低厚薄不均匀。

第20层：浅黄色淤沙。距地表9.5～12、厚0.8～1.2米。土质结构较致密，含少量料姜石颗粒及零星灰烬。分布范围较小，呈缓坡状堆积，南高北低厚薄不均匀。

第21层：红棕色黏土。距地表9.5～11.9、厚0.2～1.8米。土质结构致密，含黑色斑点。分布范围较小，呈缓坡状堆积，南高北低厚薄不均匀。

总结：河道现开口距地表10.5～11.2米。上河口宽40.3、底宽38米，河道南北横截面呈浅槽状，河道口边沿呈斜坡状，坡度长1.2米，口大底小，底部略平缓，现存深度0.5～2.6米，河道内土层大致可分一至四层，以淤沙为主，个别层位含沙土成分，厚度不均匀，厚薄不一，土色变化相对较明显，土质结构较致密，包含物以扇贝为主并发现个别宋代黑釉瓷片。河道西端中心处河底距地表最深13.7米，东端中心处距地表最深12.2米，河道由西向东逐步变浅。古河道南北两岸，均未发现人工修筑的河堤迹象，河道口以上的地层堆积厚度均在10～11米，地层堆积多达16层，一般1～3层为近现代扰乱土层，4～16层多为河流冲积后所形成的淤积层，第17～21层为古河道淤土。河道上口两侧边沿有明显的被冲垮破坏迹象，因此推测可能因大水泛滥所造成的。

第四章　通济渠沿岸相关遗迹介绍

一、濉　溪　县

濉溪县位于淮北市南部，秦时属于泗水郡。1950年开始设濉溪县，1977年属淮北市。濉溪县地势西北高、东南低，仅东北部为低山区及少量小丘陵，其余都是平原，属于淮北平原地区。水系有濉河、浍河、沱河以及闸河等。通济渠自河南省永城市中张庄进入濉溪县铁佛镇，再从宿州市埇桥区四铺石圩孜村出境，在濉溪境内穿境而过，长40.8千米。

为配合我国大运河申报世界文化遗产课题研究的需要，淮北市文化局文物科及淮北市博物馆考古部组成考古调查组于2009年10月13～27日对大运河沿岸进行了考古调查。2012年7月15～19日，柳孜运河遗址考古发掘队再次组织人员对运河沿线进行考古调查，共发现汉、唐、宋至明清的遗址多处。现将其中几个主要遗址简报如下。

1.“大寺庙”遗址

该遗址位于濉溪县四铺镇五铺村。距隋堤约500米。遗址面积10000多平方米，主要为两个高出地表的覆斗状的土台子，高2～3米，北边的台子较高大。遗址西侧15米处为一条南北向的田间小路，东侧60米处有一所小学。遗址上有6座近现代的坟茔。地表暴露有少量的残兽形砖雕建筑构件，并发现唐、宋、金、明、清等各个时期的瓷片，其中以唐和宋时期的瓷片最多。涉及的窑口主要有邢窑、萧窑、长沙窑、定窑、耀州窑、磁州窑、吉州窑等。此外发现有少量绿釉陶残片、残陶器口沿以及残筒瓦、残砖以及大量的兽骨等遗物。距当地居民介绍，该遗址原存一座古庙，庙名已轶，相传为“大寺庙”，中华人民共和国成立之初，古庙尚存破败的院落，其后在农田水利建设中，因寺内砖石被拆用而废弃，故旧时的大寺庙今天只能通过地表的砖瓦残片以及部分残建筑构件而知晓。五铺村在明代时叫麒麟镇，传说当地村民在耕地时曾挖掘出牌匾，上刻“麒麟镇”三字。大寺庙遗址是此次调查发现的时代较早、文物遗存包含较丰富的遗址之一，遗址在紧邻运河的五铺村外侧，距隋堤仅几百米之遥，遗址中发现的大量隋唐时期的瓷片正从一个侧面说明在隋唐大运河通航期间，“五铺”曾是一个繁荣的聚落。从所采集的标本中也可以看出该遗址体现了较多的地方文化特征，时代跨度长，从汉、唐、宋至今，隋唐大运河的开凿和通航促进了沿岸地区的开发和长久的繁荣。大寺庙遗址丰富的唐、宋、金、明、清时期遗物表现出隋唐大运河的开凿在历史延续性方面也起到了承上启下的重要作用（图版五，1）。

2. “石佛堂”遗址

该遗址位于濉溪县四铺镇三铺村。原303省道公路从遗址旁穿过，距遗址仅有25米，距离遗址500米处为“第城”遗址。“第城”遗址主要是以汉唐文化遗物为主要文化内涵的遗址。遗址南紧邻运河北堤，距隋堤10米处有一池塘，打破了遗址的北侧。遗址周围被现代的村庄所围绕，遗址区域有数棵杨树和4座近现代的坟茔。据当地人介绍，该遗址原先为一座规模宏大的古庙，名为石佛堂。庙中主要供奉观音，庙中香火极盛，早年有很多异乡的香客远道而来。石佛堂在20世纪五六十年代“破四旧”时被毁。在遗址东侧35米的古井中发现了此佛像的残余部分，残佛像上雕刻有龙尾、羽翼以及云纹等图案。从残缺的部分佛像看，该佛像应该为一座体型巨大、雕刻技艺精湛的艺术作品。经过调查，在遗址表面发现人面纹瓦当一个，稍残，瓦当直径10、当心径3.5、厚2厘米，瓦当纹饰为一胡人的面孔。从遗址剖面上可以看到，遗址底层中包含有大量的板瓦残片和少量的陶片和瓷片。遗址紧靠“隋堤”，胡人面纹瓦当正是唐至五代典型的瓦当，这件瓦当的发现，也刚好说明唐朝时期中西方交流十分频繁。总之，从发现的遗迹和遗物来看，该处在隋唐大运河通航时期应该是一处人口众多的聚落遗址（图版五，2）。

3. 黄庄遗址

该遗址位于濉溪县铁佛镇店孜村，处于安徽省淮北市和河南省永城市两市的交界地带。北距隋堤270米，东距小刘庄377米，西边75米有一乡间小路南北穿过。遗址为一高出地面的土台子，残高约1米，面积约1万平方米。遗址上现有1座现代的坟茔。在遗址表层调查发现的遗物主要有少量汉代陶片，为灰褐色陶，纹饰以陶素面为主，也有少量的绳纹、戳印纹，质地坚硬，烧制火候较高。可辨器形主要有罐、釜等。砖瓦残片在该遗址中也发现不少，板瓦较厚，厚约1.8厘米，素面，质地坚硬，烧制火候较高。此外还发现有一陶纺轮，素面，直径约5、厚1.5厘米，质地较硬，烧制火候高。隋唐、宋、金时期的瓷片发现较多，其中以唐宋时期的瓷片为主。涉及的窑口主要有长沙窑、巩县窑、耀州窑、定窑、钧窑、磁州窑、建窑以及吉州窑等。遗址位于隋堤旁，相距仅有200多米，从采集到的大量的砖瓦残片、陶纺轮、唐三彩瓷枕残片等遗物上可以看出，黄庄遗址是一处典型的唐宋时期的居住遗址。面积如此大的遗址紧依运河大堤而建，说明在隋唐大运河通航期间该处可能也是一个重要的中心聚落（图版六，1）。

4. 王马庄遗址

该遗址位于濉溪县百善镇道口村。北距隋堤400米。遗址东边有一条东西走向的灌溉水渠，南边50米处有一条20世纪五六十年代发掘的东西走向的隋堤大沟。遗址为一高出地表约1.5米的土台子，面积约6000平方米。有一条乡间小道由西向东穿过遗址。经过调查，在遗址表层发现有大量的唐、宋、元、清各个时期的瓷器残片，涉及的窑口主要有巩县窑、耀州窑、磁州窑、龙泉窑、吉州窑、景德镇窑以及建窑等，其中以耀州窑和建窑为主。此外还发现有少量残砖、残陶片以及蚌壳残片，有素面和波折纹，质地细腻坚硬，火候较高。可辨器形主要有碗、盘、罐等。王马庄遗址距隋堤仅400米，在其表面发现大量唐宋时期的瓷片和残砖瓦等遗物，表明该遗址是一处隋唐大运河开凿之后而兴起的聚落遗址，其文化面貌呈现出隋唐大运河文化的一些基本特征（图版六，2）。

5. 郭宅子遗址

该遗址位于濉溪县四铺乡大郭家。遗址北侧为宿永公路，东侧为1957年修建的杨柳大沟，距隋堤约有1千米。自北向南有一条灌溉渠穿过。遗址面积约12000平方米。文化层厚2～3米，通过灌溉渠壁上的大量汉代陶片而得知最底层的文化层为汉代文化层，其上为隋唐及以后的文化层。地表发现有不少隋、唐、宋、金、清各个时期的瓷片，其中以唐宋时期的瓷片为主。此外在该遗址还发现有不少板瓦残片和残砖。此地以前地势低洼，为运河边的一个天然湖泊。对于该地的地名曾有运粮城、运财城、运来城、运子城等之说。从地域上看，该遗址距离隋堤不远，且面积较大。出土的遗物中，发现大量汉代陶片以及较多唐代瓷片，说明此处在隋唐大运河开凿之前和通航期间曾经是一处较大的聚落遗址，自汉代至唐一直沿用，古濉水与隋唐大运河的通航给当地居民提供了很多的便利，从而促进了该聚落遗址的巩固和进一步扩大，起到了承上启下的重要传承作用。距离该遗址不远的洼子遗址也是一处唐宋时期的遗址，它距隋堤也很近，二者皆为大运河沿岸规模较大的居住遗址（图版七，1）。

6. 百善老槐树

在百善镇十字路口向西约80米处有一颗老槐树，在两户农家的巷道前，原303省道北界向北三四米处，正好位于通济渠宋代南堤坝上，树高10余米，树粗直径约1米。槐树枝叶茂密，苍翠欲滴。据传已有千年的历史（图版七，2）。

7. 百善老街运河遗址

位于淮北市濉溪县西南19千米的百善镇百善行政村，属隋唐大运河遗址通济渠段，是淮北市境内保存较为完整的河堤、河道遗存。其东西长628、南北宽113米，总面积约7.1万平方米。2009年，文物部门组织对该遗址发掘了一段剖面，揭示了遗址河口宽度、河堤坡度、河槽形状。可以清晰地看到通济渠在隋、唐、宋三个朝代使用过程中形成的堆积情况（图版八，1）。

8. 颜道口运河遗址

为配合泗许高速公路建设，2010年9月底安徽省文物考古研究所对颜道口遗址进行了发掘清理。清理的面积有限，仅清理了北堤及部分河道堆积，但仍可以理清运河自唐到南宋中期的湮没的历史变化过程。遗址出土有陶器、瓷器、漆器、石器、骨器、铁器等文化遗物，其中唐、宋时期多个窑口的各类瓷器占绝大多数，其他器物数量较少。具体说来，瓷器主要有碗、盒、罐、壶、器盖、盘，另外还有陶器、铁器、家畜骨骼等（图版八，2）。

9. 柳孜运河遗址

该遗址是通济渠沿线的一个遗址点，位于安徽省北部淮北市濉溪县百善镇柳孜行政村内。1998年在进行泗洪到永城的公路（原303省道）改建中发现该遗址，1999年第一次进行了抢救性的考古发掘，发现石构建筑、沉船等重要遗迹，出土一批珍贵文物，2002年被评为全国重点文物保护单位。目前原303省道仍在通行使用，并且安徽省境内通济渠的主体大部分深埋在该省道之下。

2012年2月至2013年6月为了配合大运河申遗工作而开展了一次主动性发掘，发掘面积是1997.5平方米。发掘工作队伍由安徽省文物考古研究所承担，相关单位配合发掘。自上而下解剖了运河河道和河堤的堆积，文化层位堆积比较清晰，通过这些堆积现象可以大致了解运河的形成、使用、变迁、淤塞、废弃的整个历史变化过程。重要遗迹有：运河河道、两岸的河堤、两岸的石筑桥墩、河道中间的石板路、道路、建筑址和木船等。出土了大量的日常生活用具，主要是生活用具、娱乐用具、武器、漕运遗物等。器物的质地有瓷、陶、石、铜、骨、木、铁等。器形有瓷碗、瓷碟、瓷壶、瓷盏、瓷球、人俑、动物俑、陶盆、陶球、陶铃、骰子、瓷围棋子、象棋子、骨簪、铁矛、铜钱、铜簪、木梳、石球、石锭等。瓷器残片数以万计，可复原的遗物有7000余件。其中瓷器的器形较为丰富，但完整器较少，多为残器。器形有碗、盏、盘、壶、罐、盆、俑、枕、骰子、围棋子、象棋子。按釉色分有白釉、青釉、黑釉、青白釉、黄釉等（图版九，1）。

10. 百陈村运河遗址

位于四铺镇西百陈村。从四铺标志牌开始向西走，运河分布在原303省道两侧，略偏北。四铺西头原303省道北侧70～80米处有一段高地，呈坡状，上面有一个老构树。从位置和堆积情况来看，上面也存在大量的沙土。疑是北堤，或是一处遗址。在四铺西的白陈村西侧有一条南北向的沟渠，从沟渠的西壁可以清楚地看到运河北堤的堆积情况，对其进行解剖，弄清了北堤在四铺段的情况，河内坡距原303省道北缘26米。GPS坐标北纬33°43′18.9″，东经116°46′41.2″。堤坝土为灰黑土，致密。堤坝河内坡处共有5层堆积，其中上面4层土虽然可以分层，但都是河道淤积的沙土，4层沙土的厚度平均20～25厘米。河堤宽9米，河堤外坡向北沙土较远，约50米处仍是沙土堆积，可能是黄河泛滥的结果（图版九，2）。

11. 三道口运河遗址

位于百善镇三道口村东头的一处苗圃西围壕中，发现了运河北堤完整的剖面。里程碑为

150千米处，第1层为厚厚的表土，约1.5米，河堤土为灰黑色，致密，含料姜石，未至底。河堤顶宽13.2米，内坡距原303省道北缘28米。坡外沙土较厚，分布也较长。GPS坐标为北纬33°50′18.0″，东经116°34′18.3″。运河河道在原303省道下面，且南堤离运河不远。此位置相对应的南堤因没有较好的剖面，所以宽度和位置不明（图版一〇，1）。

二、宿州埇桥区

1. 埇桥遗址

20世纪80年代，宿州市实施市政工程建设中在大河南街北侧和中山街南侧两处距地表2米多深碰到大量叠砌规整的长方形石块，制作精细，有榫卯结构，两处南北相距40余米（50步）。限于当时条件，就地深埋保护。结合文献记载，埇桥是唐宋汴河上一座重要的桥梁，处于南北驿道和大运河运道及隋堤路的交叉点上，此处发现的桥墩石构当为埇桥遗址的重要组成部分。另在淮海路东侧的大、小河南街之间建环宇商厦楼时，挖掘地基坑时出土半段古蕲县界碑（现藏宿州市博物馆）。该碑帽和座均失，正面碑铭为："彭城郡蕲县□□□……"背面"蕲县县境东西一百□□□……南北□□□……"东面："西去东京九百六十里，西去陈□□□……西去睢阳郡三百四十里，西北去□□□……"西面："南去寿春郡二百十□□□……东南去广陵郡七百□□□……"铭文所反映的历史行政区划名称与唐代行政区划称谓较一致①（图版一〇，2）。

2. 宿灵老槐树

从宿州到灵璧的原303省道南侧，在宿州埇桥区大店镇萧柳村南100米，处在埇桥区与灵璧县交界线的西侧，原303省道南缘，处在通济渠南堤上。唐槐不高，只有十几米，但枝叶繁茂，苍翠欲滴，远看如一棵巨大的蘑菇，近看如古代皇帝的车盖。树围约3米，四人合抱粗，虽历经沧桑，却虬枝盘旋，枝叶茂盛（图版一一，1）。

3. 西关运河遗址

宿州西关商业步行街C区位于安徽省宿州市西关大街东端北侧，由宿州华原房地产开发有限公司开发，项目北邻胜利路，东倚护城河，恰在隋唐大运河通济渠遗址上。2006年初，宿州市文物管理所专业人员发现宿州西关大街东头的旧城改造项目清表施工暴露河沙堆积，经现场调查认定该项目处于大运河遗址范围。随即安徽省文物考古研究所进行了考古发掘，发掘遗址面积600平方米，共布方5个，依次编号为T1～T5，其中T5南北横跨河道，7月20日至29日、8

① 冀和：《隋开通济渠流经区域线路考综述》，《学术界》2004年增刊。

月4日至8月12日，分别向东进行了两次扩方。清理发掘水井4眼、墓葬1座、灰坑1个，出土各类遗物1500余件，取得了重要收获。经发掘得知，古运河河口宽32.65、河底宽近20、深5米，河口南高北低（指迄今存在的），南端高出北端近1米（图版一一，2）。

4. 木牌坊运河遗址

该遗址位于埇桥区环城河老城区内，八一路与中山街、大河南街交汇点的东侧。2007年3月4日开始正式发掘，至8月中旬结束，共发掘遗址面积502.4平方米，共布方5个，依次编号为T1～T5。宋代码头保存相对完整，南北对称，石板错缝顺砌、灰浆粘缝。同时揭露出完整的宋代疏浚河道、加固河坡。码头基础做法，码头砌筑在夯土上，夯土中夹木桩，分层夯筑。码头周侧有木排，上下叠压两层，北坡有26根原木，最大直径32厘米，有木桩固定。上下层间夹夯土。并在南堤上发现唐代建筑基址的成排柱洞和夯筑的路面。发掘出土一艘沉船。残存船体为木板结构，沿河道方向头西尾东，主要可见船体的内底板和舷侧板。船板底部出土10余件北宋中期吉州窑瓷盏和50余枚“崇宁通宝”“崇宁重宝”铜钱，判断此船应为北宋中期或晚期的一艘货船。此次发掘完整揭示出大运河断面，河坡宽44.1米，两侧码头之间的主河道宽26.6、河底深（距地表）11.5米。出土以瓷器为主的小件器物2000余件，其中不乏珍品，特别是发现前所未见的定窑、钧窑、磁州窑精品。出土锚碇45个、礌石30多个（图版一二，1）。

三、灵　璧　县

1. 张氏园亭

该遗址位于现灵璧县西关糖业烟酒公司宿舍处。张氏园又称兰皋园，为宋仁宗时殿中丞张次立兄弟的庄园。张氏园始建于宋天圣年间（1023～1032年），之后历经“五十余年”之久的建设，蔚为大观。张氏园引汴河水入园，其建筑继承了我国古代园林的“借景手法”，融山河之美于一园，为典型的园林建筑风格。今虽已夷为丘墟，但从苏轼《灵璧张氏园亭记》和《墨庄漫录》等史籍的记载里，仍能想象到昔日的风采。盛景不在，但苏轼笔下留名的一块历史遗石仍在，它成为园亭昔日风采的见证，这块被称作“丑石”的大型园林磬石重约6吨，由于历史的原因，历经种种磨难和创伤。2002年以前石体的大部分曾被埋入土中，几乎被世人遗忘，直至该遗址被批准为县级文保单位后重见天日（图版一二，2）。

2. 花石纲运河遗址

该遗址位于灵璧县娄庄镇蒋圩村，原303省道北侧，余桥至王赵沟一带。属于全国重点文物保护单位。遗址东西长700～1100、南北宽约40米，在20世纪初出土过大量北宋宣和年间巨石，证明通济渠宿州段在北宋晚期仍发挥重要的水路运输作用（图版一三，1）。

宣和年间，朱勔的花石纲船队行至灵璧蒋圩，与淮南转运使粮草兵船相遇，当时汴河连年失修，河床淤积，河槽水窄浅，两只船队难以同时通行，兵船不得行，引起官兵哗变，淮南转运使陈遘下令捕系朱勔，朱勔所运花石纲被哗变官兵掀翻于沿河坡岸，遂形成花石纲遗址。《宋史·陈遘传》记载："朝廷方督纲饷，运渠壅涩，遘使决吕城、陈公两塘达于渠。漕路甫通，而朱勔花石纲塞道，官舟不得行。遘捕系其人，而上章自劾。帝为黥勔人，进遘徽猷阁待制。"

3. 小田庄运河遗址

该遗址位于灵璧灵城镇小田庄西侧。2015年4月，安徽省文物考古研究所等联合对该遗址进行发掘。目前发掘出土大运河南堤、河床、河道和北堤，南堤由于原303省道压占未能全部发掘，重点对北堤及堤外堆积进行解剖，发现了大运河早期完整隋代河堤及宋代两次大规模加固河堤的堆积。共发现各种遗迹17处，其中水井1眼、水沟5条、灰坑4个、脚窝2个、柱洞3个和少量的人脚印及车辙印痕。同时发掘出土唐至明代瓷器、陶器、铜器、铁器、石器等138件和大量陶瓷片。该段运河的隋代中心河道（水面）宽17.5米，南北壁陡直，加工痕迹明显，做工精致。我们认为该段大运河河道系人工平地开凿而成，并有统一工程规划和施工。通过对北堤的解剖，发现早期隋代大堤，底宽10.5、顶宽6.5、高2米。未发现唐代加固大堤痕迹，直到宋代中期和后期才有两次大规模加固（图版一三，2）。

四、泗　县

通济渠由灵璧县虞姬墓处进入泗县境内，东经长直沟、周庄、彭铺，沿泗宿公路北侧穿城而过。光绪十四年（1888年）刊刻本《泗虹合志》中记载："汴水由虞姬墓经阴陵、鹿鸣二山入州境，穿城东注。西关外为西汴河，东关外为东汴河。西汴河与长治沟合，东流三十里绕城南与南潼河合，越二十里至石梁子，中有巨石如徐州洪然。……东汴河至马公店四十里与谢家沟合，又东三十里至青阳镇，水阔而深，两岸夹束，大桥似长虹跨其上。以城内汴河道淤塞，城外水冲反跳，乃于水口筑石坝以截其流，开通东、西水关，浚深内河，旧河道凿泮池，使河口往来无滞。由是潼、汴二水之赴于虹者，会城西，穿城东，出东水关南绕，复迤逦而西注，始旋转而东流。"

泗县段共分为三部分：第一部分是灵泗交界至唐河段，长约3千米，中华人民共和国成立初期尚存有河道形状，后经历年平整土地，河床已填平无存。目前仅能看到一些地势起伏的河堤形状。在原303省道北50米处，南堤宽约40、最高0.8米；河床、北堤不明显。第二部分是唐河至城东水口魏庄，该段运河两岸栽种着白杨树，河南岸邻原303省道（长沟镇汴河村至唐河口段汴河南口离公路5～40米，汴河村至西水关段汴河紧邻公路），北岸断续存有运河北堤，北堤宽10～50、高0.5～3米，但根据长沟段发掘情况判断，北堤表层部分为近现代疏浚运河时翻土堆成。其中泗县城内部分已淤塞成汴河路。第三部分是水口魏庄至皖苏交界段，当地人称为东汴河。自水口魏庄流经枯河头、通海店至泗洪县马公店约20千米与谢家沟水汇合。

在历年的清淤疏浚过程中，该段运河曾出土过木船、瓷器等遗物。

1972年，在长沟镇宗邓村北小时庄，靠近古汴河河床的南侧发现一艘木船，船长9～10米，分前后两仓，船板上有精美木雕。在此西400米处，出土桅杆一根，长10余米。

2003年，泗县城内汴河路南挖虹都大厦地基时，曾出土瓷器残片数百斤。

2006年，泗城镇义井村汴河北岸出土多根木桩。

除上述发掘的遗迹之外，还有几处地面遗迹介绍如下。

1. 西水关遗址

该遗址位于原西城门附近，现环保局西侧。所谓“水关”，即为明清时期运河自西向东贯穿县城，官府于城东西两侧各设一盘查收税的关卡。现今东水关早已被毁，仅西水关尚存一门洞。距史料记载，明清时西水关与东水关之间有 5 座桥，分别为彭善桥、太平桥、三思桥、文渊桥、旌德桥。县城原有东南西北 4 个城门，分别为永济门、永泰门、永丰门、迎恩门。现在的西城河桥正对面即为西城门原址，中华人民共和国成立后城门与城墙都在城市的现代化进程中逐渐被毁。运河经西水关后一分为二，一支由护城河折向南经石梁河、石龙湖最后注入淮河；另一支经护城河向东至水口魏（图版一四，1）。

2. 泗城镇朱桥社区老槐树

古槐位于现西护城河桥北侧朱桥南边巷子内50米处，此树被誉为“千里隋堤第一槐”。树围约有4米，枝繁叶茂，古槐树下有一口古井，年代现已不可考，当地人称刘家园井。文献曾记载：“……渠广四十步，渠旁皆筑御道，树以柳……”目前为止无论是运河沿线的考古发掘还是传世古木皆未见“隋堤柳”的相关遗迹，朱桥北桥头亦有两棵宋代古榆，即为当年米芾在《虹县帖》中所描述的古榆。而此地的千年唐槐树表明当时运河两岸绿树成荫，不仅有柳树，还存在槐树、榆树等（图版一四，2）。

3. 十里井段运河故道

十里井段古汴河河面水域宽阔，沿岸风光旖旎。在当地人的历史记忆中，此段运河沿线清末民初时曾被称为“十里长街”，且在中华人民共和国成立后很少进行大规模的疏浚清淤，因此河道保存状况当为整个运河故道最好的一段（图版一五，1）。

十里井遗址位于十里井村中段运河北岸，紧临运河一口石砌水井，石栏为青条石，未见绳痕及取水设施，故具体年代已不可考。此村亦因此井距县城有整十里路而得名。其与运河沿线其他如三里庙、八里桥、九里湾等村落名有一定的联系，反映了明清以来运河两岸的村落形成分布等情况。

皇道遗址距十里井村东200米的南岸河床外，有一块长约20、宽15米的凹地缺口，当地村民称之为“皇道”，相传与隋炀帝经通济渠乘龙舟下扬州在此处停船驻跸补给有关，文献中记载当时龙舟在所经沿途共设40多个休憩行宫，但至今尚未在其他考古发掘中发现“行宫”遗址。我们在“皇道”处采集一些散见地表唐宋时期陶瓷片，釉色以青釉、白釉、黑釉为多，器形中有平底、玉璧底、圈足等，但数量并不是太多。当地居民也曾在此见到过一些陶瓷器残件。除此之外，当地村民曾在此处河道内还发现过“老石子”，即为条石，体量较大，五六个成年壮丁也抬不动。

4. 刘圩运河遗址

2011年为配合S07徐（州）明（光）高速公路建设，对泗县刘圩运河故道遗址进行抢救性考古发掘。历时40余天，发现唐宋汴河的北堤（距今西汴河河口7.5、宽19.1米，二者方向大致平行）、宋代踩踏面及相关遗迹，反映了汴河漕运的繁华程度；同时发现的北宋末至南宋初年的土坑墓也印证了相关文献记载的汴河废弃时代。2016年1～3月，安徽省文物考古研究所配合徐明高速公路（安徽段）基建工程，对泗县刘圩遗址进行了抢救性发掘。属于唐宋时期的遗迹有：唐宋汴河北堤、宋代踩踏面（包括方坑7座、圆柱洞9座、圆形灰坑2座及数道“V”形沟）各1处、宋代墓葬1座、唐宋水沟3条等。发掘证实了古运河泗县段在该范围的走向、地层堆况及河口具体尺寸、河堤位置等重要信息。河堤宽1.5～2.5米；早期古运河南北河口的间距为40米；早期河坡的长度为5～10米（图版一五，2）。

5. 邓庄遗址

该遗址位于泗县长沟镇汴河村邓庄共发现隋唐大运河（通济渠）早期河道（包括南北对应河口、河床、北河堤等）、北河坡上的疑似脚印、南河坡上的疑似纤绳擦痕、北河堤外人为活动面上的挖掘工具凿痕及疑似标杆基坑等重要遗迹现象。邓庄遗址发掘证实了隋唐大运河在泗县境内的大致走向、路线，掌握了古运河南北对应原河口、河床、北河堤等断面结构的基本信息。河道形制规整，且南北呈对称之势，做工讲究，叠压于生土之上。河坡呈阶级状，与河床能自然分剥。河堤平整，土质坚硬，有沙粒与胶泥混杂在一起，可见工程之精细，一般洪水均可阻挡，且经过测量，我们发现两河口基本处于同一水平面，相距42米，河底宽16、距河底深4.2米，其数据与文献中所记载的隋代运河规格相差不大（图版一六）。

第五章　通济渠与沿岸城镇的发展

通济渠作为唐宋时期一条重要的生命线，其沿岸的城镇和经济的发展应与之息息相关。据《新唐书·地理志》天宝元年（742年）的户籍记载，当时通济渠流经地区——河南道的户口数在全国十五道中居于首位，共计165.6 万户，1650余万人，占全国户口总数的五分之一强，河南道共十三州，其中尤以通济渠沿岸的河南府（118万余人）、汴州府（125万余人）、宋州府（89万余人）三州人数最多。由此可知，通济渠沿岸，特别是在中上游地区，是当时全国人口最为密集的地区[①]。那么安徽境内的通济渠在唐宋时期也会促进沿线的濉溪、宿州、灵璧和泗县等城镇的发展。这里可以细分一下行政等级，即州府、县衙和村镇三个级别。宿州为州府的高级别，濉溪、灵璧和泗县为县衙的中等级别，而柳孜则为村镇的最低级别。另外，通济渠沿岸还有一些驿道及递铺的行政单位。

第一节　通济渠与宿州

春秋战国时期，宿州境内有宿国、萧国、徐国等小诸侯国。秦二十四年，灭楚淮北之地设四川郡，郡治设在今宿州境内，因郡内有四条河流（淮河、沂水、濉水、泗水）而得名四川郡。两汉时期，四川郡改名沛郡，辖37个县，其中有相县、铚县、蕲县、符离、虹县等。唐宪宗元和四年，撤并蕲县、符离、临涣、灵璧4个县置宿州，属河南行省归德府。“宜准元和四年正月，割徐州符离、蕲、泗州虹县，依前置宿州，隶属徐泗濠等州观察使。其州置于埇桥，在徐州南界汴水上，舟车之要。其旧割四县，仍旧来属，已下官便委吏部注拟。”[②]两宋时期，置宿州，辖符离县、蕲县、临涣县，属淮南东路。元代，置宿州，辖临涣县、符离县、灵璧县、蕲县，属河南归德府。明代，置宿州，辖灵璧县，属江南临壕府。清代，置宿州，属凤阳府。在柳孜村内发现的一通清代石碑上，明确书有“大清国凤阳府……”字样。

宿州起源于“埇口”或“埇桥”，埇桥在当时是通济渠沿岸的一处桥梁。后来随着通济渠漕运的繁盛，或西进，或东行，或集散于此。商旅上岸入城投宿，或直接通过这里市易所载物

---

① 王金根、许继清：《隋唐大运河通济渠段沿岸聚落分布特征探析》，《转型与重构——2011中国城市规划年会论文集》，东南大学出版社，2011年。

② （宋）王溥：《唐会要》卷七十《河南道》，中华书局，1955年，第1256页。

资，临河的大街小巷，遍布客房货栈和茶楼饭庄。随着漕运量的增加，公私商旅云集，埇桥的发展越来越快，变成名副其实的商业城市[①]。后来逐渐发展为州府一级的经济政治中心。李吉甫《元和郡县图志》卷九载："自隋氏凿汴以来，彭城南控埇桥，以扼汴路，故其镇尤重。"当时宿州属于运河沿岸的一处军事重镇，起到守护运河与徐州的作用。

在《江南通志》依然记载了埇桥与宿州的关系，但基本沿用了唐代李吉甫的说法。文中记载："埇桥，宿州北二十里，跨汴水。隋时凿汴以通，徐州南控埇桥以扼汴路，故其镇尤重。唐元和四年，议者以埇桥在徐州南界汴水上，当舟车之会，因置宿州以镇之。唐末杨氏据淮南，自埇桥东南决汴水，悉成污泽。周显德二年，发民夫因故堤疏导，东至泗上。五年，复浚汴口，导河流达于淮。于是江淮舟楫始通。今汴水湮塞，其桥亦不复为襟要矣。一名符离桥，又名永济桥。"[②]

宿州因为运河而兴起，漕运往来，商旅际会，使得宿州经济和商业都很发达。《元和郡县图志·宿州》载："宿州，苻离。上。开元户元和户八千六百七十六。乡三十六。本徐州苻离县也，元和四年，以其地南临汴河，有埇桥为舳舻之会，运漕所历，防虞是资。又以蕲县北属徐州，疆界阔远，有诏割苻离、蕲县及泗州之虹县置宿州，取古宿国为名也。"[③]说明汴河穿城而过，宿州位于汴河北岸，是舳舻相继之要冲，守护漕粮运输之重镇（图5-1-1）。

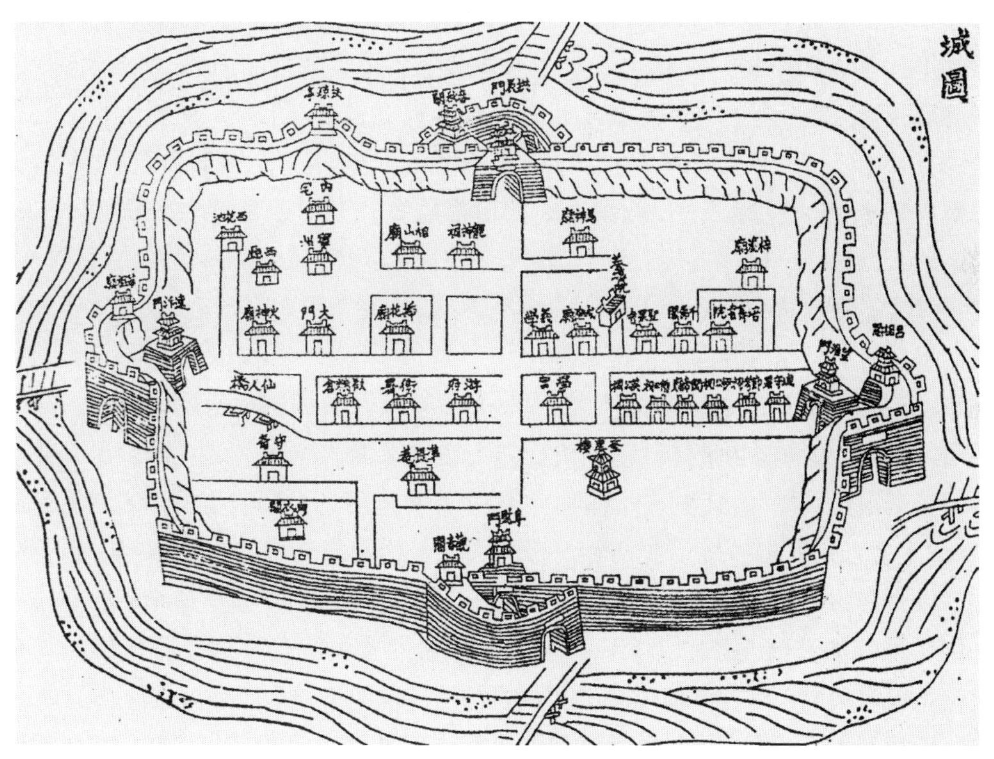

图5-1-1　清代宿州古城

① 井红波、杨钰侠：《唐宋汴河与宿州的兴起》，《宿州学院学报》2010年第1期。

② （清）赵宏恩等兼修：《钦定四库全书·江南通志》卷二十八《舆地志》，浙江大学图书馆影印本。

③ （唐）李吉甫撰，贺次君点校：《元和郡县图志·河南道五·宿州》，中华书局，1983年，第228页。

隋开凿大运河后，宿州逐渐发展为“舟车会要，战守所资”之地，变成了“此去淮南第一州”。《读史方舆纪要·南直三》“宿州条”云：“州西翼梁、宋，北控邳、徐，南襟濠、寿，东限淮、泗，舟车要会，战守所资也。唐建中四年，李泌言：东南漕运，自淮达汴，徐之甬桥，为江、淮、汴口。五代梁乾化四年，徐州附于吴，而宿州中梗，徐州复入于梁。州在徐、泗之间，岂非噤喉之所欤？《五代史》：梁武宁帅王殷叛附吴，梁主遣牛存节等讨之，存节军于宿州，吴军赴援徐州，为存节所败，徐州复为梁有。胡三省曰：不径攻徐州，而南屯宿州，据埇桥之要，且绝淮南之援也。”①

唐代在宿州设盐铁院，成为大运河汴河段下游重镇符离县南的战略要地。唐代王智兴纵兵大掠盐铁院储藏的钱币和布帛，以及诸道向朝廷进奉的船只和商旅行人在船上的财物。《旧唐书·王智兴列传》载：“长庆初……智兴先期入境，群颇忧疑，令府僚迎劳，且诫之曰：‘兵士悉输甲仗于外，副使以十骑入城。’智兴既首处，宾僚闻之心动，率归师斩关而入，杀军中异己者十余人，然后诣衙谢群曰：“‘此军情也。’群治装赴阙，智兴遣兵士援送群家属至埇桥。遂掠盐铁院缗币及汴路进奉物，商旅赀货，率十取七八。逐濠州刺史侯弘度。弘度弃城走。朝廷以罢兵，力不能加讨，遂授智兴检校工部尚书、徐州刺史、御史大夫，充武宁军节度、徐泗濠观察使。”②

根据《宋史》记载，盐铁院主管盐、铁、茶专卖及征税的仓库，物质丰富。盐铁分掌七案：一曰兵案，掌衙司军将、大将、四排岸司兵卒之名籍，及库务月帐，吉凶仪制，官吏宿直，诸州衙吏、胥吏之迁补，本司官吏功过，三部胥吏之名帐及刑狱，造船、捕盗、亡逃绝户资产、禁钱。景德二年，并度支案为刑案。二曰胄案，掌修护河渠、给造军器之名物，及军器作坊、弓弩院诸务诸季料籍。三曰商税案，四曰都盐案，五曰茶案，六曰铁案，掌金、银、铜、铁、朱砂、白矾、绿矾、石炭、锡、鼓铸。七曰设案。掌旬设节料斋钱、餐钱、羊豕、米面、薪炭、陶器等物③。

可见宿州在唐宋时期重要的经济战略地位。

2006年在宿州西关运河遗址发掘遗址面积600平方米，发掘清理两岸的河堤、河道、水井4眼，出土各类小件文物1440余件。包括碗、盏、罐、水盂、执壶、碟、钵、盘、洗、盆、灯台、灯盏等生活用具，捶丸、色子、围棋子、弹丸等文体用具。2007年发掘木牌坊运河遗址，发掘面积464平方米，发掘清理南北两侧对称的宋代石构建筑一座和一艘木船。出土小件器物2300余件，以瓷器为主，不乏珍贵品。其中有定窑、钧窑、磁州窑诸窑口精品，有珍贵的宋代加彩器和绿定器，涉及南北方15个窑系。来自全国南北方的瓷器，属于瓷器贸易与交流的结果。古代瓷器运输多走水路，侧面反映了在瓷器贸易过程中宿州居于通济渠之畔的地理优势。

宿州因运河而产生了很多文人墨客的诗词歌赋，促进了当地的文化发展。如白居易，其父白季庚先由宋州司户参军授徐州彭城县县令（780年），一年后因与徐州刺史李洧坚守徐州有

---

① （清）顾祖禹撰，贺次君、施和金点校：《读史方舆纪要》卷九《南直三》，中华书局，2005年，第1049页。

② （后晋）刘昫等撰：《旧唐书》卷一五六《王智兴列传》，中华书局，1975年，第4139、3140页。

③ （元）脱脱等撰：《宋史》卷一六二《职官志二》，中华书局，1977年，第3808、3809页。

功，升任徐州别驾。为躲避徐州战乱，他把家人送往宿州符离安居。白居易得以在符离度过了童年时光，其间著有《赋得古原草送别》："离离原上草，一岁一枯荣。野火烧不尽，春风吹又生。远芳侵古道，晴翠接荒城。又送王孙去，萋萋满别情。"白居易在符离生活了十余年，其间著大量诗篇。离开宿州之后，诗文中有不少地方描写了他自己在符离生活的难忘经历，并表达了诗人对这段经历的回忆和留念。如《埇桥旧业》："别业埇城北，抛来二十春。改移新径路，变换旧村邻。有税田畴薄，无官弟侄贫。田园何用问，强半属他人。"后来白居易重游符离时，也是满腹伤感，物是人非了。《汴河路有感》："三十年前路，孤舟重往还。绕身新眷属，举目旧乡关。事去唯留水，人非但见山。啼襟与愁鬓，此日两成斑。"

宋代诗人张耒与宿州也有着浓厚的渊源。张耒进入仕途时就是在宿州地区。熙宁六年（1073年），即张耒二十岁时，由神宗亲策为进士，王安石负责提举，授临淮（今安徽泗县）主簿，开始步入仕途。熙宁六年至元丰八年（1073～1085年），张耒先后在安徽、河南等地做了十多年县尉、县丞一类地方官，并因秩满改官不断，往来京洛间，为政特别辛劳。在安徽任职期间，作了不少关于宿州的诗词。如《宿州》："野云不作雪，仲冬气犹蒸。岸雨湿枯柳，北风生浪声。昨日饮我者，主人出金觥。酒薄亦足醉，青蛾惯逢迎。纷纷舟车地，主吏困怨憎。樽罍备人事，起论爱客诚。世途聊复尔，物态恶分明。十年五往返，抚事感飘零。"还有《宿州道中》："眼明初见淮南树，十客相逢九吴语。旅程已付夜帆风，客睡不妨船背雨。黄柑紫蟹见江海，红稻白鱼饱儿女。殷勤买酒谢船师，千里劳君聊转橹。"

宿州的政治军事地位也相当重要。在五代后周时期，汴河自宿州以东遭到很大的破坏，变成了污泽。周世宗命徐州节度使差遣辖区内的丁夫修筑汴河，使得汴河顺利通达至开封。《册府元龟·邦计部·河渠二》卷四九七有明确记载："显德五年三月，世宗在淮南，会浚汴口，导其流而达于淮。汴河自唐室之季为淮贼所决，自埇桥东南，悉汇为污泽。帝于二年冬，将议南征，即诏徐州节度使武行德，发其部内丁夫，因其古堤，疏而导之，东至于泗上。是时人皆窃议，以为无益，惟帝不然之，曰：'二三年之后当知其利矣。'至是，果符圣虑。由是江淮舟楫果达于京师，万世之利，其斯之谓乎。"①周世宗对汴河的重视和治理，维护了汴河自宿州以东的正常通航。

在唐代，宿州也是兵家必争之地，因为宿州是徐州的南方门户，宿州相对于徐州的军事意义重大，宿州被派重兵把守。"李正己反，将断江淮路，令兵守埇桥涡口。江淮进奉船千余只，泊涡口不敢进。德宗以万福为濠州刺史，万福驰至涡口，立马岸上，发进奉船，淄青将士停岸睥睨不敢动，诸道继进"②。

到了唐代晚期，庞勋反叛时，曾攻陷宿州，后被康成训平叛。《旧唐书》卷一九载："（咸通九年）九月辛卯朔。甲午，庞勋陷宿州，知州判官焦璐奔归于徐。乙未，庞勋陷徐州，杀节

① （宋）王钦若等编纂，周勋初等校订：《册府元龟》卷四九七《邦计部（十五）·河渠二》，凤凰出版社，2006年，第5652页。

② （唐）韩愈撰，马其昶校注、马茂元整理：《韩昌黎文集校注》卷四《外集·顺宗实录》，上海古籍出版社，1986年，第712页。

度使崔彦曾、判官焦潞、李税、温延皓、崔蕴、韦廷乂，惟免监军张道谨。遂出徐、宿官库钱帛，召募凶徒，不旬日其徒五万。勋抗表请罪，仍命群凶邀求节钺。上遣中使因而抚之。贼令别将梁伾守宿州，以姚周为柳子寨主，又遣刘行及、丁景琮、吴迥攻围泗州。”[①]尤其是在唐代末期，连年战争，在朱全忠攻打宿州时，决汴水以灌宿州，使得守城刺史张筠投降。《旧五代史》卷一载：“大顺元年四月丙辰，宿州小将张筠逐刺史张绍光，拥众以附时溥。帝率亲军讨之，杀千余人，筠遂坚守。乙卯，时溥出兵暴砀山县，帝遣朱友裕以兵袭之，败徐军三千余众，获沙陀援军石君和等三十人，斩于宿州城下。……（二年）八月己丑，帝遣丁会急攻宿州，刺史张筠坚守其壁，会乃率众于州东筑堰，壅汴水以浸其城。十月壬午，筠遂降，宿州平。”[②]

在宋金对峙期间，宿州也是双方争夺的重要阵地。诗人陆放翁曾著诗词寓其悲愤。《瓯北诗话》卷六曾载：“放翁生于宣和，长于南渡。其出仕也，在绍兴之末，和议久成，即金海陵南侵溃归，孝宗锐意出师，旋以宿州之败，终归和议。其时朝廷之上，无不以画疆守盟，息事宁人为上策；而放翁独以复仇雪耻，长篇短咏，寓其悲愤。或疑书生习气，好为大言，借此为作诗也。”[③]

第二节　通济渠与灵璧、泗县

一、通济渠与灵璧

灵璧和泗县属于通济渠沿岸县级的行政单位。通济渠均从两城中穿行而过（图5-2-1）。灵璧在秦汉时期属于彭城郡，分属虹、谷阳、符离、下邳诸县领辖。著名的楚汉战争曾在此发生。《史记·项羽本纪》：“汉军皆走，相随入谷、泗水，杀汉卒十余万人。汉卒皆南走山，楚又追击，至灵璧东睢水上，汉军却，为楚所挤，多杀。汉卒十余万人皆入睢水，睢水为之不流。”[④]汉代的灵璧治所还不在今天的灵璧县，后来才迁址至此。

灵璧初为通济渠上的一个重镇。随着规模和地位的上升，逐渐发展为县级单位。《宋史·地理志》：元祐元年（1086年）始置零壁县，当年七月即废去。元祐七年（1092年）再拟建县之际，苏轼曾持异议，《乞罢宿州修城状》有详细描述。当时苏轼新任兵部尚书，建立新县属“兵部所管”。苏轼视察宿州，得悉“乞改零壁镇为县”，乃是“本镇豪民靳琮等私自为计”，并以自筹置县费用，毋须拨支公款为由，取得朝廷批准。但所谓“自备钱物”，“臣今体访得零壁人户出办上件钱物，深为不易。元料置县用钱四千五十余贯”。其实是向百姓摊

---

① （后晋）刘昫：《旧唐书》卷一九上《懿宗本纪》，中华书局，1975年，第663页。

② （宋）薛居正等：《旧五代史》卷一《梁书·太祖本纪》，中华书局，1976年，第12～14页。

③ （清）赵翼著，霍松林、胡主佑校点：《瓯北诗话》卷六，人民文学出版社，1963年，第91页。

④ （汉）司马迁撰，（南朝宋）裴骃集解，（唐）司马贞索隐，（唐）张守节正义：《史记》卷七《项羽本纪》，中华书局，1963年，第322页。

图5-2-1　灵璧1976年卫星图片

派，“深为不便”。只征收半数稍多，“其余未纳钱数”难以催纳。“纵使尽行催纳”，也不够实际开支。如今县署已兴工构筑，“恐维中辍”。苏轼建议：停建宿州外城，从一万贯建城经费中拨出款项，用于灵璧建县，不再向百姓征收钱物，“未纳到钱数”，均予“放免”[①]。《读史方舆纪要》载：“本虹县零壁镇，宋元祐初升为县，旋复为镇。七年又升为县，政和七年改为曰灵璧。属宿州，金因之。元省入泗州，寻复置，仍属宿州。”[②]灵璧能由镇升为县级单位一方面是因为灵璧镇上居民曾经被土匪骚扰以及缴纳钱粮和打官司，去现有的县城较远。从另一方面可以看出，灵璧因为运河在经济发展上有所提升。这应该和运河往来商贸有很大关系。

《乾隆灵璧县志略》：“灵璧自宋哲宗元祐七年，以虹之灵璧镇为灵璧县，属宿州。时设县，明万历中，杜君始轫县志，莆田陈君修之。”[③]

文人墨客在南下或者北上时，行经汴河之上，都会留下一些诗篇和行记，其中有一些是关于灵璧的记载。唐代高适《东征赋》中描述：“下符离之西偏，临彭城之高岸。……次灵璧之逆旅，面垓下之遗墟。”晚唐袁郊《甘泽谣》载：“许云封，乐工之笛者。贞元初，韦应物自兰台郎出为和州牧，非所宜愿，颇不得志。轻舟东下，夜泊灵璧驿。”在唐代时灵璧是驿站。

《金史·河渠志第八》卷二七：“时又于灵璧县潼郡镇设仓都监及监支纳，以方开长直沟，将由万安湖舟运入汴至泗，以贮粟也。”在灵璧设置仓库都监，监管粮仓[④]。

---

①　（宋）苏轼：《乞罢宿州修城状》，《苏轼全集校注》卷三十五《奏议》，河北人民出版社，2010年，第3513～3515页。

②　（清）顾祖禹撰，贺次君、施和金点校：《读史方舆纪要》卷九《南直三》，中华书局，2005年，第1055页。

③　《中国地方志集成·安徽府县志辑㉚·乾隆灵璧县志略、乾隆泗州志、光绪泗虹合志》，江苏古籍出版社，1998年。

④　（元）脱脱等撰：《金史》卷二七，中华书局，1975年，第686页。

在南宋早期，南宋使臣楼钥出使金国时，著有《北行日录》，记载了沿途的历史风光。其中就经过灵璧。“饭后乘马行八十里，宿灵璧。行数里，汴水断流。人家独处者，皆烧拆去。闻北人新法：路傍居民，尽令移就邻保，恐藏奸盗，违者焚其居。有一鹿起草间，截马前西去。两岸皆奇石，近灵璧东岸尤多，皆宣政花石纲所遗也。”[①]楼钥是宋孝宗乾道五年（1169年）从试吏部尚书汪大猷出使金国，这时因战乱，汴河断流，漕运不通。

在灵璧发现多处与运河相关的遗址，如花石纲运河遗址。该遗址依然深埋于灵璧县娄庄镇蒋圩村。1105年，为了当时最大的园林建设工程艮岳，徽宗皇帝在苏州设置了一个叫应奉局的专门机构，有一个叫朱勔的苏州人，于山石素有心得，被蔡京推荐来管领该局，专事在东南江浙一带搜罗奇花异木、嶙峋美石。花石到手后，多经水路运河千里迢迢运往京城汴京。《宋史·朱勔传》载：“徽宗颇垂意花石，京讽勔语其父，密取浙中珍异以进。初致黄杨三本，帝嘉之。后岁岁增加，然岁率不过再三贡，贡物裁五七品。至政和中始极盛，舳舻相衔于淮、汴，号‘花石纲’，置应奉局于苏，指取内帑如囊中物，每取以数十百万计。延福宫、艮岳成，奇卉异植充牣其中。”[②]宣和年间，朱勔的花石纲船队行至灵璧蒋圩，与淮南转运使粮草兵船相遇，当时汴河连年失修，河床淤积，河槽水窄浅，两只船队难以同时通行，兵船不得行，引起官兵哗变，淮南转运使陈遘下令捕系朱勔，所运花石纲被哗变官兵掀翻于沿河坡岸。

其中灵璧境内的运河遗址发掘工作主要有小田庄运河遗址、二墩子运河遗址等。灵璧二墩子段隋代中心河道（水面）宽约17.5米，南北壁陡直，加工痕迹明显，做工精致，在中心河道北壁发现脚窝1个。小田庄运河遗址清理出完整的运河河道和两岸河堤，还有疑似木岸狭河遗迹、脚窝、车辙等[③]。这两处遗址均位于主城区外，两岸未发现相关桥梁遗存和聚落设施。

二、通济渠与泗县

泗县，原名虹县。汉代置夏邱县属沛郡，新莽曰归思，南宋周辉《北辕录》曰：“虹本红阳夏丘二县地，汉书红阳侯立是也，讹而不改，遂名曰虹。”[④]“（曹操）过拔取虑、睢陵、夏丘，皆屠之。……夏丘，县，属沛郡，故城今泗州虹县是。”[⑤]

故属沛国改下邳国，僮侯国夏邱县并隶焉。三国明帝景初二年，分沛相等十县为汝阴郡，虹在焉。东晋时，虹县古城在今五河县西，东晋后废。泰始二年（466年）九月，地入北魏，

---

① （宋）楼钥：《北行日录》，《民国知不足斋丛书》，艺文印书馆印行，清乾隆至道光间（1736～1850年）。

② （元）脱脱等撰：《宋史》卷四七〇《朱勔传》，中华书局，1977年，第13684页。

③ 安徽省文物考古研究所、泗县文物局、灵璧县文物管理所：《泗县、灵璧段运河考古发掘报告》，科学出版社，2018年。

④ （宋）周辉：《景明刻本历代小史》卷四六《北辕录》，艺文印书馆，1969年。

⑤ （宋）范晔撰，（唐）李贤等注：《后汉书》卷七三《陶谦列传》，中华书局，1965年，第2367页。

复置虹县，又名绛城。北齐天保中，废虹县。隋仍为夏邱县隶夏邱郡，改属虹州，虹州之名始此。唐武德四年，以夏邱谷阳置仁州，又析夏邱置虹及龙亢二县。六年夏邱入虹县，贞观八年州废，龙亢以虹隶泗州，乾元元年割隶宿州。太和七年复于甬桥置宿州，割徐州符离县蕲县、泗州虹县隶之。五代时仍属宿州。北宋时期淮南路本属宿州后属楚州，元祐七年割虹县灵璧镇巡检司升为灵璧县。宋金元时期，虹县仍属泗州。明清时期属于凤阳府。

从史料分析，泗县古城当建于唐武德六年（623年）之后，在此之前，县城所在地位于东南一里地的夏丘旧城。运河开通之后，“移治夏丘”，跨汴河而建新城，这也正符合人们傍水而居、以河养城的生活习性（图5-2-2）。

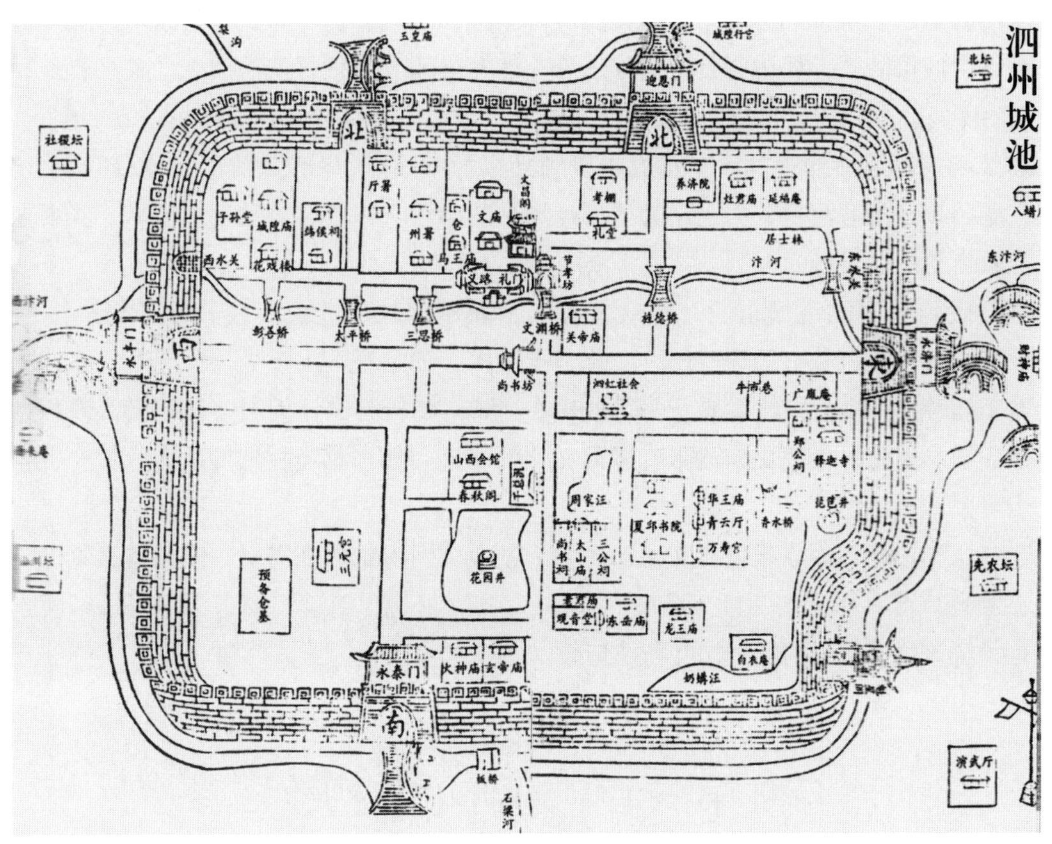

图5-2-2　清代泗县古城

泗县因地势原因，通航能力时有变化，需要经常维护才能保障通航。“（开元二十七年）九月，皇太子改名绍。汴州刺史齐澣请开汴河下流，自虹县至淮阴北合于淮，逾时而功毕。因弃沙壅旧路，行者弊之，寻而新河之水势淙急，遂填塞矣”[①]。但新开的这条河因水势湍急，无法正常通航而最终废弃，仍采用汴河旧有线路。

宋金对峙时期，汴河沿线是双方争夺的重要区域：“张浚出师复灵壁、虹县，归附者万

① （后晋）刘昫等撰：《旧唐书》卷九《玄宗本纪下》，中华书局，1975年，第211页。

计，又复宿州。”①

一批文人墨客也曾停留在泗县，留下了诸多诗篇佳作。比较著名的是米芾的《虹县诗帖》，作于1106年。虹县旧题云：“快霁一天清淑气，健帆千里碧榆风。满舡书画同明月，十日隋花窈窕中。”再题：“碧榆绿柳旧游中，华发苍颜未退翁。天使残年司笔研，圣知小学是家风。长安又到人徒老，吾道何时定复东。题柱扁舟真老矣，竟无事业奏肤公。”还有一件就是蔡襄的《虹县帖》，作于1051年，全文：“襄启，近曾明仲及陈襄处奉手教两通，伏审动静安康，门中各佳。喜慰喜慰。至虹县，以汴流斗涸，遂寓居余四十日，今已作陆计，至宿州，然道途劳顿，不可胜言。当为说者云：渠水当有涯，计亦不出一二日或有水，即假轻舟径来。即无水便就驿道，至都乃有期耳。闽吴大屏皆新除，想当磐留少时，久处京尘，无乃有倦游之意耶。路中诚可防虞。民饥鲜食，流移东方。然在处州县，须假卫送。老幼并平善。秋凉，伏惟爱重。不宣。襄顿首。郎中尊兄足下。谨空。八月二三日宿州。”

泗县境内的运河残存28千米水道，以泗县城为中间点，分为两段。西段自灵璧东开始，至泗县西门止，虽有河身，但已沦为宽不过丈余的沟渠。东段自泗县东门出城，经曹苗向东十里，汇入新濉河，再经江苏泗洪县流入洪泽湖，于盱眙入淮。

泗县隋唐运河故道城东段，民众自古滨水而居，村庄连成一线，至今仍叫“十里长庄（街）”。其村落古朴、民风醇厚，文化节点众多，如景观石出土处、十里井、东八桥、土地庙和龙王庙等。侍女拉纤、纳黍行舟等故事在当地广泛流传；汴河村、汴河路等乡村地名，祭拜土地、敬奉龙王等民风民俗均带有运河文化的印迹。如今草庙村辖五里庙、曹庄、苗庄、崔庄、十里井5个自然庄。

2011～2013年，因申报世界文化遗产和编制大运河保护规划需要，安徽省文物考古研究所分别在泗县曹苗、邓庄、刘圩、马铺、朱桥、宗庄6处地点对运河河道与河堤进行解剖发掘，目的是了解该段河道、河堤的结构与建造技术。

第三节　通济渠与柳孜

一、相关遗存发现

柳孜是因运河而生的一个小型村镇聚落，在唐宋社会组织结构中属于乡村一级，但却在文献中多次出现，最早的可以追溯到成书于五代的《旧唐书》，之后的一些文人诗词笔记中也多有记载。安徽境内沿运河的村镇还有铁佛、百善、三铺、四铺等，都没有像“柳孜”那样比较频繁地出现在历史典籍之中。这些都说明柳孜社会地位的不同和商业繁荣。

① （元）脱脱等撰：《宋史》卷三八七《王十朋列传》，中华书局，1977年，第11885页。

遗址中出土种类繁多的遗物可以反映柳孜当地的社会生活状态，出土的碗、盏、盘、壶等反映了日常的用具。古代人用碗吃饭、喝茶、饮酒等，如白居易在《食后》诗句中说：“食罢一觉睡，起来两碗茶，举头看日影，已复西南斜。……”诗文中虽未提及使用什么颜色的瓷碗饮茶，但从侧面反映了当时文人喜喝茶的风尚。北宋著名茶学家蔡襄在《茶录》中则明确说明在当时使用黑釉碗盏饮茶的重要原因：“茶色白，宜黑盏。建安所造者，绀黑，纹如兔毫，其坯微厚……久热难冷，最为要用。”[①]还出土了大量的娱乐玩具，如围棋子、象棋子和骰子等，可以想象在唐宋时期的柳孜街市上可以见到用骰子斗酒、赌博的场景。出土的动物俑及婴孩俑，反映了柳孜地区对孩童的关爱。孟元老在《东京梦华录》中描述：“七月七夕，潘楼街东宋门外瓦子。州西梁门外瓦子。北门外。南朱雀门外街。及马行街内。皆卖磨喝乐，乃小塑土偶耳。悉以雕木彩装栏座。或用红纱碧笼。或饰以金珠牙翠。有一对直数千者。”[②]在街市上经常可以见到卖土偶的商贩。

在一些遗物上还留有关于柳孜的文字，如一件编号为T04③：152的白釉瓷碗残片上残存“柳子”二字，一件黑釉碗底残片上书写有“子镇”的字样，个别碗底还墨书“天王院”的字样。根据出土的一块“维大宋国保静军临涣县柳子镇天王院谨募”砖塔碑记载，在北宋天圣十年（1032年）重修砖塔。反映了柳孜作为一个乡镇单位，可以修建七级佛塔供人参拜，且香火旺盛。说明在北宋时期佛教的普及。

在运河中发现一些兽骨，种类主要是猪、牛、马、驴和狗等家畜。从动物资源的利用方式来说，遗址古代居民用以消费的主要肉食资源为家猪，次要肉食资源包括牛、马、驴、羊等畜类，作为柳孜当地居民饮食结构的补充性肉食资源。黄牛、水牛、马、驴为遗址居民的主要役用资源[③]。反映了柳孜当地生活时食用和役使牲畜的情况。

在遗址中还发现大量的水生动物，以贝壳为主，还有大量的双壳纲和腹足纲动物遗存，个体数高达406，包括淡水类和海水类，其中完整个体的比例可达56%。通过上述死亡年龄结构分析可知，出土的四角蛤蜊、文蛤和中华圆田螺多数为可采捕食用的。结合《东京梦华录》中记载的菜品亦有蛤蜊生、姜醋螺、螃蟹酿枨、洗手蟹等水产菜肴，可知遗址出土大部分软体动物，如四角蛤蜊、文蛤、中华圆田螺、泥蚶、蛏子等应属于柳孜居民饮食结构中的一部分。这些海生动物应该是南方沿岸贩卖贸易运输到柳孜当地的[④]。

柳孜运河遗址中还出土一些建筑材料，有瓦当、板瓦和动物形建筑构件（图5-3-1），这些建筑材料对研究北宋时期的建筑有一定的参考价值，尤其是龙首形建筑构件，应该属于屋脊兽

① （宋）蔡襄：《茶录》，景印文渊阁四库全书本，第629页。

② （宋）孟元老撰，邓之诚注：《东京梦华录注》卷八《七夕》，中华书局，1982年，第208页。

③ 李文艳：《安徽淮北柳孜运河遗址（2012-13）出土动物遗存及相关问题的研究》，吉林大学硕士学位论文，2014年。

④ 李文艳：《安徽淮北柳孜运河遗址（2012-13）出土动物遗存及相关问题的研究》，吉林大学硕士学位论文，2014年。

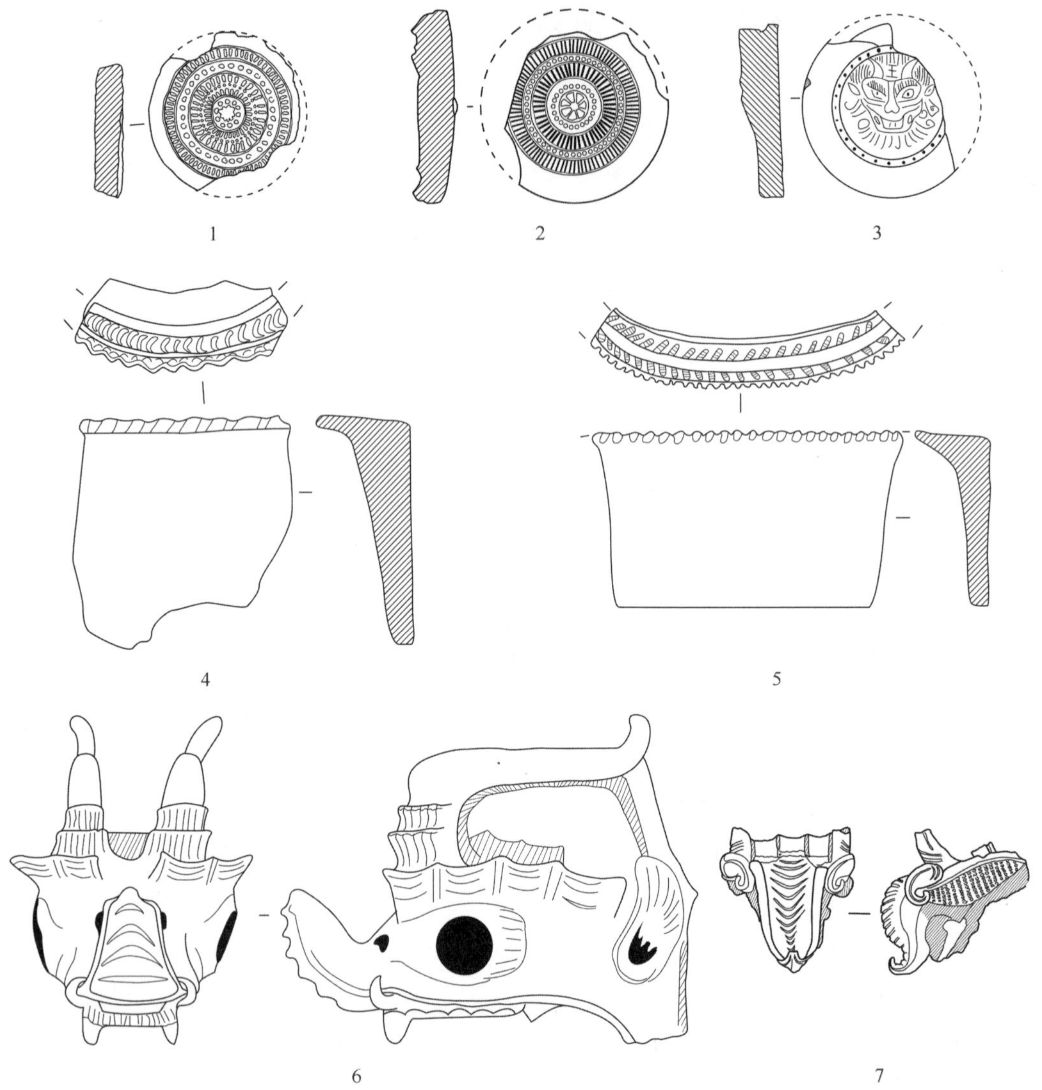

图5-3-1　柳孜运河遗址出土的建筑材料

1～3. 瓦当（T21⑫：79、T24⑪：73、T21⑩：466）　4、5. 板瓦（T12⑩：760、T12⑩：761）
6、7. 兽形建筑构件（T04⑮：55、T21⑩：34）

的部位，并且屋脊有明确、细致的等级划分[①]，所以不是普通民众居住的房屋。

二、相关文献记载

柳孜原名“柳子”，“柳子”一词最早见于五代的《旧唐书·懿宗本纪》所载：“勋抗表请罪，仍命群凶邀求节钺。上遣中使因而抚之。贼令别将梁伾守宿州，以姚周为柳子寨主，又

① 乔迅翔：《宋代建筑瓦屋面营造技术》，《古建园林技术》2007年第3期。

遣刘行及、丁景琮、吴迴攻围泗州。”[①]可见在唐代“柳子”这一地名就存在了，只是没有留下记载而已。“柳子”一词到了宋代便频繁出现在典籍之中。

柳孜这一名称的具体来源无从考证，但可以大胆推测应和运河河堤栽种的杨柳有关。唐代著名诗人白居易在《隋堤柳》诗中写道：“西至黄河东至淮，绿影一千三百里，大业末年春暮月，柳色如烟絮如雪。”赞美汴河隋堤的胜景。当年隋堤之上盛植杨柳，风吹柳絮，腾起似烟。北宋周邦彦《咏柳》云：“柳阴直，烟里丝丝弄碧。隋堤上，曾见几番，拂水飘绵送行色。登临望故国，谁识京华倦客。长亭路，年去岁来，应折柔条过千尺。”可见柳树是隋堤上最常见的植物，同时也是稳固河堤的重要树种。《旧唐书》载：“单于城中旧少树，希朝于他处市柳子，命军人种之，俄遂成林，居人赖之。”[②]希朝即是唐朝著名将领范希朝。他在别处购买“柳子”树种，并派人栽种的“柳子”应该是一种柳树，而柳子也指杞柳或柳树。所以柳孜当地人以“柳子”作为集镇名也是可以理解的。

唐代高征在《东征赋》里记述了他自洛阳而东游，文中虽未记载柳子，但在他的行程中必经过柳孜。书中曰：“下符离之西偏，临彭城之高岸；连山郁其潾荡，分大泽乎渺漫。忆昔天未厌祸，项氏叛涣；解齐归楚，自萧击汉。天地无色，风溃乱；悯君王之坎轲，混士卒以奔散。苟炎运之克昌，岂人生之涂炭？次灵壁之逆旅，面垓下之遗墟。”[③]而柳孜正处于符离与灵璧之间，他在游历之时定是经过柳孜的。

唐李翱在《来南录》中记载了他一路南下的线路，他主要是沿通济渠南下的：“乙酉，次宋州，疾渐瘳。壬子，至永城。甲寅，至埇口。丙辰，次泗州，见刺史假舟转淮，上河如杨州。”[④]文中虽没有明确提出经过柳孜镇，但柳孜位于永城和埇口之间，李翱定是经过柳孜镇的。

在当地，柳孜是个军事重镇，也可能是一个驿站别馆所在区域。因为唐代中期康承训曾在此地剿杀叛将庞勋。宋代司马光的《资治通鉴》载：“康承训军于新兴，贼将姚周屯柳子，出兵拒之。……康承训既破王弘立，进逼柳子，与姚周一月之间数十战。丁亥，周引兵渡水，官军急击之，周退走，官军逐之，遂围柳子。”[⑤]说明唐代柳子镇是经济、交通和军事要地，是兵家必争之地。

在北宋的一些游记和诗词中也记载了柳孜的一些情况，比较著名的便是北宋时期，日本僧人成寻来华求法，自杭州到开封，乘船沿汴河而行。此人沿途做了行记，书中对柳子做了一些描述。成寻游至柳孜寥寥几笔粗略地勾勒出柳孜当时的情况：是一个重要的集镇和驿站，并且有大桥。说明了当时柳孜是个重要的行政单位。

---

① （后晋）刘昫等撰：《旧唐书》卷一九七《懿宗本纪》，中华书局，1975年，第663页。

② （后晋）刘昫等撰：《旧唐书》卷一五一《范希朝传》，中华书局，1975年，第4058页。

③ （唐）高适著，刘开扬笺注：《高适诗集编年笺注》，中华书局，1981年，第357页。

④ （唐）李翱：《来南录》，《全唐文》卷六三八，中华书局影印本，1982年，第6442页。

⑤ （宋）司马光撰，（元）胡三省音注，“标点资治通鉴小组”校点：《资治通鉴》卷第二百五十一，中华书局，1956年，第8138～8141页。

另外欧阳修在《于役志》中也提过柳子："六月己酉，次柳子。庚戌，过宿州，与张参约：泊灵壁镇，游损之园。"考虑到欧阳修当时主要交通工具是舟船，所以他应该是走水路汴渠，并且记载了行途的线路，也是在柳孜停靠过。

宋代张耒《宿柳子观音寺》："黄尘满道客衣穿，古寺荒凉暂息肩。倦体收来便稳榻，汗颜濯去快寒泉。野僧治饭挑蔬至，童子携茶对客煎。夜久月高风铎响，木鱼呼觉五更眠。"记载了柳孜集镇上风铎木鱼响绝于耳，说明了在宋代柳孜集镇寺庙的情况。张耒为神宗熙宁进士，历任临淮主簿、著作郎、史馆检讨。临淮即今泗县。

王安石的《临川集》卷五十五有这样一句话，"宿州临涣县柳子镇市户、进纳斛斗人朱亿弟杰本州助教制"，描述了柳子镇的姓朱的人进纳买官的事情。反映了在宋代卖官鬻爵的现象。

《全宋诗》里晁说之《后十一月十一日夜宿柳子镇》："早岁无知到柳桥，黄流澎湃客雄豪。自从道路无形势，今日睢阳益谩劳。"描述了晁说之在早年和晚年都经历柳孜镇，感叹世事的变化。诗文中传达了柳子有桥这一历史信息。

这些文人墨客的旅行游记或是诗词里均涉及柳孜，说明柳孜是汴河沿岸的一个重要集镇，也是停船歇客的驿站，更是一个给人留有印象的重要景点。隋堤烟柳、汴水西来、晨钟暮鼓、虹桥明月，这一处处柳孜的美景，在诗词中可以略窥一二。

在金代柳子归临涣管辖，《金史·志第六·地理中》载："宿州……符离倚。有诸阳山、汴河、睢水、陴湖。镇三曲沟、符离、黄团。临涣有嵇山、汴河、肥水。镇三柳子、蕲泽、桐墟。"①记载比较详细，既记载了临涣的山水，也记载了柳孜时临涣的一个重要集镇。

宋金交战时期，柳子依然逃不脱两兵家相争的命运。《宋史·列传第一二六》："十年，金人叛盟取河南，命存中为淮北宣抚副使，引兵至宿州，以步军退屯于泗。金人诡令来告敌骑数百屯柳子镇。存中欲即击之，或以为不可，存中不听。留王滋、萧保以千骑守宿，自将五百骑夜袭柳子镇，黎明，不见敌而还。金人以精兵伏归路，存中知之，遂横奔而溃。参议官曹勋不知存中存亡，以闻，朝廷震恐，于是有权宜退保之命。既而存中自寿春渡淮归泗。"②说明在宋金战争期间，柳孜已被金人占领，尤其在绍兴十一年（1141年）的《绍兴合议》之后，柳孜更是属于金统治区域。但是在宋金战争期间出现了抗击金兵的"红袄军"。清代李有棠在《金史纪事本末·群盗叛服》中载："时迁汴，赋敛益横，两河遗民群聚为盗，寇掠州郡，皆衣红衲袄以相识，呼为红袄贼。"《金史·本纪第一六》载："丁酉，红袄贼掠柳子镇，驱百姓及驿马而去，提控张瑀追击，夺所掠还。"③在金统治区域的柳孜也遭到红袄军的侵袭。

到了元明清时期，在嘉靖《宿州志》中记载柳孜的情况较多。尤其是介绍宿州地区运河沿途的镇，书中写道："西二铺集、西三铺集、西四铺集、西五铺集、百善集、柳子集、界首集……"可见当时集镇林立。同时也记载了"柳子铺"是宿州二十九铺中的一个铺舍。在《宿

① （元）脱脱等撰：《金史》卷二十五《志第六·地理中》，中华书局，1975年，第598页。

② （元）脱脱等撰：《宋史》卷三六七《杨存中列传》，中华书局，1977年，第11436页。

③ （元）脱脱等撰：《金史》卷一六《宣宗本纪》，中华书局，1975年，第362页。

州志》中记载元代柳子民众为纪念巡检司侯德原捕盗有功而迁绍兴县尉，柳子之民不忍其去，而立《侯巡检去思碑》。另外，柳孜当地流传一句话："柳孜有庙宇99座，井百眼。"说明在明清时期柳孜佛教盛行，目前在一户人家尚存有一口古井，其暴露地表的部分有莲花石刻。另外比较重要的文物古迹是柳孜村周围的一些石碑，在一户姓王的人家中找到一块碑刻上有"大清国凤阳府……"等字样。说明柳孜地区在明清时期属于凤阳府宿州。碑文上面留下了珍贵的文字史料，并且也涉及柳孜的历史。

到了近代，柳孜存有的历史文物古迹破坏较多，尤其是在"文化大革命"十年的"破四旧，迎四新"时期，一些庙宇和碑刻被砸毁，一些古代建筑也随着时间的流逝而灰飞烟灭了。柳孜地区自古至今，人民生生不息地劳作繁衍，创造了独特的运河文化及文明，历史文化内涵十分丰富。

柳孜运河遗址是运河考古和瓷器考古的一次重大发现，这里涉及运河史、交通史、航运史、建筑史、陶瓷史等。所以柳孜运河遗址的发现与研究对了解唐宋时期通济渠的管理和治理有着重要的意义，并且柳孜运河遗址成功入选《世界遗产名录》更是体现了其意义的重大。未来我们需要加深柳孜运河遗址的研究，把很多未解之谜弄清楚。同时也要加强对柳孜运河遗址的文物保护管理和开发，使柳孜运河遗址再焕发出生机，体现出世界文化遗产的价值。

第六章　通济渠（安徽段）的历史变迁

第一节　春秋至秦汉时的萌发期

先秦时期，古代民众就开始了开凿运河的行为，比较早的运河有邗沟、胥河等。《史记·河渠书》载："禹以为河所从来者高，水湍悍，难以行平地，数为败，乃厮二渠以引其河。北载之高地，过降水，至于大陆，播为九河，同为逆河，入于勃海。"[①]记录了当时大禹治水的情景，同时也是疏通河道、开凿运河的行为。在《史记·苏秦列传》中论述魏国的地理范围时，涉及一条重要的人工河流——鸿沟。文献中记载："大王之地，南有鸿沟、陈、汝南、许、郾、昆阳、召陵、舞阳、新都、新郪，东有淮、颍、煮枣、无胥，西有长城之界，北有河外、卷、衍、酸枣，地方千里。"[②]并且在《史记·河渠书》也记有鸿沟水系，史载："荥阳下引河东南为鸿沟。索隐：楚汉中分之界，文颖云即今官渡水也。盖为二渠：一南经阳武，为官渡水；一东经大梁城，即鸿沟，今之汴河是也。以通宋、郑、陈、蔡、曹、卫，与济、汝、淮、泗会。于楚，西方则通渠汉水、云梦之野，东方则通（鸿）沟、江淮之间。"[③]历史上比较有名的晋楚之间的"邲之战"就发生在鸿沟的一条支流。

鸿沟水系涉及多条支流，其具体形成与何时？目前尚无定论，但仍有很多学者做过考证。如朱偰在《中国运河史料选辑》中有过论述："秦始皇二年王贲断故渠引水大梁，则史有明文，当较为可靠。……不过鸿沟东南流，经扶沟（今河南扶沟）入淮，到了汉代，遂以沟通江、淮，便利航运。这条运河，至少在战国时代，已经存在着了。"[④]鸿沟水系的存在除战争用途之外，同时也起到了防洪治水、农田灌溉、航运交通的作用。鸿沟水系中一条重要的支流就是"汳水"。在《水经注》中有明确的记载："汳水出阴沟于浚仪县北，又东至梁郡蒙县，为获水，余波南入睢阳城中。"[⑤]其中阴沟即蒗荡渠也，故道西起今河南原阳县西南，东至开

---

① （汉）司马迁撰，（唐）裴骃集解，（唐）张守节正义：《史记》卷二九《河渠书第七》，中华书局，1959年，第1405页。

② （汉）司马迁撰，（唐）裴骃集解，（唐）张守节正义：《史记》卷六九《苏秦列传第九》，中华书局，1959年，第2253、2254页。

③ （汉）司马迁撰，（唐）裴骃集解，（唐）张守节正义：《史记》卷二九《河渠书第七》，中华书局，1959年，第1406页。

④ （唐）朱偰：《中国运河史料选辑》，中华书局，1962年，第2页。

⑤ （北魏）郦道元原著，陈桥驿等译注：《水经注全译》，贵州人民出版社，2008年，第588页。

封市境内合古蒗荡渠。汳水和获水是同一条人工运河，史念海先生认为是一条河流的上下游的不同称呼。汳水从浚仪（开封）出发，经过陈留，东流经雍丘县（杞县）老城北面，流经阳乐城（民权县）南面。往东流经宁陵县北面。东流经商丘旧城北面，又东流砀县北、萧县南、再经过彭城后被黄河古道暂用了[①]。但陈桥驿先生却认为汳水是流入淮河的。注文载："汳水又东迳蒙县故城（商丘）西北，向东南流入淮河。"[②]

在《水经注》中提到汳水出于阴沟水，而阴沟水于浪荡渠是同一河流的不同称呼。蒗荡渠，实为"狼荡渠"，亦作"莨荡渠"。始见于《汉书·地理志》，即战国至秦汉之际的鸿沟。《汉书·地理志》载："有狼汤渠，首受泲，东南至陈入颍，过郡四，行七百八十里。……县十七：陈留，鲁渠水首受狼汤渠，东至阳夏，入涡渠。"[③]这里说明了蒗荡渠和颍河、涡河之间是有交流错会的，蒗荡渠的水分别在不同地方注入了颍河和涡水。《汉书·地理志》记载了蒗荡渠流入涡河后，一路东南行千里之后注入淮水。如"宁平，扶沟，涡水首受狼汤渠，东至向入淮，过郡三，行千里"[④]。《水经注》中也对蒗荡渠做了详细记载："阴沟水出河南阳武县蒗荡渠。……阴沟首受大河于卷县……东南至大梁，合蒗荡渠。"[⑤]注文中说蒗荡渠故渎实兼阴沟、浚仪之称，且和涡水时分时合，关联紧密。其中浚仪就是开封，即蒗荡渠从开封出发，经过扶沟县、阳夏县、鹿邑、武平县、广苦县、柘县、相县南、龙亢县、荆山、山桑县南后入淮河。

关于汳水的记载，最早出现在《春秋》，《宋史·地理志·河渠三》载："渠外东合济水，济与河、渠浑涛东注，至敖山北，渠水至此又兼邲之水，即《春秋》晋、楚战于邲。邲又音汳，即'汴'字，古人避'反'字，改从'汴'字。渠水又东经荥阳北，旃然水自县东流入汴水。"[⑥]史念海先生认为汳水的开凿利用是在梁惠王时期[⑦]。

《汉书·地理志》作卞水："荥阳，卞水、冯池皆在西南。有狼汤渠，首受泲，东南至陈入颍，过郡四，行七百八十里。"[⑧]指今河南荥阳市西南索河。《后汉书》始作汴渠，指卞水所入荥阳市一带从黄河分出的狼汤渠（即古鸿沟）。卞水也是指汳水，《水经注疏》载："系卞水于荥阳，均汳水之上流，与济及蒗荡等水同流，故郦氏不详叙。"[⑨]那么卞水与汳水同流。段玉裁说："胡寅曰：'世言隋炀帝开汴渠以幸扬州，据此，则是（汉）明帝时已有汴渠矣。'臣按：河即黄河，汴乃汴渠也。史称明帝时河、汴决坏，久而不修，至是（汉）明帝遣王景发卒数十万修汴渠堤，自荥阳东至千……数者。"[⑩]

---

① 史念海：《河山集》（三集），人民出版社，1988年，第346、347页。

② （北魏）郦道元原著，陈桥驿等译注：《水经注全译》，贵州人民出版社，2008年，第596～602页。

③ （汉）班固撰，（唐）颜师古注：《汉书》卷二八上《地理志》，中华书局，1962年，第1558页。

④ （汉）班固撰，（唐）颜师古注：《汉书》卷二八下《地理志》，中华书局，1962年，第1636页。

⑤ （北魏）郦道元著，陈桥驿校证：《水经注校证》，中华书局，2007年，550页。

⑥ （元）脱脱等撰：《宋史》卷九三《地理志·河渠三》，中华书局，1977年，第2318、2319页。

⑦ 史念海：《河山集》（三集），人民出版社，1988年，第337、338页。

⑧ （汉）班固撰，（唐）颜师古注：《汉书》卷二八上《地理志》，中华书局，第1555页。

⑨ （后魏）郦道元注，（清末）杨守敬、熊会贞疏，段熙仲点校，陈桥驿复校：《水经注疏》卷二三，江苏古籍出版社，1989年，第1957页。

⑩ （汉）许慎撰，（清）段玉裁注：《说文解字注》，上海古籍出版社，1981年。

东汉时期鸿沟水系被破坏，而汴水尚有通航的能力，因而加大了对于汴水的治理，并且当时南方地区向洛阳上贡或运送漕粮，相当大一部分是通过水路。东方漕运船只，必须由汴渠入黄河（在荥阳附近），才能转入洛水，东汉政府特别注意，既不能让黄河水再入汴渠，也不能使汴渠受他水侵夺[①]。《后汉书》中载王景治理汴渠："夏四月，汴渠成。辛巳，行幸荥阳，巡行河渠。乙酉，诏曰：'自汴渠决败六十余岁，加顷年以来，雨水不时，汴流东侵，日月益甚，水门故处，皆在河中，漭瀁广溢，莫测圻岸，荡荡极望，不知纲纪。今兖、豫之人，多被水患，乃云县官不先人急，好兴它役。又或以为河流入汴，幽、冀蒙利，故曰左堤强则右堤伤，左右俱强则下方伤，宜任水势所之，使人随高而处，公家息壅塞之费，百姓无陷溺之患。议者不同，南北异论，朕不知所从，久而不决。今既筑堤理渠，绝水立门，河、汴分流。'"[②]王景主要是把鸿沟在原来黄河分水处的水门整理了一下，使黄河水流入鸿沟的水量有一定控制；又在黄河两岸加筑堤岸，使黄河不再像以前那样易于泛滥。《水经注》亦载："汉明帝永平十二年，议治汳渠，上乃引乐浪人王景问水形便，景陈利害，应对敏捷，帝甚善之，乃赐《山海经》《河渠书》《禹贡图》及以钱帛。后作堤，发卒数十万，诏景与将作谒者王吴治渠，筑堤防脩堨，起自荥阳，东至千乘海口，千有余里，景乃商度地势，凿山开涧，防遏冲要，疏决壅积，十里一水门，更相回注，无复渗漏之患。"[③]

可见，春秋至东汉时期，在黄河与淮河之间多注重对运河水道的治理与开发。这不仅仅是对水利的开发重视，也是对漕运的控制及管理。《文献通考》载："中古制，国用悉赋畿内，无有输于千里之外者。秦废封建而漕运聿兴，其数亦视国之侈节以为盈缩焉。汉初，岁不过数十万石……元封元年……山东漕益，岁六百万石。一岁之中，太仓、甘泉仓满，边余穀。"[④]可见漕运是当时政府保障社会稳定的一项基本治国方略。自然会对运河加强治理。

第二节　魏晋南北朝时期的初步发展

东汉末年，由于土地兼并越加尖锐，地主豪强拥有自己的私人武力，加上中央政府政治黑暗，皇权虚弱无力，对地方过度放权，因而造成群雄割据的局面。时代的动荡不安，也使地方豪强有了崛起的机会，他们一开始靠着自己的财力组织自己的武装军队保卫家园，后来就逐渐演变成拥有私人武力的军阀。很多底层武装势力也迅速崛起，比较有名的是"黄巾军"农民起义。动乱的社会导致汴渠失去了整理和维护的时机，并且在军事割据势力的影响下，汴渠沿岸也先后为群雄所割据。这造成了汴渠整个流域分属各方，政治管理上无法统一，并且这些割据

① 付崇兰：《运河史话》，社会科学文献出版社，2011年。

② （宋）范晔撰，（唐）李贤等注：《后汉书》卷二《孝明帝纪》，中华书局，1965年，第116页。

③ （后魏）郦道元注，（清末）杨守敬、熊会贞疏，段熙仲点校，陈桥驿复校：《水经注疏》卷二三，江苏古籍出版社，1989年，第132页。

④ （元）马端临：《文献通考》卷二五《漕运》，中华书局，1986年，第239页。

势力彼此争斗，无暇顾及汴渠的通航利用[①]。东汉末年，汴渠虽不能全线贯通，但局部仍可以利用。曹操曾在汴水之畔与董卓有过一次“汴水之战”。起因是曹操认为董卓“焚烧宫室，劫迁天子，海内震动”，应趁机与之决战，遂独自引军西进。曹操行至荥阳汴水（今河南荥阳西南），与董卓大将徐荣交锋，因为士兵数量相差大，曹操大败，士卒死伤大半，自己也被流矢所伤，幸得堂弟曹洪所救。《三国志·曹洪传》：“初平元年（190年）二月……至荥阳……遂步从到汴水，水深不得渡，洪循水得船，与太祖（操）俱济，还奔谯〔县〕。”[②]三国初期比较著名的战役“官渡之战”就发生在汴渠之上。《三国志·荀彧传》中载：“《彧别传》曰：太祖又表曰：‘昔袁绍侵入郊甸，战于官渡。时兵少粮尽，图欲还许，书与彧议，彧不听臣。建宜住之便，恢进讨之规，更起臣心，易其愚虑，遂摧大逆，覆取其众。此彧睹胜败之机，略不世出也。及绍破败，臣粮亦尽，以为河北未易图也，欲南讨刘表。彧复止臣，陈其得失，臣用反旆，遂吞凶族，克平四州。向使臣退于官渡，绍必鼓行而前，有倾覆之形，无克捷之势。’”[③]官渡位于郑州中牟县城东北2.5千米官渡桥村一带，因傍官渡水而得村名，此地也是汴渠的位置。说明在荥阳附近的汴水是可以通航使用的。

官渡之战后，曹操虽然战败了袁绍，但袁绍还有相当的实力，曹操为经营河北，考虑到汉时漕运网的利用，但也仅对当时已经陷于瘫痪状态的汴渠故道的上游进行了整理，其目的是漕运粮食以供军队粮秣[④]。曹魏政权基本统一了北方大部分地区之后，此地在政治上有一个相对安稳的环境，也给汴渠进一步开发提供了契机。曹魏政权为了解决粮食问题，而开展屯垦的政策。在实施这一政策的同时，也加强了水利设施的建设，其中也包括了对汴渠的治理与恢复。《三国志》卷二八载：“艾以为‘田良水少，不足以尽地利，宜开河渠，可以引水浇溉，大积军粮，又通运漕之道’。乃著济河论以喻其指。……正始二年，乃开广漕渠，每东南有事，大军兴众，泛舟而下，达于江、淮，资食有储而无水害，艾所建也。”[⑤]曹魏政权为了屯兵、屯粮而加强草原的治理，对沟通东南的汴渠更是作为重要的运河加强治理。

文献中关于西晋治理汴渠的记载甚少，其中比较重要的是《晋书·王濬传》中录的一条信息：“预至江陵，谓诸将帅曰：‘若濬得下建平，则顺流长驱，威名已著，不宜令受制于我。若不能克，则无缘得施节度。’濬至西陵，预与之书曰：‘足下既摧其西藩，便当径取秣陵，讨累世之逋寇，释吴人于涂炭。自江入淮，逾于泗汴，溯河而上，振旅还都，亦旷世一事也。’濬大悦，表呈预书。”[⑥]记载了杜预建议王濬攻下秣陵后，应挥师自长江入淮河，再走泗水和汴水后入黄河，最后逆黄河而上回到洛阳。这说明了当时汴渠自南向北是通航的。到了西晋末年，汴渠淤塞，“兵乱之余，汴水填淤，未尝有人浚治，故浅。恐漕运难通。”[⑦]

---

① 史念海：《中国的运河》，陕西人民出版社，1988年，第104页。

② （晋）陈寿撰，（宋）裴松之注：《三国志》卷九《曹洪传》，中华书局，1959年，第277页。

③ （晋）陈寿撰，（宋）裴松之注：《三国志》卷一〇《荀彧传》，中华书局，1959年，第316页。

④ 潘镛：《隋唐时期的运河和漕运》，三秦出版社，1986年。

⑤ （晋）陈寿撰，（宋）裴松之注：《三国志》卷二八《王毌丘诸葛邓锺传》，中华书局，1959年，第775页。

⑥ （唐）房玄龄等：《晋书》卷四二《王濬传》，中华书局，1974年，第1210页。

⑦ （宋）司马光撰，（元）胡三省音注，“标点资治通鉴小组”校点：《资治通鉴》卷一〇二《晋纪二十四·海西公太和四年》，中华书局，1956年，第3213页。

东晋中期，汴水依然堵塞，运路不通，《晋书·郗超传》载：太和中（366～370），（桓）温将伐慕容氏于临漳。（郗）超谏以道远，汴水又浅，运通不通。温不从，遂引军自济入河。超又进策于温曰："清水入河，无通运理。若寇不战，运道又难，因资无所，实为深虑也。"①

刘裕北上打仗从长安返回南方时，就是重修汴渠之后，顺汴渠水路南下而归。《宋书·本纪》载："公欲息驾长安，经略赵、魏，会穆之卒，乃归。十二月庚子，发自长安，以桂阳公义真为安西将军、雍州刺史，留腹心将佐以辅之。闰月，公自洛入河，开汴渠以归。十四年正月壬戌，公至彭城，解严息甲。"②通过刘裕的整治，汴渠重新通航，刘裕由关中顺流而下，经过一个多月便顺利到达彭城。北魏控制汴水流域，对汴渠不甚重视，常泛滥成灾。直到太和十八年，打算迁都洛阳，为了洛阳漕运及南伐行军，重修了石门，后十余年又修浚汴渠（《中国水利史纲要》）。当时在徐州任职的薛虎子也建议重修汴渠，希望通过水利建设沟通南北。《资治通鉴》卷一三五载："薛虎子任徐州刺史时上表陈情：国家欲取江东，先须积谷彭城。切惟在镇之兵，不减数万，资粮之绢，人十二匹；用度无准，未及代下。不免饥寒，公私损费。今徐州良田十万余顷，水陆肥沃，清、汴通流，足以溉灌。"孝文帝谋略江南，苦于水路无通，一次他考察徐州等地后，沿泗水如济水，再入河水而还。后在李冲等人的建议下兴修水利，屯田养民，重视对汴渠的治理与开发，并且孝文帝欲南伐时，可以洛水入河水，从河水入汴水，从汴入清，以至于淮。南下征讨的道路畅通无阻。北朝末年，由于连年征战，水利设施得不到管理维护，汴河再次荒废淤塞。

以上所论述的汴河是历史上记载的北线，与通济渠有一点关联，但并不是一条线路，这在《水经注》中有明确的记载。据《水经·汴水注》记载，汴水出阴沟于浚仪县北，东经仓垣城（在今河南开封市东北），又东经小黄县故城（今河南开封市东）南，汴水又东经雍丘县故城（今河南杞县）北，又东经外黄县（今河南民权县西北）南，又东经考城县故城（今河南民权县东北）南，又东出为获水（汴水下游之别名）。获水东经蒙县（今河南商丘市东北）北，又东南经下邑县故城（今安徽砀山县东）北，又东经萧县（今安徽萧县西北）南，东至彭城县（今江苏徐州市）北，东入于泗③。

第三节　隋唐进一步发展

隋朝结束了魏晋南北朝三百多年的战乱割据的局面，社会恢复发展，隋炀帝主要为了加强南北交通，巩固隋朝对全国的统治，加强中央集权，促进社会经济迅速发展，于大业元年（605年）开凿通济渠这一伟大的水利工程。通济渠是利用旧有鸿沟水系和自然河道开凿而

① （唐）房玄龄等：《晋书》卷六七《郗超传》，中华书局，1974年，第1803页。

② （梁）沈约：《宋书》卷二《本纪·武帝中》，中华书局，1974年，第43、44页。

③ 王鑫义：《东晋南北朝时期的淮河流域的漕运》，《安徽史学》1999年第1期。

成。《隋书·帝纪第三》载："辛亥，发河南诸郡男女百余万，开通济渠，自西苑引谷、洛水达于河，自板渚引河通于淮。"[①]通济渠第一次沟通了海河、黄河、淮河和长江四大水系。《元和郡县图志》也详细记载了通济渠的源流、线路及隋炀帝开凿的功与过。文中载："汴渠，在县南二百五十步，亦名莨荡渠。禹塞荥泽，开渠以通淮、泗。后汉初，汴河决坏，明帝永平中命王景修渠筑堤，十里立一水门，令更相注，洄无复溃漏之患。自宋武北征之后，复皆堙塞。隋炀帝大业元年更令开导，名通济渠，自洛阳西苑引谷、洛水达于河，自板渚引河入汴口，又从大梁之东引汴水入于泗，达于淮，自江都宫入于海。亦谓之御河，河畔筑御道，树之以柳，炀帝巡幸，乘龙舟而往江都。自扬、益、湘南至交、广、闽中等州，公家运漕，私行商旅，舳舻相继。隋氏作之虽劳，后代实受其利焉。"[②]

唐代更加重视通济渠的开发与利用，唐代江南得到深入开发，向长安供给粮食产量大大增加。《旧唐书·陈子昂列传》中记载了洛口的粮食仓储之巨叹为观止。陈子昂说："臣又闻太原蓄钜万之仓，洛口积天下之粟，国家之资，斯为大矣。"[③]这些粮食多数是从江南运送过来的。唐朝初期每年由江淮运来的漕粮不过二十万石，到了开元初，李杰主漕运，每年运八十万石[④]。德宗朝，岁漕运江、淮米四十万石，以益关中。说明唐王朝主要依赖通济渠运送江南漕粮。

唐代中后期，通济渠进一步发展，《宋史·河渠志》载："唐初，改通济渠为广济渠。开元中，黄门侍郎、平章事裴耀卿言：江、淮租船，自长淮西北溯鸿沟，转相输纳于河阴、含嘉、太原等仓。凡三年，运米七百万石，实利涉于此。开元末，河南采访使、汴州刺使齐浣，以江、淮漕运经淮水波涛有沉损，遂浚广济渠下流，自泗州虹县至楚州淮阴县北八十里合于淮，逾时毕功。既而水流迅急，行旅艰险，寻乃废停，却由旧河。"[⑤]虹县即今天的泗县，淮阴县是淮安市淮阴区。后来由于行旅艰险的原因而停废，后依旧沿用隋代的路线，改从临淮、盱眙流入淮河。玄宗时期，通济渠的江苏段水流湍急，滩险难行，汴州刺史齐浣有江南治理漕运河道的经验，见到汴渠水急难行，便上奏朝廷治理汴渠，利用开河分流的方法减少汴渠河水湍流的问题。《旧唐书·齐浣列传》载："（浣）复为汴州刺史。淮、汴水运路，自虹县至临淮一百五十里，水流迅急，旧用牛曳竹索上下，流急难制。浣乃奏自虹县下开河三十余里，入于清河，百余里出清水，又开河至淮阴县北岸入淮，免淮流湍险之害。久之，新河水复迅急，又多僵石，漕连难涩，行旅弊之。"[⑥]

通济渠时有通航，时有淤塞，《旧唐书·食货志》载："（开元）十五年正月……洛阳人刘宗器上言，请塞汜水旧汴河口，于下流荥泽界开梁公堰，置斗门，以通淮、汴，擢拜左卫率

---

① （唐）魏征、令狐德棻撰：《隋书》卷三《帝纪第三·炀帝上》，中华书局，1973年，第63页。

② （唐）李吉甫撰，贺君次点校：《元和郡县图志·河南道一》，中华书局，1983年，第137页。

③ （后晋）刘昫等：《旧唐书》卷一九〇中《陈子昂列传》，中华书局，1975年，第5021页。

④ 曹尔琴：《中国古都与漕运》，《唐都学刊》1987年第2期。

⑤ （元）脱脱等撰：《宋史》卷九三《河渠志》，中华书局，1977年，第2319、2320页。

⑥ （后晋）刘昫等撰：《旧唐书》卷一九〇中《齐浣列传》，中华书局，1975年，第5038页。

府胄曹。至是，新漕塞，行舟不通，贬宗器焉。安及遂发河南府、怀、郑、汴、滑三万人疏决兼旧河口，旬日而毕。”[①]通济渠淤塞会影响到江南漕粮的运输，但是其他河道淤塞也不能使漕粮按照正常时间运送到长安地区。《旧唐书·食货志》中记载开元十八年（730年），宣州刺史裴耀卿在给玄宗皇帝的条陈中，曾有这样的表述："本州正二月上道，至扬州入斗门，即逢水浅，已有阻碍，须留一月已上。至四月已后，始渡淮入汴，多属汴河干浅，又般运停留，至六七月始至河口，即逢黄河水涨，不得入河。又须停一两月，待河水小，始得上河。入洛即漕路干浅，船艘隘闹，般载停滞，备极艰辛。"[②]可见运送漕粮十分艰辛与不易，易受到季节、雨水和水运是否通畅的影响。

唐代晚期的时候，汴河依然是重要的漕运河道，庞勋起义北上攻伐的时候曾占据汴渠。"初，璐决汴水，绝勋北道，水未至，勋度，比密兵攻宿，水大至，涉而傅城，不克攻。勋劫百艘运粮趋泗州，留妇弱持陬。翌日，密觉，追之，士未食。贼伏兵于舟而阵汴上，军见密皆走。密追蹑，伏发，夹攻之，密败，众歼。遂入徐州，囚彦曾及官属，杀尹戡等。又徇下邳、涟水、宿迁、临淮、蕲、虹诸县，皆下。"[③]可见汴渠是当时重要的兵家争相夺取的对象。

高适和李白、杜甫一同南下游历的时候，写了一篇《东征赋》，其中就描述了他沿通济渠游历的情况。"岁在甲申，秋穷季月。高子游梁（商丘）既久，方适楚（淮安）以超忽。"他喝着小酒，唱着歌，一路感慨，过永城南下，一路抒怀："经涣城（淮北市濉溪县）而永望，想谯郡而销忧。慨魏武之雄图，终大济于横流。""下符离（宿州市符离镇）之西偏，临彭城之高岸。""次灵璧（宿州灵璧县）之逆旅，面垓下之遗墟。""登夏丘（泗县）而纵目，对蒲隧而愁予。"沿途记载了通济渠流经的各地风景[④]。

五代时期，虽然战乱征伐是主流，但也对漕运的重要地位给予足够的重视，后晋时期，选择都城时曾充分考虑了交通便利的因素，尤其是漕运。《旧五代史·晋书三》载："今汴州水陆要冲，山河形胜，乃万庾千箱之地，是四通八达之郊。爰自按巡，益观宜便，俾升都邑，以利兵民。汴州宜升为东京。"[⑤]考虑到开封是水陆要冲，更是粮运集中地，利于国家建设，兵民稳定。后周时期，柴荣为了稳固统治，加强南北统一大业，着重治理通济渠。《旧五代史·周书一〇》载："显德六年春正月丁未朔，帝御崇元殿受朝贺，仗卫如式。……二月庚辰发徐、宿、宋、单等州丁夫数万浚汴河。甲申，发滑、亳二州丁夫浚五丈河，东流于定陶，入于济以通清、郓水运之路。又疏导蔡河，以通陈、颍水运之路。"[⑥]

综上所述，唐代通济渠流过河阴、荥泽、管城、原武、阳武、中牟、浚仪、开封、陈留、

① （后晋）刘昫等撰：《旧唐书》卷四九《食货志下》，中华书局，1975年，第2114页。

② （后晋）刘昫等撰：《旧唐书》卷四九《食货志下》，中华书局，1975年，第2114页。

③ （宋）欧阳修、宋祁撰：《新唐书》卷一四八《康承训列传》，中华书局，1975年，第4775页。

④ 任晓勇：《唐朝高适〈东征赋〉地理注订补——兼论隋凿通济渠所经路线问题》，《淮北煤炭师范学院学报（哲学社会科学版）》2008年第1期。

⑤ （宋）薛居正等撰：《旧五代史》卷七七《晋书三》，中华书局，1976年，第1020页。

⑥ （宋）薛居正等撰：《旧五代史》卷一一九《周书一〇》，中华书局，1976年，第1579页。

雍丘、襄邑、宁陵、宋城、谷熟、下邑、郧县、永城、临涣、符离、蕲县、虹县、南重冈城、吴城、徐城、临淮等地，到故泗州西北五十里的临淮头，然后汇入淮水[①]。河畔筑御道，树之以柳。通济渠从西北方向进入淮北，往东南到宿州境内，全长41.5千米，淮北境内两岸因河而兴的有铁佛、柳孜、百善、三铺、四铺、五铺6个集镇[②]。五代在唐代末期破坏的基础上重新疏通了通济渠的水路，为宋代进一步的利用提供了前期的准备工作。

第四节　两宋时期空前繁荣

宋王朝的建立，结束了藩镇割据和五代十国的分裂局面。北宋集重兵于中央以造成强干弱枝之势。宋军队主要有三种：禁兵、厢兵和乡兵。当时很多兵力主要集中在禁军当中，据说禁军人数太宗时35.8万，仁宗时82.6万，神宗时61.2万，中央既然集中了重兵，对粮食的需求便剧增。所以北宋王朝建都于开封，汴河及大运河的漕运交通之利实为决定性的作用。宋朝初年张方平在《论汴河利害事》就说："利漕运而兼师旅，依重师而为国，则是今日之势。国依兵而立，兵以食为命，食以漕运为本，漕运以河渠为主。"[③]

北宋王朝时，漕粮运输主要依靠通济渠，在两宋时期通济渠称为"汴河"或"汴渠"。宋太宗说它是重要的生命线，对宋朝经济有着举足轻重的意义。"甸服时有水旱，不到艰歉者，有惠民、金水、五丈、汴水等四渠，派引脉分，咸会天邑，舳舻相接，赡给公私，所以无匮乏。唯汴水横亘中国，首承大河，漕引江、湖，利尽南海，半天下之财赋，并山泽之百货，悉由此路而进。然则禹力疏凿以分水势，炀帝开甽以奉巡游，虽数湮废，而通流不绝于百代之下，终为国家之用者，其上天之意乎。"[④]汴渠对大宋王朝的社会安定与长远发展十分重要。淳化二年（991年）六月，汴河水势暴涨，太宗车驾出乾元门，亲临河堤督促防汛抢险，宰相、枢密等大臣劝他回宫休息，《宋史·河渠志》载："东京养甲兵数十万，居人百万家，天下转漕，仰给在此一渠水，朕安得不顾。"[⑤]汴河在北宋统治者心目中的地位，由此可见一斑。北宋时期的汴河已成了把经济重心的南方与政治、军事中心的东京开封连结起来的重要纽带。

《宋会要辑稿·食货四六》载："四河所运，国初未有定数，太平兴国六年，始制汴河岁运原书地脚注云：《制度详说》：江淮沿泝入汴，陕西自黄河三门沿泝入汴，陈蔡自惠民河而至京东，自广济而至。江淮：米三百万石，豆百万石，黄河：粟五十万石，豆三十万石；惠民河：粟四十万石，豆二十万石；广济河：粟十二万石。凡五百五十万石。或水旱，蠲放民租，

① 陈正祥：《中国文化地理》，生活·读书·新知三联书店，1983年。

② 张继玲：《故黄河对淮北地域自然环境的影响》，《淮北地情》2012年第14期。

③ （南宋）李焘撰：《续资治通鉴长编》卷二六九，中华书局，1986年，第6592页。

④ （元）脱脱等撰：《宋史》卷九十三《河渠志》，中华书局，1977年，第2321页。

⑤ （元）脱脱等撰：《宋史》卷九十三《河渠志》，中华书局，1977年，第2317页。

随减其数。至道初，汴运米至五百八十万石，大中祥符初，七百万石，此最登之数么。”[①]上述可知宋代通过汴渠运输的漕粮最多可以达到七百万石，而其他漕运渠道运输的粮食相对较少。

北宋末年，由于发运司使运粮的漕船改从唐代以来行之有效的转搬法（根据运河不同季节的流量、水势及漕船特点，加以分段运输）为直达运输，增加了漕运船只的损失，加大了运输成本，使汴河的运输量大大减少。宋徽宗政和年间，汴河河床逐年增高，航行大段搁浅，漕运颇受阻碍。靖康以后，汴河有时干涸月余，漕运不通。这时，每岁只能通航半年，虽然如此，昏庸奢侈的赵佶君臣，在江南各地大肆搜刮“花石纲”，进一步抢夺漕运的船只，阻塞漕运航道。1125年，金兵大举南侵，不久开封被围，汴河上游已是“堤岸关防，汴渠久绝”了。

北宋亡后，宋室南渡，金人曾利用汴河水道以舟师尾追。宋高宗为了阻止金兵进逼，下诏破坏汴河水道，汴渠遭到人为破坏。建炎二年（1128年）冬，金兵南下，杜充弃城南逃时，扒开黄河大堤，使黄河水自泗水入淮，企图以此阻挡身后追兵。决口以下，河水东流，经今滑县南，濮阳、东明之间，再东经、鄄城、巨野、嘉祥、金乡一带汇入泗水，经泗水南流，夺淮河注入黄海。汴渠自此受到极大的破坏，无法承担贯通南北的能力。后战争连年不断，南宋与金国以秦岭—淮河为界分而治之，贯通南北的汴水上航运的船只逐渐消失。再加上黄河屡次夺汴入淮，造成河道更加淤塞，年长日久，汴水下游的河道便湮废了。宋乾道五年（1169年），孝宗赵慎派楼钥出使金国，往来都经过汴河故道，他亲眼看到汴河的荒废情况。“自离泗州循汴而行至此，河益堙塞，几与岸平，车马皆由其中，亦有作屋其上”，六年后还，“早顿，又四十五里，宿宿州，汴河底多种麦”[②]。车马都在河道中行走，有的地方已盖起了房屋，汴河的河底也多半种上了庄稼。

南宋周辉著《北辕录》，这是他于宋孝宗淳熙三年（1176年）使赴燕京，沿途看到的行经地风貌的笔记。其中说：“正（车行）六十里至临淮县，县有徐城……是日行循汴河，河水极浅，洛口既塞，理固应然。承平，漕江淮米六百万石，自扬子达京师，不过四十日。五十年后，乃成污渠，可寓一笑，隋堤之柳，无复仿佛矣。二日，至虹县，晚宿灵璧县。汴河自此断流。自过泗地，皆荒瘠，两岸奇石可爱。”[③]周辉记载了自临淮至大梁的汴河荒废，仅说了临淮地区的汴渠局部可通航，自灵璧断流，但未记载灵璧至何处断流，且灵璧至大梁段未描述汴河的情况。

在北宋时期，汴河多有因水涨决堤、泛滥的灾害，文献中多次记载汴渠水患。《宋史》卷六一《五行志第一四》载：“八月，宿州汴水水溢，坏堤。”“四年六月，汴水决宋州谷熟县济阳镇。”“宋州、郑州并汴水决。”“又汴水决宋州宁陵县境。六月，泗州淮涨入南城，汴水又涨一丈，塞州北门。”“景德元年九月，宋州汴水决，浸民田，坏庐舍。”“六月乙酉，汴水溢于浚仪县，坏连堤，浸民田；上亲临视，督卫士塞之。”[④]汴水常年水患侵扰，严重影

---

① （清）徐松：《宋会要辑稿·食货四六》，中华书局，1957年，第5604页。

② （宋）楼钥：《北行日录》，《民国知不足斋从书》，艺文印书馆，清乾隆道光间（1736～1850年）。

③ （宋）周辉：《景明刻本历代小史》卷四六《北辕录》，艺文印书馆，1969年。

④ （元）脱脱等撰：《宋史》卷六一《五行志》，中华书局，1977年，第1319～1324页。

响南粮北运，所以政府对汴河维护治理比较重视，加筑汴河两岸的河堤高度，同时在沿线设立水门，分流汴渠水量，积极治理汴河。

汴河也有因河水补给缺失造成断流的情景或是含沙量大造成河道淤塞。陈霆在《两山墨谈》中载："宿州至灵璧县，循古岸而行，问之，乃汴堤，下即汴河也。炀帝凿此以幸江都。时代变迁，故道湮塞。"[①]黄河水源断绝，导致汴渠河水枯竭，航运不畅。汴河另一个重要的问题是含沙量大，易淤积，抬高河床，造成通航不便，北宋针对淤沙的难题采取"导洛通汴"的治汴策略。《宋史·汴河志四》载："二年正月，使还，以为工费浩大，不可为。上复遣入内供奉宋用臣，还奏可为，请自任村沙谷口至汴口开河五十里，引伊、洛水入汴河，每二十里置束水一，以刍楗为之，以节湍急之势，取水深一丈，以通漕运。"[②]导洛通汴的治河方法使汴河的泥沙能更多地被清水带走，达到治沙的目的。这样既改善了航运条件，又节省了每年疏浚汴渠的费用和大量劳役。沈括在《梦溪笔谈》中记载："国朝汴渠，发亦畿辅郡三十余县夫，岁一浚。祥符中，阁门祗侯使臣谢德权领治京畿沟洫，权借浚汴夫。自尔后三岁一浚，始令京畿民官皆兼沟洫河道，以为常职。久之，治沟洫之工渐弛，邑官徒带空名，而汴渠有二十年不浚，岁岁堙淀。……自汴流堙定，亦城东水门一至雍丘、襄邑，河底皆高出堤外平地一丈二尺余。"[③]可见湮塞严重，运河治理之难。

北宋时期除"导洛通汴"的治河策略之外，还采用了木岸狭河的水利技术。嘉祐六年（1061年）都水监建议，将应天府（今河南商丘）西至汴河入黄河口的一段河道采用木岸技术疏通河道，《宋史·河渠志三》载："嘉祐六年（1061年）河自应天府抵泗州，直流湍驶无所阻。惟应天府上至汴口，或岸阔浅漫，宜限以六十步阔，于此则为木岸狭河，扼束水势，令深驶。梢，伐岸木可足民。"[④]

金朝时期金人对漕运也相当重视，对汴渠采取了一定的治理，金人认为："永城北近大河，南有汴堤，大河分派其间，干滩泥濯，步骑俱不可行，惟宜轻舟往来，可选精锐数千，以舟贰佰艘。"文中提到的汴堤当是至汴河的河堤，具有一定的通航功能，且在《宋史·地理志》叙述南京路"开封府"条时列举的下辖县镇时记载："睢阳宋名宋城，承安五年更名。有鹰鹭池、汴水、睢水、涣水。镇一葛驿。宁陵大定二十二年徙于汴河堤南古城。有汴水、睢水、涣水。下邑有汴水、黄水。镇一会亭。虞城有孟诸薮。谷熟有汴水、谷水。镇二营城、洛阳。又有旧高辛镇。"[⑤]其中睢阳、宁陵、下邑和谷熟四地均有汴水出现，说明金代汴水局部地区是通航的。在金代末期，汴河获得了短暂的疏通。《金史·列传四九》载："英王守纯曰：'凡为将帅，驾驭人材皆当如此。'上曰：'然。'未几，宋人三千潜渡淮，至聊林，

① （明）李濂撰，周宝珠、程民生点校：《汴京遗迹志》，中华书局，1999年。

② （元）脱脱等撰：《宋史》卷九四《河渠志四》，中华书局，1977年，第2328页。

③ （宋）沈括著，胡道静、金良年、胡小静译注：《梦溪笔谈全译》，贵州人民出版社，1998年，第795～797页。

④ （元）脱脱等撰：《宋史》卷九三《河渠志三》，中华书局，1977年，第2322、2323页。

⑤ （元）脱脱等撰：《金史》卷二十五《地理志六》，中华书局，1975年，第590页。

尽伐堤柳，塞汴水以断吾粮道。牙吾塔遣精甲千余破之，获其舟及渡者七百人，汴流由是复通。”①

金代灭亡之后，由于元朝都城在元大都，政治中心从中原地区转移到北方，因此元朝舍弃了汴河故道，开始着手开凿贯穿南北的京杭大运河，以维护北方的政治稳定。

第五节　元明清时期没落

到了元代，由于通济渠的重要作用基本消失，并且大部分河段已经淤塞为陆路，所以文献中也很少有相关记载。虽然一些官员倡议重修汴渠，但苦于困难重重，终元一代，一直没有通航。《元史·河渠志二》载：“运河在扬州之北，宋时尝设军疏涤，世祖取宋之后，河渐壅塞。至元末年，江淮行省尝以为言，虽有旨浚治，有司奉行，未见实效。仁宗延祐四年十一月，两淮运司言：‘盐课甚重，运河浅涩无源，止仰天雨，请加修治。’明年二月，中书移文河南省，选官洎运司有司官相视，会计工程费用。于是河南行省委都事张奉政及淮东道宣慰司官、运司官，会州县仓场官，遍历巡视，集议：河长二千三百五十里，有司差濒河有田之家，顾倩丁夫，开修一千八百六十九里；仓场盐司不妨办课，协济有司，开修四百八十二里。”②对汴渠局部进行了疏通和管理。

明清时期，政府着力重修沟通了汴渠，通过濉河进入泗水，而后达于淮。《明史·志第五九》载：“弘治二年五月……昂举郎中娄性协治，乃役夫二十五万，筑阳武长堤，以防张秋。引中牟决河出荥泽阳桥以达淮，浚宿州古汴河以入泗，又浚睢河自归德饮马池，经符离桥至宿迁以会漕河，上筑长堤，下修减水闸。又疏月河十余以泄水，塞决口三十六，使河流入汴，汴入睢，睢入泗，泗入淮，以达海。水患稍宁。”③对汴渠重新治理改道，由汴入睢，说明当时汴渠并不能全线贯通。

清代时期，汴渠依然存在，只是局部地区进行了开发利用，《清史稿·地理志六·安徽》载：“灵壁北：黄河自江苏徐州入，东南入睢宁，即古泗水。北淝水自怀远入，径城南，至凤阳沫河口入睢。浍河、汴水、沱河皆自宿州入，径县境，下流入泗州，北小河上流即淮水，亦自宿州入，又东入江苏睢宁。”④宿州境内汴水尚起到灌溉的作用。在清代末期，曾国藩平剿捻军时曾被建议取道汴水自开封到颍州。《湘军志·平捻篇第十四》载：“曾国藩自济宁舟行泗、淮中，溯涡至亳，案淮南北民圩，晓以顺逆，凡闭寨拒捻者奏奖有差，建议自开封至颍州依汴渠、濄水挑浚为守。河南巡抚迂之，未措意也。”⑤

① （元）脱脱等撰：《金史》卷一一一《纥石烈牙吾塔列传》，中华书局，1975年，第2458页。

② （明）宋濂撰：《元史》卷六五《河渠志二》，中华书局，1976年，第1632页。

③ （清）张廷玉等撰：《明史》卷八三《河渠志一》，中华书局，1974年，第2021、2022页。

④ （清）赵尔巽撰：《清史稿》卷五九，中华书局，1977年，第2007页。

⑤ 王闿运等：《湘军志·平捻篇第十四》，岳麓书社，1983年，第153页。

第七章　结　　语

一、隋唐大运河安徽段的走向和宽度

通济渠（安徽）段的调查、勘探工作可以追溯到20世纪70年代的原宿县文物工作组（今宿州市文物管理所）1979～1981年在社会调查中于宿县东二铺、三铺、四铺、大店镇等窑厂、集镇和村庄征集了一批唐宋时期珍贵陶瓷器。1983年宿县文物工作组又一次对运河进行考察，调查的结果是考察点大致在一条线上，基本是沿着原303省道北侧向东西延伸①。

1984年，中国唐史学会组织了一个由历史、文物、地理、水利等多学科专家组成的"隋唐大运河综合科研考察团"开展了隋唐大运河学术考察，重点是宿州、濉溪地区。考察结束后，出版了《唐宋运河考察记》和《运河访古》论文集②。这两本书中详细介绍了当时通济渠安徽段的保存状况和沿线的风土人情，同时也对安徽段的运河做了初步研究，摸清了通济渠的走向。一直到20世纪末期一直没有进行过考古调查工作。

进入21世纪后，随着罗哲文、郑孝燮等人提出将中国大运河列入《世界遗产名录》后，相关的调查勘探工作又重新启动了。如2009年3月，中国文化遗产研究院、安徽省文物考古研究所和宿州市文物所联合组织大运河安徽段考古调研队，通过现场踏查、布点考古钻探、走访等方法确定了沿线运河的情况，为明确界定古运河提供了翔实的基础资料③。

2012～2016年，安徽省文物考古研究所对安徽境内180千米的通济渠进行了全线调查和勘探工作，采取了普探和重点勘探相结合的方法，在确认通济渠历史走向的同时详细了解了通济渠的历史堆积面貌。

通济渠流经线路很多学者都做过探讨，阎文儒认为开封以西的汴河河道古今是一致的，但是开封以东则认为是存在两条汴河，具体线路自汴州到陈留县受睢水故道雍丘，到襄邑、宁陵、宋城，到谷熟（商丘）后分为南北二道，其中北道是经相县故城和萧县城南，经彭城入

---

① 政协淮北市委员会：《通济渠遗址宿州段考古收获》，《永远的大运河——沿河城市征文集》，安徽人民出版社，2009年。

② 中国唐史学会唐宋运河考察队：《唐宋运河考察记》，陕西省社会科学院出版发行室，1985年；唐宋运河考察队：《运河访古》，上海人民出版社，1986年。

③ 王晶：《隋唐大运河线性文化遗产特点及保护方式初探——以安徽段大运河为例》，《东南文化》2010年第1期。

泗；南道是指从商丘出来后，取道古蕲水，入于淮河[①]。邹逸麟考证通济渠在宁陵至商丘段是与濉河共用的，并且认为通济渠的路线是自开封城南走今惠济河上游，至今睢县西，折而东流，经睢县南六里，东流入宁陵县界合睢水，与睢水合流经宁陵南、商丘南五里，自今商丘东折而东南流，经夏邑县南三十里、永城县南，又东南经宿县南百步、蕲县集北三十里，又东经灵璧县南，又东经泗县北，泗洪县，折而南流经临淮城，于盱眙县对岸入淮[②]。马正林认为通济渠在陈留县以西是利用古汴水，到了陈留县一直东南，经过灵璧泗县，进入泗州注入淮河[③]。而王永谦指出隋炀帝开挖通济渠主要是利用了古汴水，认为古汴水自开封以下直向东流，经过陈留、雍丘、襄邑、宁陵、考城、宋城、宋邱、虞城、砀山、萧县，至徐州东北会入泗水，由泗入淮；新开通济渠是从开封西南约二里许与古汴水分而偏向东南流，经过陈留，商丘、永城、宿县、灵璧、泗县、至盱眙对岸入淮[④]。

根据上述一系列运河遗址的考古发现，并结合前人的研究成果，基本可以勾勒出大运河安徽段的历史走向。考古调查在濉溪西四铺镇有一处运河遗址，四铺是文献记载的蕲泽镇位置。《元丰九域志》："宿州，符离郡，保静军节度……县四……望，蕲。州南三十六里。三乡。静安、荆山、西故、桐墟四镇。有涣水、涡水、蕲水。紧，临涣。州西南九十里。三乡。柳子、蕲泽二镇。"[⑤]"蕲"境内有蕲水，并且距离宿州三十六里，并且辖境内有静安镇，"临涣有嵇山、汴河、肥水。镇三柳子、蕲泽、桐墟。灵璧宋元祐元年置。镇一西固。蕲有涣水、涡水、蕲水。镇一静安"[⑥]。静安镇是现在的宿州埇桥区的大店镇，正是位于通济渠岸边。《水经注》载："淮水又东，蕲水注之，水首受睢水于谷熟城东北……蕲水又东南迳蕲县，县有大泽乡，陈涉起兵于此，篝火为狐鸣处也。南则洨水出焉。蕲水又东南，北八丈故渎出焉，又东流，长直故沟出焉，又东入夏丘县，东绝潼水，径夏丘县故城北，又东南径潼县南，又东流入徐县，东绝历涧，又东径大徐县故城南，又东注于淮。"[⑦]蕲水和通济渠是一条河流。由此可见，隋炀帝开挖通济渠基本是利用了古汴渠的人工河道与蕲水自然河道连通整个通济渠的线路，最后直接流入洪泽湖与淮河相接。

皮日休在《汴河怀古二首》中云："万艘龙舸绿丝间，载到扬州尽不还。应是天教开汴水，一千余里地无山。"指出汴渠长度约一千里，是虚指。沈括《汴渠落差测量》记载汴渠长度："自京师上善门量至泗州淮口，凡八百四十里一百八十步。地势，京师之地比泗州凡高十九丈四尺八寸六分。于京城东数里白渠中穿井至三丈，方见旧底。"[⑧]但其宽度没有记载。

---

① 阎文儒：《隋唐汴河考》，《辽海引年集》，北京和记印书馆，1947年，第374页。

② 邹逸麟：《隋唐汴河考》，《椿庐史地论稿》，天津古籍出版社，2005年，第85页。

③ 马正林：《论唐宋汴河》，《陕西师范大学学报（哲学社会科学版）》1986年第3期，第79页。

④ 王永谦：《关于隋代通济渠入泗入淮问题考辩》，《中国历史博物馆馆刊》1986年总第8期，第32页。

⑤ （宋）王存撰，王文楚、魏嵩山点校：《元丰九域志》，中华书局，1984年，第194页。

⑥ （元）脱脱等撰：《金史》卷二五《地理志六》，中华书局，1975年，第598页。

⑦ （北魏）郦道元著，陈桥驿、叶光庭、叶扬译注：《水经注全译》，贵州人民出版社，2008年，第766页。

⑧ （北宋）沈括著，张富祥译：《梦溪笔谈》，中华书局，2009年，第279、280页。

根据沿线考古发掘的结果可知，安徽境内通济渠宽度在40～60、深度6～8米。隋唐大运河安徽段的总体走势自河南永城进入濉溪后逐渐由西北—东南向变为东—西向，过宿州之后又稍微偏向东南，进入灵璧逐渐东偏南一点。经过泗县县城后转向东北方向流入江苏境内。具体是濉溪段的运河总体走势比较直，东南方向约28.5°，总体走向基本未变，局部略有波动，如在百善镇殷圩子村略向南拐弯，四铺镇侯庙村段稍微向北波动。其中濉溪段柳孜以西的运河宽21～37.5、深3.1～8米。南堤宽窄不一，宽10～24、高1～3.1米，北堤宽8～30、高1.5～2.5米。柳孜以东至宿州西二铺段的河道宽16～52、深7.2～10米。北堤宽12～34、高1.1～2.5米。南堤宽10～27、高1～2.9米。宿州埇桥区段的运河较为曲折，摆动较大，可能与横穿宿州城有关。大致东南向，在宿州西二铺乡一段是东偏南30°，自九里村处折向宿州城内变为东西方向，较为平直。通济渠出宿州东关后又变成东南方向，自东十里铺至大陈家是东偏南5°。从大陈家到灵璧张家一段是东偏南15°。埇桥区段的运河北堤宽9～27、高1～3.13米，河道宽21～51米，多数在30米左右。南堤宽10～31、高0.8～2.5米。灵璧段的运河总体流向也是比较直的，稍偏东南方向，大致东偏南8°。但河道结构存在稍微变化，河底存在主副河道的现象，北半部分河道比南半部分河道深1.2～1.5米。河道宽19～41、深3.7～6.8米。北堤宽10～29米，局部窄是钻探不明导致。南堤多数被压在原303省道和解放路下面，无法勘探。从个别勘探的结果可知，宽度约26、高度1.7～3.1米。泗县段的运河走势依然是东南方向，也较为曲折，自四河村至长沟镇大致方向是东偏南11°，自刘陈村至板树村方向大致东偏南17°。自板树村之后折向东，呈东西方向。在富城勘探点折向东北方向，大致东偏北26°。因为泗县保存有28千米的有水态活运河，一直使用至今，在历史中两岸民众的活动改造对北堤破坏较大，河堤宽度并不是很明显。根据有限的几处勘探结果推断宽度在10～20、高度在0.8～2.2米。河道宽30～60、深4～6.7米。南岸河堤基本被压在原303省道之下，推断是11～22米，高度在0.6～3.4米。

二、隋唐大运河安徽段沿线遗存

安徽段隋唐大运河全线180千米，涉及濉溪县、宿州埇桥区、灵璧县、泗县。沿线有诸多重要的历史遗存。主要包括运河本体、桥梁、码头、木岸、邮驿递铺等。

（一）桥梁

已被确认为桥梁遗存的是柳孜运河遗址中的一对石桥墩，它建造于唐末至五代，毁于宋代晚期，现仅存桥墩，桥上建筑已消失殆尽。南岸桥墩保存较完整，平面是不规则的长方形；北岸桥墩被破坏，两者之间宽17.7米，且两桥墩西侧均有护墩。关于柳孜有桥梁，在《参天台五台山记》中有记载，北宋神宗熙宁五年（1072年），日本僧人成寻到中国求法，记载了他到达柳孜时的境况：“十月一日己（乙）亥，雨下。寅三点出船。……未四点至柳子镇。有大桥。……三日丁丑，天晴。辰时出船。从大船（桥）下拽船。桥无柱，以大材木交上，以铁结留。宿州以后皆如是。”[①]成寻所见大桥应是这次考古所发现的桥梁遗存。《渑水燕谈录》载：“明道中，夏英公守青，思有以捍之。会得牢城废卒，有智思，叠巨石固其岸，取大木数十相贯，架为飞桥，无柱。至今五十余年，桥不坏。庆历中，陈希亮守宿，以汴桥屡坏，率常损官舟、害人，乃命法青州所作飞桥。至今沿汴皆飞桥，为往来之利，俗曰虹桥。”[②]说明最早在北宋仁宗明道年间（1032～1033年）虹桥已出现，陈希亮在任宿州知州时曾效仿建造。后来这种桥在开封也开始流行，南宋孟元老《东京梦华录》载：“（东京）从东水门外七里，曰虹桥，其桥无柱，皆以巨木虚架，饰以丹雘，宛如飞虹。其上、下土桥（两座桥名）亦如之。”[③]且在河南、安徽运河沿线城镇广为修建，风行一时。北宋张择端所画《清明上河图》也有类似虹桥，坐落于汴河之上，非常壮观。根据地层判断，柳孜桥的建造年代是在唐末或五代，如果认定是虹桥的话，则把虹桥的记载历史向前推至一百年左右。在宿州也存有一处埇桥遗址，1987年在大隅口西侧市政建设时发现，地下两米有大量凿制规整、错缝叠砌的长方形条石建筑遗存，同时还发现坩埚和铁渣，并对其就地保护，这应该就是文献中的埇桥遗址。虽不知发现的埇桥遗址的时代，但文献中显示唐代就存有一处埇桥，后发展为宿州的治所。白居易曾著《埇桥旧业》一诗：“别业埇城北，抛来二十春。改移新径路，变换旧村邻。有税田畴薄，无官弟侄贫。田园何用问，强半属他人。”

（二）码头

推测为码头遗存的是木牌坊运河遗址发现的石筑台体。该建筑南北对称，南北间隔26.6米，石板错缝顺砌、灰浆粘缝。南侧已发掘部分长2.2、宽1.3、高2.5米；北侧已发掘部分长2.4、宽1.9、高1.2米，均向西延伸压在八一路下。石筑台体构筑在夯土上，分层夯筑，建筑周侧有木桩加固。两岸石筑台体体量太小，且两岸间隔较大，作为桥墩确实难以支撑桥体，赵彦志考证后也认为这是码头遗址[④]。该码头的时代是北宋中期，其周边发现50余块石船碇。码头作为运河岸边的重要装载场所，应在繁华之地，而宿州自唐代就是一座因通济渠开通而兴起的运河城市[⑤]。有史料记载：“宿州上……大和三年，徐泗观察使崔群奏罢宿州，四县各归本属。至七年敕，宜准元和四年正月敕，复置宿州于埇桥，在徐之南界汴水上，当舟车之要。其旧割四县，仍旧来属。”[⑥]此后，朝廷“复于甬桥置宿州，割徐州符离县蕲县、泗州虹县隶之，以

---

① 〔日〕成寻著，王丽萍校点：《新校参天台五台山记》，上海古籍出版社，2009年，第260、261页。

② （宋）王辟之撰，吕友仁校：《渑水燕谈录》，中华书局，1981年，第100、101页。

③ （宋）孟元老撰，邓之诚注：《东京梦华录注》，商务印书馆，1961年，第27页。

④ 赵彦志：《通济渠遗址安徽宿州城区段两处石构建筑的性质及价值》，《文物研究》（第23辑），科学出版社，2018年，第185页。

⑤ 井红波、杨钰侠：《唐宋汴河与宿州的兴起》，《宿州学院学报》2010年第1期，第35～37页；赵彦志：《略论通济渠与宿州城市发展》，《宿州学院学报》2011年第6期，第55页。

⑥ （后晋）刘昫等撰：《旧唐书》卷三八《地理志一》，中华书局，1975年，第1448、1449页。

东都盐铁院官吴季真为宿州刺史"[①]，宿州地位得到进一步提升，到了宋代，舟车会聚，九州通衢，为水陆交通的要道，主要贡品是丝绸绢，是当时的政治、军事和经济重镇，也是商贸往来的重要汇集地。在经济发展上也需要一处码头来促进当地的货物运输。苏轼在《乞罢宿州修城状》中描述宿州："本朝承平百余年，人户安堵，不以城小为病，兼诸处似此城小人多，散在城外，谓之草市者甚众。……臣体访得元只是宿州豪民，多有园宅在外。"[②]可见宿州经济的繁荣。

（三）木岸

木岸现象在柳孜运河遗址、木牌坊运河遗址中的北宋河堤均有发现，是指在河堤内坡处安插成排的木桩，推测是"木岸狭河"的水工设施，它主要是通过加固河岸、缩窄河道、提高流速，从而达到治理河道淤塞的目的，这已有学者做过相关探讨[③]。文献中也有相关记载，如宋仁宋天圣九年（1031年）九月，"都大巡检汴河堤孙昭，请雍丘县湫口，治木岸，以束水势，从之"[④]。这应是治木岸之始。《宋史·河渠志》载："嘉祐元年，自京至泗州置汴河木岸。……嘉祐六年，河自应天府抵泗州，直流湍驶无所阻。"另外，"宰相蔡京奏：'祖宗时已尝狭河矣，俗好沮败事，宜勿听。'役既半，岸木不足，募民出杂梢。岸成而言者始息。旧曲滩漫流，多稽留覆溺处，悉为驶直平夷，操舟往来便之"[⑤]。宋神宗元丰三年（1080年），"宋用臣言：'洛水入汴至淮，河道漫阔，多浅涩，乞狭河六十里，为二十一万六千步。'诏四月兴役"[⑥]。将木岸一直延伸到泗州的汴河入淮河口处。"木岸狭河"是宋初非常重要的一项水利技术，柳孜运河遗址发现在唐代晚期的河堤中也存在木桩的迹象，只是不密集而已，这很可能是木岸发展的雏形。

（四）邮驿递铺

在古代驿传中，根据所传公文及运送物品性质，分别按不同速度进行传送，即步递、马递、急递，其中急递最快，有点类似今日的特快专递。唐以前通信是驿传的功能之一，宋时各类递铺广为设立，尤其是运河沿线，邮驿递铺分布比较密集，属于主要交通干道。找寻运河沿岸聚落的功能布局，为沿线发现的州、驿、镇、村的定位提供学术参考，这属于聚落考古的一部分。成寻曾记载："巳时，过柳子驿。未四点，至柳子驿，未四点，至柳子镇，有大桥。申时，一里停船宿。七时行法了。今日行五十里。"[⑦]其中提到柳子驿和柳子镇，显然不是一

---

① （后晋）刘昫等：《旧唐书》卷十七下《文宗本纪》，中华书局，1975年，第549页。

② （宋）苏轼：《乞罢宿州修城状》，《苏轼全集校注》文集卷三十五，河南人民出版社，2010年，第3513～3515页。

③ 魏雷、余敏辉：《关于柳孜运河遗址"木岸狭河"的探讨》，《宿州学院学报》2016年第4期，第95页。

④ （南宋）李焘：《续资治通鉴长编》卷一一〇，中华书局，1995年，第2566页。

⑤ （元）脱脱等撰：《宋史》卷九三《河渠志》，中华书局，1977年，第2322、2323页。

⑥ （元）脱脱等撰：《宋史》卷九三《河渠志》，中华书局，1977年，第2329页。

⑦ 〔日〕成寻著，王丽萍校点：《新校参天台五台山记》，上海古籍出版社，2009年，第260页。

个地方，推测柳子驿很可能是现在的百善镇。在考古调查中，也发现多处与驿传、递铺有关的遗迹现象，如濉溪县的四铺、五铺和西三铺等，至今仍以“铺”作为行政单位。每铺有十里或二十里，根据等级差别不同而异。程卓在他的《使金录》中提到汴河沿岸有多处驿站，“沿汴河行八十里，至灵璧县驿宿。……二日庚辰，早顿静安镇驿。雪已白。六十里，至宿州永丰驿……夜行四十五里。三日辛巳，晴。早顿蕲泽镇。四十五里，至柳子镇宿”①。

除上述考古调查发掘中所获知的运河重要文物古迹之外，有一些迹象如纤道，前文中提到的泗县邓庄运河遗址中发现的脚印，怀疑就是纤工们拉纤遗留下来的痕迹。还有一些如仓储粮窖、闸坝、水斗、水柜等设施，目前在安徽境内还没有发现，这也是下一步考古工作中需要深入开展的调查对象。

三、大运河安徽段遗址的保护与利用

通济渠属于巨型的文化线路，包含类别丰富的多元遗产②。目前，大运河安徽段故道长180多千米，保存的形态主要有两种：

一是湮没于地下的河道遗址，从河南永城入皖北，经铁佛镇、柳孜村、四铺镇、宿州城区、灵璧县城，至泗县唐河，长约140千米；多半被原303省道和道路两旁的民居占压。其实，在被占压的同时也是对古运河遗迹的一种保护，称为“占压性”保护行为。

二是地上运河故道，从唐河起，过泗城镇，至泗县水口魏，长约28千米，仍具有灌溉、分洪的水利作用，尤其是泗县城东十里井段5.8千米，大体保持了古运河的原貌，堪称“活运河”。

综合考虑，下一步可从以下几个方面加强大运河安徽段发掘、保护与利用工作。

首先，摸清家底，掌握情况。全面开展运河文化遗产田野调查和认定，完善运河文化遗产分级分类名录和档案，在充分了解大运河安徽段的历史和现状、遗产特点和文化内涵的基础上，找准大运河安徽段发掘、保护与利用中存在的具体困难和突出问题，多提富有建设性、针对性和可操作性的意见和建议。

其次，有的放矢，精准施策。推动原303省道改迁，尽早开展柳孜运河遗址第三次考古发掘，同时制定其他点段考古勘探及发掘计划，继续探明大运河安徽段遗产资源状况；实施遗存发掘本体修缮保护工程，以世界文化遗产、全国重点文物保护单位为核心建设运河遗址公园、博物馆，实现各类遗产的真实性、完整性保护；梳理物质文化遗产如码头、桥梁、驿站、古镇和古村落，非物质文化遗产如运河故事、历史传说、传统工艺、文化娱乐等③，并根据遗产分布状况划分重点保护区域、一般保护区域和非重点保护区域，加大对地下河道遗址、地上运河

① 《续修四库全书》编委会：《续修四库全书·史部·杂史类》423册，上海古籍出版社，2002年，第443页。

② 姜师立、张益：《基于突出普遍价值的大运河文化遗产保护和利用》，《中国名城》2014年第4期，第50页。

③ 余敏辉：《从“地下”走出的辉煌——世界文化遗产视野下的隋唐大运河安徽段》，安徽人民出版社，2016年，第345页。

故道的保护力度。

最后，抢抓机遇，借势发力。抓住大运河安徽段所在河段——通济渠是连接“21世纪海上丝绸之路”和“丝绸之路经济带”的重要通路和纽带，突出安徽地域文化特色，拓展对外合作新空间，再现隋唐大运河中华文明繁荣盛世风采；发挥跨地域、跨部门、跨学科优势，加大对大运河安徽段遗址考古发掘和学术研究力度，持续关注尚未纳入世界文化遗产范围的遗产点；开展遗存保护利用科技行动，围绕柳孜运河遗址、通济渠泗县段等世界文化遗产，打造专项科研平台，提升大运河文化展示水平。

到目前为止，大运河安徽段是中国大运河考古工作中做得最多也是最好的河段之一，通过一系列的考古调查、勘探和发掘工作，已取得了令人瞩目的丰硕成果，尤其是明确了通济渠流经线路、宽度和深度，并获得一系列的重要考古发现，增添了大运河文化带的遗产元素。需要指出的是，《元和郡县图志》载：“汴渠，在（河阴）县南二百五十步。亦名莨荡渠。禹塞荥泽，开渠以通淮、泗。后汉初，汴河决坏，明帝永平中命王景修渠筑堤。……自宋武北征之后，复皆堙塞。隋炀帝大业元年（605年），更令开导，名通济渠。”①著名学者朱偰认为西汉莨荡渠、东汉汴渠，其实就是隋代通济渠前身②，不过从刘圩运河遗址中发现的聚落遗存观察，在运河故道上存有汉代遗迹，且出土西汉流行的云纹瓦当，还有一些陶罐都属于西汉，虽然也发现了贝壳、螺蛳壳等水生物，但出土量并不大，且无法直接证明就是汉代河道，推测当时应该是陆地。由此推断，古汴渠至少在西汉以前还没有经过泗县。

一系列的码头、桥梁、驿站、古镇和古村落等重要考古发现，丰富了大运河安徽段的文化内涵，也拓展了运河研究领域。运河故道出土的丰富的遗物充分反映了当时的商品贸易和社会风貌，尤其是瓷器反映了唐宋时期瓷器贸易流通线路，也反映出当时民众对瓷器审美需求的变化。这些通过考古手段获取的物质文化资料已成为研究唐宋工程建设、漕运、科技、商贸、社会、文化的重要材料，还需要更深入地去研究和发掘其历史文化价值！

大运河遗产构成可以分为水道工程、水源工程、工程管理设施和运河附属建筑四大类③，内容涉及面较广，研究涉及学科也较多。因此，有的学者强调大运河的研究需要历史文献和历史舆图的一致性、现存遗址和历史文献的一致性、历史地理信息和现代科学的地理信息系统表述方法的一致性④。我们认为，大运河安徽段大部分淹没于地下，运河故道和沿线拥有丰富的物质和非物质文化遗产，需要进行多学科的交叉研究。在运河的保护利用上要坚持顶层设计与实际相结合，不失时机地抓住机遇，做好大运河文化带建设工作。

---

① （唐）李吉甫撰，贺次君点校：《元和郡县图志》，中华书局，1983年，第137页。

② （民国）朱偰：《中国运河史料选辑》，江苏人民出版社，2017年，第15页。

③ 谭徐明、于冰、王英华等：《京杭大运河遗产的特性与核心构成》，《水利学报》2009年第10期，第1224页。

④ 林留根：《世界文化遗产中国大运河的考古阐释与文化解读》，《东南文化》2019年第1期，第19页。

后　记

本次隋唐大运河安徽段全线考古勘探工作始于2013年3月，当时柳孜运河遗址正在进行考古发掘。此次勘探是配合中国大运河申遗所做的田野考古工作，也是安徽大运河考古综合规划的一项重要任务。

2014年6月22日中国大运河在第38届世界遗产大会上获准列入《世界遗产名录》，成为中国第46个世界遗产项目。此次隋唐大运河安徽段勘探资料的公布也是庆祝运河申遗成功十周年。

通过本次系统考古勘探掌握隋唐大运河安徽段具体流向和走势，运河河道宽度及深度与河堤的宽度及高度，了解了运河堆积形态以及关键节点的变化情况，同时也厘清了运河沿线聚落遗址的分布状况，是配合大运河沿线多点考古发掘所做的一次系统性的野外考古资料搜集工作。

由于运河故道属于线性文化遗产，全线长约180千米，多数被原303省道占压，并且沿线城镇、村庄较多，给勘探工作增加了诸多困难。在选择勘探点上尽量避开阻碍物，选取容易勘探的地点钻探。但在关键节点上则利用地质钻探机先打孔，再勘探，以保证全线运河基础资料的完整性。本勘探由安徽省文物考古研究所完成，其间得到濉溪县文物保护中心、宿州市文化和旅游局、灵璧县文物管理所、泗县文物管理中心等单位协助。总之，这是一次跨区域、跨单位合作对线性遗址开展的高精度、高强度、高效率的考古勘探工作。

为了能够详细反映大运河安徽段的情况，在报告编写过程中，也集合了一些基建项目涉及运河勘探的资料，丰富了运河考古勘探的内容。本勘探报告是安徽大运河考古又一重要成果，同时也为安徽大运河文化带建设及国家文化公园建设提供了翔实的基础资料。

负责本次勘探的人员有：安徽省文物考古研究所宫希成、陈超、张辉、任一龙。

资料整理和报告编写由陈超先生具体负责，并完成基础资料的整理工作。电子绘图由陈超、李鹏刚、柴梦月完成。

陈超先生完成全部章节的撰写，并负责完成最后的编撰统稿和校对工作。宫希成先生审阅了勘探报告部分内容，提出了宝贵的意见和建议。

本报告在出版过程中得到了安徽省文物考古研究所叶润清所长的支持，同时也得到了考古部张辉、任一龙等同志的诸多帮助，淮北市博物馆解华顶、濉溪县文物保护中心张拥军提供了部分支持。同时科学出版社雷英女士为报告出版付出了辛勤努力！在此表示最诚挚的感谢！

由于平时田野考古发掘任务繁重，还要完成大量的科研任务。本报告的编写工作主要是利用野外发掘间隙挤时间完成的，书中难免有不当和疏漏之处，恳请不吝指正。

编　者

2024年4月30日

1. SXZ1勘探工作照

2. SXZ1-7勘探土样

3. SXZ3-13勘探土样

4.SXZ4-9勘探土样

勘探工作照及勘探土样

图版二

1. SXZ8-10勘探土样

2. SXZ11-7勘探土样

3. SXZ12-9勘探土样

4. SXZ14-5勘探土样

1. SXZ15-3勘探土样

2. SXZ17-8勘探土样

3. SXZ18-6勘探土样

4. SXZ22-10勘探土样

勘探土样

1. SXZ23-7勘探土样

2. SXZ26-12勘探土样

勘探土样

1. “大寺庙” 遗址

2. “石佛堂” 遗址

“大寺庙”及“石佛堂”遗址

1. 黄庄遗址

2. 王马庄遗址

黄庄及王马庄遗址

1. 郭宅子遗址

2. 百善镇西头的老槐树

郭宅子遗址及老槐树

图版八

1. 百善老街运河遗址剖面

2. 颜道口运河遗址发掘情况

运河遗址剖面及遗址发掘情况

1. 柳孜运河遗址

2. 百陈村运河遗址北岸河堤

柳孜运河遗址及百陈村运河遗址北岸河堤

1. 三道口苗圃整个北堤坝（镜向北）

2. 宿州博物馆藏蕲县界碑

三道口苗圃整个北堤坝及蕲县界碑

1. 宿灵唐槐

2. 宿州西关运河遗址

宿灵唐槐及宿州西关运河遗址

1. 宿州木牌坊运河遗址

2. 张氏园亭遗石

宿州木牌坊运河遗址及张氏园亭遗石

1. 花石纲运河遗址

2. 小田庄运河遗址

花石纲及小田庄运河遗址

1. 泗城镇西水关桥北汴河入护城河

2. 泗城镇朱桥社区唐槐

泗城镇汴河入护城河及唐槐

1. 十里井段运河故道

2. 刘圩运河遗址

十里井段运河故道及刘圩运河遗址

邓庄运河遗址发掘全景